Franziska,
der Schatz des Doktors
und die preußische Marine

Für Ute
von Luise

28. März 2020

Über dieses Buch

Rügen im Frühsommer 1862.

Die Erinnerung an die Verdienste ihres verstorbenen Mannes und die Aussicht auf ein Leben als Anhängsel ihrer Verwandten: Das ist alles, was Franziska Meistersinger von ihrer kurzen Ehe mit einem Wissenschaftler geblieben ist.

Auf Gut Polkvitz, bei ihrer schwangeren Cousine Luise, will sie über den Verlust hinwegkommen. Durch Zufall erfährt Franziska hier die wahren Gründe für ihre Ehe und trifft auf Verwandte, die ihr Mann ihr verschwiegen hatte. Sie erlebt auch, wie der geplante Bau eines Flottenstützpunktes die Gemüter der Inselbewohner erhitzt.

Ausgerechnet Luises Schwager, Leutnant Justus-Otto von Veldhain, ist für die Vorbereitungen zu diesem Bauprojekt verantwortlich. Ein Umstand, der dazu führt, dass die Idylle auf Polkvitz des Öfteren gestört wird. Mit der Zeit entwickelt Franziska Gefühle für Justus-Otto. Dass dieser plötzlich verschwindet und für tot erklärt wird, stürzt sie in tiefste Verzweiflung.

Bald häufen sich jedoch die Ungereimtheiten und Franziska glaubt nicht mehr an einen Unfall. Haben die Nachbarn des Gutes, der neugierige Pfarrer Dölström oder der Altertümer sammelnde Landarzt Schönborn, der sich für die junge Witwe interessiert, etwas damit zu tun?

Der vorliegende Roman ist auch als e-Book erhältlich

Die Autorin

Kristina Ruprecht studierte Germanistik und Politikwissenschaft in Stuttgart und arbeitete als PR-Texterin und freie Journalistin in den Bereichen Wirtschaft und IT.

Auf Rügen verbrachte sie jahrelang den Sommer, verliebte sich in die Insel und entdeckte ihre wechselvolle Geschichte.

Franziska, der Schatz des Doktors und die preußische Marine ist ihr zweiter historischer Roman.

Der Vorgänger *Sauerwasser und Jungfernpalme* spielt im hessischen Bad Schwalbach kurz nach dem Dreißigjährigen Krieg.

Ein historischer Roman über Bad Ems ist in Vorbereitung.

Franziska,

der Schatz des Doktors
und die preußische Marine

Kristina Ruprecht

Bibliographische Information der Deutschen
Nationalbibliothek:
Die Deutsche Nationalbibliothek verzeichnet
diese Publikation in der Deutschen Nationalbibliografie;
detaillierte bibliografische Daten sind im Internet über
http://dnb.dnb.de abrufbar.

© 2017 Kristina Ruprecht, Dausenau
Umschlaggestaltung AtelierKR unter Verwendung
von Motiven von Johann Rudolf Koller
und Carl Gustav Carus
Illustrationen © AtelierKR
Herstellung und Verlag:
BoD – Books on Demand, Norderstedt
ISBN: 9783746037110

Für Günter

Personenverzeichnis

Auf Gut Polkvitz

Herrschaften:
Karl-Friedrich von Veldhain – Gutsbesitzer
Luise Victoria von Veldhain – seine Frau
Justus-Otto von Veldhain (Justo) – Bruder des Gutsbesitzers,
Franziska Meistersinger – Luises Cousine
Ferdinand Meistersinger – Franziskas verstorbener Ehemann
Regina von Oberbach – Luises Mutter und Franziskas Tante

Bedienstete:
Johanna – Kammermädchen
Emma Haase – Mamsell/Haushälterin
Agathe – Hausmädchen
Erika – zweites Hausmädchen
Wilhelm – Kammerdiener
Reinhard Delbrück – Gutsverwalter
Bertha – Köchin
Jule und Frauke – Küchenmädchen
Gustav – Kutscher
Hermann – Gärtner
Fritz – Justus-Ottos Bursche

Moritz Adler – Wasserbauingenieur
Ludolf Mühlbach – Vermessungsingenieur

In Sagard

Ignatius Dölström – Pfarrer
Asta Dölström – seine Frau

Otto Schönborn – Arzt und Altertumsforscher
Hans – sein Kammerdiener

In Sassnitz

Rieke Krüger (geb. Meistersinger) – Ferdinands Schwester
Grete Krüger – ihre Tochter
Thies Krüger – ihr Sohn

Sonstige

Rufus von Detziw – Gutsbesitzer
Bernhard von Detziw – sein Sohn

Iphigenie von Liesegang – wohltätige Dame

Ottilie von der Sulenburg –Verwandte der Veldhains
Botho von der Sulenburg – ihr Sohn

Sophie-Auguste von Veldhain-Lüssel – Cousine von Justo
Fritz von Lüssel – ihr Mann

Ida Sunesun – Hebamme aus Lauterbach

Professor Heimersheimer – Ferdinands Mentor
Helmer Brinkmann – Ferdinands Assistent

Rügen 1862

1. Kapitel

Wenn ich sage, ich fahre Sie nicht, dann meine ich das auch so! Von mir aus können Sie hier verrotten!"
Jemand spuckte laut aus. Der aufgebrachte Mann musste sich direkt vor den Pferden auf der Straße befinden, denn die Kutsche, die schon seit Stunden rüttelte, rasselte, stieß und schaukelte, hatte endlich einmal angehalten.

Franziska Meistersinger reckte den Hals, um aus dem schlierigen Seitenfenster etwas sehen zu können. Auf der gegenüberliegenden Bank rappelte sich Johanna in eine aufrechte Position. Einige blonde Strähnen waren aus ihrem Zopf entkommen und ringelten sich nun um ihr rosiges Gesicht. Verlegen strich sich das Kammermädchen über den Kopf. Johanna hatte es geschafft, bei diesem ganzen Gerumpel und Gepolter ein Nickerchen zu halten. Franziska beneidete sie. Sie selbst konnte seit Wochen kaum noch schlafen. Unwillkürlich griff sie nach der Herrentaschenuhr, die an einem schwarzen Samtband um ihren Hals hing. Das Segelschiff, das auf dem Deckel der Uhr eingraviert war, drückte sich in ihren Handballen.

Draußen platschte Wasser und eine weitere Schimpftirade ertönte: „Erst dafür sorgen, dass man brotlos wird und dann glauben, dass man ihn übersetzt!"

Johanna wischte an der Fensterscheibe herum, so, als könnte ein sauberes Glas bewirken, dass sich etwas Interessanteres zeigte als ein niedriges Gebüsch und eine Hauswand.

Die Tür des Coupés wurde von außen geöffnet. Justus-Otto von Veldhain streckte den Kopf herein. Seit Stralsund ritt er neben der Kutsche her, aber die frische Luft war wohl nicht der einzige Grund für sein gerötetes Gesicht.

„Wir haben hier einen kleinen Aufenthalt", sagte er und Franziska hörte den unterdrückten Zorn in seiner Stimme. „Der Fährmann hat sich geweigert, uns überzusetzen, und sein Kollege muss erst herüberrudern." Er holte tief Atem.

Dann fuhr er etwas fröhlicher fort: „Um die Wartezeit zu verkürzen, kann ich den Damen einen Imbiss und eine Nase voll frischer Luft empfehlen." Er trat einen Schritt vom Wagen zurück und streckte die Hand aus, um den Frauen beim Aussteigen zu helfen.

Franziska musste sich an den Anblick von Justus-Otto, den Verwandte und Freunde nur Justo nannten, in Zivilkleidung erst gewöhnen. Vor zwei Jahren in Berlin, als sie ihn zuletzt gesehen hatte, trug er die Uniform eines Husarenleutnants.

Seit dieser Zeit hatte sich vieles verändert, aber die dicke braune Jacke, der leicht verwitterte Hut und die klobigen Reitstiefel taten Justos schneidigem Aussehen wenig Abbruch.

Die Aufforderung zum Aussteigen beantwortete Franziska mit einem Kopfschütteln. Für sie kam das nicht infrage. Johanna sank enttäuscht wieder in die Polster zurück.

„Du brauchst meinetwegen nicht hier drin bleiben", sagte Franziska zu dem Kammermädchen. „Schau dir ruhig die Gegend an und schnapp frische Luft. Iss etwas."

Johanna sollte nicht darunter leiden, dass sie keine Lust hatte, sich anstarren zu lassen.

Das Mädchen warf ihr einen traurigen Blick zu. Dann raffte sie ihre Röcke zusammen und drückte sich an Franziskas Knien vorbei. Franziska hatte gehofft, Justo würde zusammen mit Johanna fortgehen und sie endlich alleine lassen, aber er blieb hartnäckig am Kutschenschlag stehen. „Es tut mir leid, aber ich muss darauf bestehen, dass Sie aussteigen", sagte er. „Das Coupé wird gleich auf dem Fährboot verladen und da ist es für alle Beteiligten besser, wenn es leer ist." Sein freches Grinsen hatte sich in den vergangenen Jahren jedenfalls nicht verändert. „Es kommt zwar selten vor, dass eine Dame hier ins Wasser fällt, aber es soll schon passiert sein."

Ohne das Gesicht zu verziehen, reichte Franziska ihm die Hand und kletterte unbeholfen auf den metallenen Tritt, der außen am Coupé angebracht war. Von dort aus war es nur ein Schritt auf das hölzerne Treppchen, das der Kutscher bereitgestellt hatte. Das gleißende Licht und die kühle klare Luft waren nach der langen Fahrt in der stickigen Kutsche ein Schock. Franziska war dankbar dafür, dass sie sich auf Justos Arm stützen konnte. Wenn sie so lange bewegungslos saß, dann wurde es mit ihrem Bein immer schlimmer.

Das Haus, vor dem die Kutsche hielt, war ein Gasthof. ‚Boddenblick' stand auf der weiß getünchten Fläche über der offenen Tür. Eine Magd saß auf der Bank in der Sonne und schälte Kartoffeln. Die Schalen warf sie den Hühnern zu, die sich um ihre nackten Füße drängten. Ein halbwüchsiger Junge lehnte neben ihr an der warmen Hauswand und hielt die Zügel eines Reitpferdes, während er sich im Stehen einem Mittagsschläfchen hingab. Das Pferd ließ sich vom gackernden und flatternden Federvieh nicht stören und döste ebenfalls vor sich hin. Auf der gegenüberliegenden Seite der Straße war ein Schutzdach und darunter ein Wassertrog. Hier hatte Justo seine Fuchsstute angebunden.

Die Straße hörte an dem vor ihnen liegenden Gewässer einfach auf. Es gab nur noch einen hölzernen Landungssteg. Draußen auf dem Wasser ruderte jemand ein breites flaches Boot mit wütenden Bewegungen davon.

„Was machen wir hier?", fragte Franziska.

„Wir warten auf das zweite Fährboot, um auf die andere Seite des Boddens zu gelangen."

Franziska runzelte die Stirn. „Aber wir sind doch bereits auf der Insel!" Warum sollte sie nochmals in ein Boot steigen? Sie hasste Schifffahrten. Egal, wie kurz sie ausfielen, die Erinnerungen, die sie heraufbeschworen, waren zu schmerzlich.

„Rügen ist recht eigenwillig geformt." Justo deutete auf die von Möwen, Schwänen, Enten und Gänsen bevölkerte Wasserfläche vor ihnen. „Der Jasmunder Bodden ist ein Meeresarm, der die Insel praktisch halbiert. Er trennt die Halbinsel, auf der Polkvitz liegt, vom Rest Rügens. Wenn wir ihn umfahren würden, dann bräuchten wir fast fünf Stunden länger."

Eine Viertelstunde Angst und Schweißausbrüche gegen eine stundenlange aufreibende Kutschfahrt. Schwierige Wahl. So wie es aussah, wurde Franziska die Entscheidung jedoch abgenommen: Der Kutscher spannte die beiden Braunen aus, führte sie zu dem Wassertrog unter dem Schutzdach und machte sich daran, die Riemen an ihren Geschirren neu zu ordnen.

Die junge Frau tat einen vorsichtigen Schritt zur Seite, um einen besseren Blick auf den Bodden zu bekommen. Das Wasser ruhte fast bewegungslos zwischen ihnen und dem Dorf am Ufer gegenüber. Ein bewaldeter Hügel erhob sich hinter der flachen Landspitze, auf der die Häuser standen. Am Strand lagen Boote, daneben hatte man Fischernetze zum Trocknen aufgehängt und aus den Schornsteinen der schilfgedeckten Katen kräuselte sich Rauch. Ein hölzerner Anleger bildete das Gegenstück zu dem Steg, neben dem sie standen.

„Das ist Lietzow", sagte Justo. „Dort geht die Straße weiter." Das Dorf unter dem weiten Himmel wirkte, als sei es aus einem Gemälde gefallen.

„Es sieht so friedlich aus", sagte Franziska.

„Das bleibt nicht so!", raunzte der Herr, der unvermittelt hinter ihr und ihrem Begleiter aufgetaucht war. Ohne seinen altmodischen Zylinder vor der Dame zu lüften, starrte er die beiden erbost an. „Nicht mehr lange, dann ist es aus mit Ruhe und Frieden", wiederholte er. „Dafür wird der Herr Kriegsmarine hier schon sorgen!" Die Daumen in den Vordertaschen der karierten Weste eingehakt, wandte er sich direkt an Justo. „Jede Waschfrau zerreißt sich das Maul darüber, was hier bald los ist."

„Und Sie erzählen den Klatsch munter weiter und tragen ihn noch zu Ohren, die ihn besser nicht hören sollten", sagte Justo. „Vielleicht sollten Sie alles, was Sie zu wissen glauben, gleich ohne Umwege der dänischen Regierung telegrafieren."

„Wollen Sie mich des Landesverrats bezichtigen?", kollerte der Mann. Sein Gesicht war dunkelrot angelaufen.

„Ich unterstelle Ihnen gar nichts", sagte Justo, „aber wenn in Kopenhagen die Spatzen von den Dächern pfeifen, was wir hier planen, dann weiß ich, an wen ich mich zu halten habe."
Der fremde Mann sah ihn hasserfüllt an. Dann wandte er sich mit einer verächtlichen Geste ab und stiefelte davon.

„Ich hoffe, er hat Sie nicht erschreckt", sagte Justo zu Franziska. „Er vergisst manchmal die guten Umgangsformen – besonders, wenn er mich sieht."

„Wer war das?"

„Rufus von Detziw. Ein Nachbar. Einer von den weniger angenehmen." Justo schaute auf den Bodden hinaus. Sein Gesichtsausdruck signalisierte eindeutig, dass er über diese Begegnung nicht zu reden wünschte.

Eine Windbö brachte den schwarzen Rock von Franziskas Kleid zum Flattern und hätte ihr fast den Hut vom Kopf gerissen. Während sie die Bänder der Schute unter ihrem Kinn zu einer festen Schleife band, verrauchte Justos Ärger.
Er bot Franziska den Arm und führte sie quer über die Straße. Dabei mussten sie mühsam durch den lockeren Sand waten, zu dem Fuhrwerke, Kutschen, Karren und Reiter an dieser Stelle die Fahrbahn zerwühlt hatten. Franziska war dankbar, dass sie sich auf Justo stützen konnte. Ihr Bein schmerzte und sie wusste, dass ihr humpelnder Gang alles andere als elegant aussah.

Der Garten des Gasthauses bestand aus einem verwitterten Holztisch, der nebst einer Bank und zwei Stühlen im Schatten einer alten Esche platziert war. Er bot einen schönen Blick übers Wasser. Auf der Uferböschung hatte es sich ein Schwan gemütlich gemacht und hielt mit dem Kopf im Gefieder seinen Mittagsschlaf. Johanna war bereits hier und wedelte mit ihrem Taschentuch auf der Tischplatte herum. Dann rückte sie einen der Stühle zurecht. „Frau Franziska, bei diesem Wind sollten Sie Ihren Schal umlegen." Ohne eine Antwort abzuwarten, eilte das Kammermädchen zur Kutsche. Justo ging hinüber ins Gasthaus.

Franziska ließ sich auf den Stuhl nieder. Die Luft war herrlich. An so einem kühlen Tag hätte in Berlin der Rauch aus den Kaminen sogar die Gerüche nach Müll und Pferdemist überdeckt. Mit dem Gedanken an zu Hause kam die Erinnerung an Ferdinand wieder. Ihre Hand suchte die Uhr an ihrem Hals.

Auf der Wasserfläche des Boddens näherte sich ein breites flaches Boot, das von einem Mann und einem Jungen mit langen Stangen gemächlich in ihre Richtung gestakt wurde. Die Fähre. Franziska lenkte sich von ihrer aufkommenden Panik ab, indem sie an Luise dachte, die Cousine, mit der sie ihre Jugend verbracht hatte und die sie nun auf Gut Polkvitz wiedersehen würde.

Ein Schreckensruf von Johanna ließ sie herumfahren.

Das Mädchen hatte den Schal aus der Kutsche geholt und war nun auf dem Rückweg über die Straße. Mit der einen Hand hob sie ihren Rock, damit er nicht im Staub schleifte, mit der anderen drückte sie den Schal an sich. Ihr Hauptaugenmerk galt dem Boden, um im zerwühlten Sand nicht zu stolpern oder sich den Fuß zu vertreten. Daher war ihr das Pferd entgangen, das gerade eben noch friedlich vor dem Gasthaus gestanden hatte. Jetzt saß Rufus von Detziw auf dem Rücken des Tieres und galoppierte so rücksichtslos durch den Sand, dass er Johanna fast umriss.

„Was für ein Rüpel!" Franziska schaute dem in einer Staubwolke davonreitenden Gutsherrn hinterher. Hoffentlich hatte Luise nicht allzu viel mit ihm zu tun.

Obwohl dem hellgrauen Wollschal nichts passiert war, klopfte Johanna ihn sorgfältig aus, bevor sie ihn Franziska um die Schultern legte. Dankbar zog diese die vorderen Enden über der Brust zusammen und gestattete sich einen Moment lang, dieses Umsorgtwerden zu genießen. Aber sie durfte sich nicht daran gewöhnen. So zuvorkommend sich Johanna ihr gegenüber zeigte, sie waren lediglich Reisegefährtinnen. Auf Polkvitz würde sich das Mädchen um Luise und deren zukünftige Kinder kümmern.

Gefolgt von der barfüßigen Magd kam Justo zurück. Offenbar hatte er bereits bestellt, denn die Frau breitete wortlos eine Decke über den Tisch und brachte Kaffee, Brot und eine dicke Fischsuppe. Franziska schnüffelte misstrauisch. Für Fisch hatte sie wenig übrig.

„Wir sind hier am Meer", sagte Justo zwischen zwei Löffeln Suppe. „Der Fisch ist ganz frisch und etwas Warmes im Magen wird Ihnen guttun."

Skeptisch probierte Franziska. Das Gericht war heiß und schmeckte nach Mohrrüben, Kartoffeln und Sellerie, nur die zarten Fischstückchen verrieten, um was für eine Suppe es sich handelte. Johanna füllte Franziskas Teller fast bis zum Rand.

Als sie das Mittagessen beendet hatten, legte das Fährboot am Steg an. Justo ging hinüber und rief dem Fährmann einen Gruß zu, den dieser mit Knurren und einem düsteren Blick quittierte. Danach kletterte der Mann an Land und deutete auf die Kutsche: „Soll die mit?"

Auf Justos knappes Nicken hin ging der Fährmann in den Gasthof. Der Leutnant zog eine kurze Pfeife und Streichhölzer aus der Tasche, lehnte sich an das Geländer des Steges und schaute rauchend über den Bodden.

Der Junge des Fährmanns vertäute den Bug des Bootes fest am Steg und legte zwei starke Bohlen bereit. Dann zog er einen Kanten Brot aus der Kiste unter der Ruderbank, setzte sich gemütlich zurecht und begann zu schmausen. Als er das Brot aufgegessen hatte, kam der Fährmann mit zwei weiteren Männern zurück. Gemeinsam zogen und schoben sie die leere Kutsche auf den Holzsteg und von dort aus mit Ächzen, Fluchen und einigen gefährlich aussehenden Schlingerbewegungen über die Bohlen auf die Fähre. Als die Hilfskräfte ihren Lohn erhalten hatten, wurden die Frauen herangewinkt. Franziska ließ Johanna vorangehen.

„Was wird aus den Pferden?", erkundigte sie sich, während das Mädchen über den breiten Balken hinüber auf die Fähre balancierte.

„Die nehmen die Furt", sagte Justo, „das ist ihnen lieber als das schwankende Boot."

Franziska hätte auch so einiges gegen das Bootfahren einzuwenden gehabt, und noch weniger als der Fährkahn gefielen ihr die geländerlosen Bohlen, die zu ihm führten. Ihre Blicke saugten sich an dem glucksenden Wasser zwischen dem Bug des Bootes und dem Steg fest. Sie hatte den Eindruck, dass sie inzwischen alle anstarrten.

Justo wies den Fährmann an, noch einmal die Bremsklötze der Kutsche zu überprüfen. Der Mann knurrte zwar, wagte aber nicht zu widersprechen und ging auf die andere Seite des Bootes. Plötzlich stand Justo wieder an Franziskas Seite, hob sie hoch und trug sie die drei Schritte auf den Fährkahn. Dort stellte er sie abrupt auf den Planken ab und trat zur Seite. Das Ganze war so schnell gegangen, dass Franziska gar keine Zeit für Einwände oder Bedenken fand.

Der Fährmann und sein Junge zogen nun die Bohlen ins Boot und lösten die Vertäuung am Steg. Während sie die Fähre langsam durch das flache Wasser stakten, konzentrierte sich Franziska auf den Kutscher an Land, der sich auf eines der beiden Pferde schwang, die Zügel des anderen fasste und gemächlich über den sanft abfallenden Strand in den Bodden ritt.

„Die Tiere werden nicht einmal schwimmen müssen", meinte Justo, „das Wasser ist sehr seicht. Bald wird hier ein Damm gebaut, dann können die Kutschen ohne Halt durchfahren und dieser ganze Aufwand gehört der Vergangenheit an."

Der Fährmann, der zugehört hatte, spuckte über den Bootsrand ins Wasser.

2. Kapitel

Haben Sie schon unsere Leberwurst probiert?" Karl-Friedrich von Veldhain zeigte mit dem Buttermesser auf den Wurstrest, der auf einer silbernen Platte lag. „Ein altes Familienrezept, das meine Luise entscheidend verfeinert hat." Zum Beweis seiner Aussage angelte sich der rundliche Gutsherr noch eine Scheibe Brot aus dem Korb, der vor ihm stand, und schmierte einen ganzen Batzen der gepriesenen Leberwurst darauf.

Franziska winkte ab. Zurzeit bekam sie ohnehin nicht viel herunter und mit Leberwurst würde sie es gar nicht erst versuchen.

„Du hältst dich sicher lieber an die süßen Sachen." Luise schob das Tablett, auf dem Gläser mit Honig und Marmelade standen, in Franziskas Richtung.

„Das Johannisbeergelee ist auch delikat", bestätigte Karl-Friedrich und strich sich über die bestickte Weste, die am Bauch recht stramm saß. Luise warf ihrem Mann einen liebevollen Blick zu.

Polkvitz lag in der tiefsten Provinz, aber das Speisezimmer hätte man auch in der Hauptstadt nicht verstecken müssen. Der Raum war bis zur Schulterhöhe mit weiß lackiertem Holz getäfelt, darüber schimmerte eine goldfarbene Seidentapete. Die Anrichte aus Nussbaumholz und der Esstisch unter dem glit-

17

zernden Kronleuchter waren mit Sicherheit von Luise ausgesucht und wahrscheinlich von ihrer Mitgift bezahlt worden, ebenso wie die blassblauen Vorhänge. Durch die hohen Fenster schien die Morgensonne und machte die in den Silberleuchtern brennenden Kerzen lächerlich. Es duftete nach frischem Kaffee und über allem schwebten die würzigen Aromen der geräucherten Würste und Makrelen. In regelmäßigen Abständen schaute das Dienstmädchen herein und fragte, ob noch Rühr- oder Spiegeleier gewünscht würden. Ein Angebot, von dem Karl-Friedrich und Justo regen Gebrauch machten.

„Du brauchst dich nicht zu zieren. Ich weiß noch genau, was du früher für ein Schleckermäulchen gewesen bist", sagte die Gutsherrin zu ihrer Cousine.

Justo, der ihnen gegenüber am Tisch saß, blickte auf. „Das sieht man ihr aber heute nicht mehr an", bemerkte er. „Der Berliner Wissenschaftler war wohl so süß, dass sich die Marmelade erübrigte."

Franziska spürte, dass sie bis unter die Haarwurzeln errötete. Dann stiegen ihr die Tränen in die Augen. Am liebsten hätte sie das Zimmer verlassen. Sie schloss die Hand um die Taschenuhr, die sie heute Morgen trotz aller Eile umgehängt hatte, und drückte sie an sich. Luise streichelte ihr über den Rücken. „Justo, das war ungezogen und geschmacklos", sagte sie, „du solltest wirklich nicht immer versuchen, um jeden Preis witzig zu sein."

Auch ihr Mann runzelte die Stirn. Der Getadelte schwieg. Er senkte den Blick und wischte mit einem Stück Brot die letzten Reste seines Rühreis vom Teller.

Karl-Friedrich sorgte für ein Ende des peinlichen Schweigens. Er lehnte sich auf seinem Stuhl zurück und schaute in die Runde. „Heute kommt der Viehhändler aus Stralsund – er will ein Angebot für unsere Jungbullen machen."

„Dann sehen wir, ob das neue Kraftfutter wirklich seinen Preis wert ist", sagte Luise.

Karl-Friedrich lächelte und die kleinen Fältchen neben seinen Augen vertieften sich. „Wenn dem so ist, dann bleibt noch genug Geld für die Perlen übrig, die dir neulich so gefallen haben – also drück die Daumen." Er schob seinen Stuhl zurück, gab seiner Frau einen Schmatz auf die Wange und eilte zur Tür hinaus. Die beiden großen schottischen Jagdhunde, die während des Frühstücks zu seinen Füßen gelegen hatten, tapsten hinter ihm her.

Auch Justo erhob sich vom Tisch. „Die Arbeit ruft." Nach einer geschmeidigen Verbeugung, die an niemanden im Besonderen gerichtet war, ging er.

Die beiden Frauen blieben allein im Speisezimmer zurück. Luise legte Franziska die Hand auf den Arm. „Ich hoffe, du verzeihst das schlechte Benehmen meines Schwagers. Ich weiß nicht, was mit ihm los ist. Als ihn Karl-Friedrich vor drei Tagen gebeten hat, dich in Stralsund abzuholen, da schien er sich über dein Kommen zu freuen."

„Schon vergessen. Es bedeutet mir viel mehr, dich hier so gesund und glücklich zu sehen."
Luise lachte. Ihre hellbraunen Locken unter der rüschenbesetzten Haube umrahmten ein Gesicht, das so rotwangig war, dass man es in Berlin wohl schon fast bäuerisch gefunden hätte, und ihre honigfarbenen Augen leuchteten.

„Es ist schön, dich wiederzuhaben", fuhr Franziska fort, „aber so, wie es aussieht, hast du ja ohnehin Gesellschaft." Sie warf einen vielsagenden Blick auf Luises Leibesmitte. Ein deutlich sichtbarer Schwangerschaftsbauch wölbte sich unter dem weißen Musselinkleid.

„Ich bin trotzdem froh, dass du hier bist", meinte Luise. „Als Gesprächspartner taugt das Kleine noch nicht viel." Sie legte zärtlich die Hand auf den Bauch.
Franziska schluckte. Sie hätte auch gern ein Baby gehabt, aber von dieser Hoffnung konnte sie sich wohl verabschieden.

„Ach, Fränzchen", Luise schien zu ahnen, wie es ihrer Cousine ums Herz war. „Jetzt bleibst du erst einmal hier. Wir werden dich schon aufheitern." Sie grinste. „Stell dir vor, als ich Karl-Friedrich vor einem halben Jahr gesagt habe, dass ich glaubte, möglicherweise schwanger zu sein, da wollte er sofort loslaufen und eine Amme, eine Gouvernante und einen Hauslehrer anstellen – alles zusammen! Ich hatte Mühe, ihm das auszureden."

Franziska lächelte schwach. „Deine Mutter hat darauf bestanden, dass ich dir Johanna mitbringe. Sie hat früher in einem Haushalt gearbeitet, in dem es sieben kleine Kinder gab."

Luise blickte auf ihren Bauch hinunter. „Mutter war schon immer eine Optimistin."

Das Dienstmädchen kam ins Speisezimmer. „Darf ich den Tisch abräumen?"

Luise nickte. Dann stemmte sie sich vom Stuhl hoch. „Was hältst du von einem kleinen Spaziergang? Ich zeige dir das Gut und vorher machen wir noch einen Abstecher in die Küche." Ein schelmisches Lächeln stahl sich über ihr Gesicht. „Dann siehst du gleich, wie ernst ich meine Pflichten als Gutsherrin nehme."

Die geräumige weiß getünchte Küche lag im Untergeschoss des Gutshauses und besaß einen eigenen Ausgang. Durch die vergitterten Fenster blickte man in den Gemüsegarten und zum Hühnerstall. Mit der Köchin, einer korpulenten Frau in einer blendend weißen Schürze, besprach Luise das heutige Mittag- und Abendessen in aller Ausführlichkeit. Die beiden Küchenmädchen waren damit beschäftigt, Geschirr zu spülen. Franziska ging langsam zu dem einzigen Fenster, an dem keine Kräuterbündel trockneten, und schaute hinaus. Eine kleine grau gekleidete Frau verließ gerade mit einem Korb Eier unter dem Arm den Stall und kam energischen Schrittes auf die Küchentür zu.

„Das Pflaumenkompott in Zukunft bitte mit etwas weniger Zimt." Luise beendete ihren Monolog und die Köchin schnaufte zustimmend.

Als die kleine Frau hereingekommen war und ihren Korb vorsichtig auf den Tisch gestellt hatte, winkte die Gutsherrin ihre Cousine heran. „Das ist Emma Haase, unsere Mamsell."

Die Mamsell stand aufrecht neben dem Tisch, die Hände hinter dem Rücken verschränkt. Mit wachsamen Augen sah sie zu, wie Franziska herbeihumpelte. Dann deutete sie einen leichten Knicks an.

„Sie ist diejenige, die den ganzen Haushalt beaufsichtigt und mich von den gröbsten Fehlern abhält", sagte Luise.

„Damit habe ich in letzter Zeit immer weniger zu tun." Franziska war außerstande zu entscheiden, ob die Mamsell das nun scherzhaft meinte oder nicht. Sie hatte keine Miene verzogen.

„Wir müssen dringend Salz einkaufen", sagte Frau Haase, während sie die Eier in den Vorratsschrank räumte. „Bald beginnt die Gemüseernte und damit das Einlegen."

„Veranlassen Sie das! Haben wir auch genügend Essig?" Franziska staunte über die Entschlossenheit, mit der sich Luise in ihre Aufgaben als Gutsherrin stürzte. Früher hatte sie solch einen Enthusiasmus höchstens an den Tag gelegt, wenn es darum ging, die passenden Ohrringe zu einem Ballkleid auszuwählen. Jetzt bestimmte sie nicht nur, wann die Käse, die in der Molkerei reiften, gewendet werden durften, sondern auch die Anzahl der Enten, die man schlachten und die Gewürze, die man in die Wurst geben sollte.

„Da wären noch die Schinken …", begann die Mamsell.

„Es ist wieder so weit." Luise wandte sich zu Franziska. „Jede Woche einmal kontrollieren wir die Schinken und Würste in der Vorratskammer, damit sie keine Gelegenheit haben, unbemerkt Schimmel anzusetzen."

„Vier Augen sehen mehr als zwei", sagte Emma Haase schlicht.

„Möchtest du schon einmal in den Garten vorausgehen?", fragte Luise, „ich komme nach, sobald ich mich vergewissert habe, dass Karl-Friedrich auch in Zukunft die Leberwürste nicht ausgehen."

Bevor Franziska den Garten aufsuchte, ging sie in ihr Zimmer, um ihren Hut zu holen. Dort überraschte sie Johanna, wie sie gerade die Haarbürsten und -nadeln, Kämme, Salbentöpfchen und Duftwässer auf dem Frisiertisch sortierte. Die Tür des Kleiderschranks stand offen und man sah, dass das Kammermädchen Kleider und Wäsche eingeräumt und sogar an die Gazesäckchen mit den Lavendelblüten gedacht hatte, die die Motten abwehren und für einen frischen Duft sorgen sollten.

„Frau Luise hat mir aufgetragen, Ihre Sachen auszupacken", erklärte Johanna und knickste. „Außerdem ist es Frau Luises Wunsch, dass ich Ihnen während Ihres Aufenthalts hier weiterhin zu Diensten stehe." Sie rückte den Stuhl am Frisiertischchen zurecht. „Vielleicht dürfte ich kurz nach Ihren Haaren schauen?"

Franziska blickte in den Spiegel und seufzte. Das Mädchen hatte recht. Berliner Eleganz sah anders aus. „Aber nur etwas ganz Schlichtes, ich will den Hut aufsetzen."

Johanna machte sich mit geschickten Fingern ans Werk. Wenig später erkannte sich Franziska kaum wieder. Mit Hilfe von etwas Haaröl war es Johanna gelungen, kastanienfarbenen Glanz in ihre Frisur zu zaubern. Der Knoten am Hinterkopf sah glatter und fülliger aus, als wenn Franziska sich selbst frisierte, und die Haarsträhnen, die vor ihren Ohren herabhingen, hatte das Kammermädchen geflochten und zu Schlaufen festgesteckt. Auf diese Weise betonten sie Franziskas große dunkle Augen. Johanna betrachtete ihr Werk kritisch und zupfte dann mit einem schelmischen Lächeln noch eine Locke aus dem Haarknoten, die sich nun wie zufällig über die Schulter ringelte. „Jetzt können Sie ausgehen."

Luise traf gleichzeitig mit ihrer Cousine im Garten ein. Die Veränderung, die mit Franziska vorgegangen war, entlockte ihr ein beifälliges Nicken. „Nachdem ich nicht weiß, was Johanna zurzeit für mich tun könnte, halte ich es für eine gute Idee, wenn sie stattdessen für dich da ist", erklärte sie in ihrem neuen befehlsgewohnten Tonfall, an den Franziska sich noch nicht gewöhnt hatte. Als Luise ihrer Cousine die blühenden Rosenbüsche im Gutsgarten zeigte und zu jedem Namen und Herkunft nannte, wurde sie jedoch unvermittelt wieder zu dem leicht zu begeisternden Backfisch, der sie in Berlin gewesen war. „Hier habe ich ganze Wagenladungen von Lavendel und Rosmarin pflanzen lassen, das passt wunderbar zu den Rosen – und Frau Haase freut sich, weil sie die Zweige im ganzen Haus verteilen kann."

Sie lief Franziska voran zwischen den Beeten hindurch, die mit zierlichen Buchsbaumhecken eingerahmt waren. „Die Königslilien und der Goldlack blühen noch nicht, aber in vier Wochen wirst du sehen, was das für eine Pracht ist."

Der hintere Teil des Gartens lag im Schatten mächtiger Eschen. Zwischen den Hortensienbüschen stand eine schmiedeeiserne, weiß angestrichene Laube.

„Im Frühling ist diese ganze Wiese weiß von Schneeglöckchen", erklärte Luise mit einer ausholenden Bewegung. Franziska sah sich um. Eine verrostete Sonnenuhr stand auf einem Steinsockel und erzählte von den Zeiten, als die Eschen noch so klein gewesen waren, dass sie gelegentlich einen Sonnenstrahl durchließen. Den Abschluss des Gartens bildete eine Mauer aus verwitterten Backsteinen.

„Was ist dahinter?", wollte sie wissen.

Luise öffnete die kleine Pforte, die in die Mauer eingelassen war. „Unsere Felder", sagte sie mit dem Stolz einer Landwirtin. „Rüben, Kartoffeln und Roggen."

Die beiden Frauen traten auf eine Straße hinaus, die sich zwischen Hügeln und wolkenbetupftem Himmel im Nirgendwo zu verlieren schien.

„Wo geht es da hin?"

„Nach Neddesitz, das ist noch ein Dorf mit einem Gutshaus – und einen Kreidebruch haben sie dort auch erschlossen." Luise wedelte mit der Hand vor ihrem Gesicht herum, als eine Windbö den feinen weißen Straßenstaub aufwirbelte. „In der Gegenrichtung kommt man nach Bobbin, dort gibt es eine hübsche alte Kirche." Sie wedelte wieder eine Staubwolke fort. „Es sollte wirklich mal regnen. Dieses Frühjahr war viel zu trocken."

„Da hinten kommt ein Wagen", sagte Franziska und deutete Richtung Bobbin.

Luise kniff die Augen zusammen, um besser sehen zu können. Da das fuchsfarbene gedrungene Pferd einen flotten Trab lief, dauerte es nicht lange und sie konnte erkennen, wer die Zügel führte. Sie winkte.

Der dunkel gekleidete Herr zog die Zügel an. „Einen schönen Tag wünsche ich den Damen." Er musterte Luises Figur mit einem so interessierten Blick durch die runden Brillengläser, dass Franziska es fast als zudringlich empfand. „Sie sehen gut aus. Ich nehme an, dass alles in Ordnung ist."

„Bestens!" Einen Moment lang legte Luise die Hand zärtlich auf ihren Bauch. „Das ist unser Haus- und Hofarzt, Doktor Otto Schönborn."

Der Arzt hob den grauen Zylinder und erlaubte den Damen einen kurzen Blick auf sein schütteres blondes Haupthaar. Dann betrachtete er Franziska von oben bis unten. Sie bemühte sich um ein freundliches Lächeln.

„Meine Cousine ist gestern angekommen", fuhr Luise fort, „und war ebenfalls getrieben von der Sorge um mein Wohlergehen." Sie schob die Unterlippe vor und markierte ein Schmollen. „Offenbar ist meine Schwangerschaft das Einzige, das mich für meine Mitmenschen noch interessant macht."

„Das ist auch die vornehmste Aufgabe einer Dame", sagte der Arzt mit unbewegtem Gesicht und heftete den Blick wieder auf Franziska: „Sie sollten dringend mehr essen. Eier und Sahne würde ich empfehlen." Er nahm die Zügel auf. „Wie geht es Herrn Adler? Alles abgeheilt, hoffe ich?"

„Er ist praktisch wieder wie neu", sagte Luise.

Doktor Schönborn schüttelte tadelnd den Kopf. „Sie sollten das nicht auf die leichte Schulter nehmen. Wenn er sich innere Verletzungen zugezogen hätte, dann wäre das Ganze nicht so glimpflich ausgegangen."

„Ich werde ihm schöne Grüße ausrichten."

Schönborn nickte, schnalzte mit der Zunge und sein Pferd trabte an.

Luise sah ihm nach, wie er in einer Staubwolke verschwand. „Guter Arzt, aber völlig humorlos."

„Unhöflich ist er auch."

„Aber was das Essen betrifft, hat er recht", meinte Luise und ging durch das schmiedeeiserne Pförtchen zurück in den Garten. „Wir müssen dich wirklich aufpäppeln!"

Franziska tat, als ob sie ihre Cousine nicht gehört hätte. „Wer ist denn dieser Herr Adler und was hatte er?"

„Einer von Justos Mitarbeitern." Luise bückte sich schwerfällig, um ein vertrocknetes Hortensienblatt vom Rasen aufzuheben. „Er wurde verprügelt und Doktor Schönborn musste eine Platzwunde an seinem Kopf nähen."

„Und ich dachte, auf dem Land geht es friedlich zu."

Luise drehte das Hortensienblatt zwischen den Fingern. „Das tut es auch, aber dieses Hafenprojekt, an dem Justo zurzeit arbeitet, macht die Leute ganz verrückt." Sie warf das Blatt unter einen Busch.

„Hafenprojekt?" Franziska schaute sie fragend an.

„Das ist alles hoch geheim. Aber soweit ich mitbekommen habe", Luise lächelte unschuldig, „soll hier ganz in der Nähe ein riesengroßer Hafen für die Ostseeflotte gebaut werden."

„Und Justo hat damit zu tun?"

„Allerdings", Luise beugte sich vor. „Er arbeitet seit ungefähr zwei Jahren für die Admiralität", flüsterte sie. „Offiziell ist er immer noch bei den Husaren. Aber in Wirklichkeit beaufsichtigt er hier auf Rügen die Planungen für das Bauprojekt und berichtet direkt an Prinz Adalbert."

Franziska war beeindruckt. Prinz Adalbert von Preußen war eine schillernde Gestalt, die in den Berliner Salons für reichlich Gesprächsstoff sorgte. Nicht nur deshalb, weil er endlich die Seestreitkräfte aufbaute, die Preußen noch nie hatte. Man munkelte auch, dass es sich bei seiner Frau in Wahrheit nicht nur

um eine Bürgerliche handelte, sondern um eine frühere Tänze-
rin, die vor Publikum aufgetreten war.

3. Kapitel

Nach dem Mittagessen überredete Franziska ihre Cousine, sich ins Schlafzimmer zurückzuziehen und auszuruhen. „Das solltest du ebenfalls tun", meinte Luise. „Aber da ich weiß, dass du dich nicht an meine Ratschläge halten wirst, empfehle ich dir stattdessen unsere Bibliothek."

Als Franziska die Eingangshalle durchquerte, sah sie eine weiße Katze neben der Haustür sitzen. Das Tier bemerkte, dass sie zu ihm hinüberschaute, miaute laut und kratzte an der Tür.

„Du möchtest nach draußen?" Franziska näherte sich langsam der Katze und beugte sich hinunter. Die Weiße ließ sich streicheln und drückte den Kopf in ihre Hand, damit sie nur ja weitermachte. Als auf der anderen Seite der Tür Schritte schwungvoll die Freitreppe heraufkamen, nahm Franziska die Katze auf den Arm und richtete sich auf. Keinen Augenblick zu früh, denn die Tür wurde mit Schwung aufgestoßen und die Frau konnte nur durch einen unbeholfenen Schritt zur Seite verhindern, dass sie die Klinke in die Rippen bekam. Dafür fand sie sich nun fast Nase an Nase mit Justo.

„Was machen Sie denn hier?"

„Die Katze wollte raus."

„Entschuldigen Sie bitte meine Unhöflichkeit", sagte Justo knapp und wollte sich an ihr vorbeidrängen.

„Die von heute Morgen oder von gerade eben?"

„Bitte?"

„Ich wollte nur wissen, welche Unhöflichkeit ich Ihnen verzeihen soll."

Justo verbeugte sich und Franziska hätte schwören können, dass er das nur tat, um ein Grinsen zu verbergen. „Verzeihen Sie mir bitte unbedingt alles, was Ihnen einfällt – aber jetzt bin ich in Eile."

Franziska setzte die Katze nach draußen. Das Tier spazierte ohne Eile die Treppe hinunter. Als die junge Frau wieder hereinkam und die Tür hinter sich ins Schloss drückte, war Justo immer noch da und starrte auf ihre Brust.

„Sieht interessant aus, Ihr Kleid."

Franziska schaute an sich herunter. Die Gutskatze steckte wohl mitten im Fellwechsel. Die Vorderseite des schwarzen Wollkleides war so dicht mit weißen Haaren bedeckt, dass die ursprüngliche Farbe kaum noch zu erkennen war. Sie versuchte, die Katzenhaare mit der Hand abzustreifen, aber mit wenig Erfolg.

„Lassen Sie es besser von Ihrem Mädchen ausbürsten", meinte Justo, „so reiben Sie die Haare nur noch tiefer in den Stoff."

„Besten Dank", erwiderte Franziska, „Sie haben wohl schon einmal daran gedacht, Ihr Auskommen als Kammerbursche zu suchen?"

„Das nicht, aber ich habe genügend Erfahrung mit Pferdehaaren auf Uniformtuch. Da gibt es eine ähnlich innige Verbindung." Justo hatte sich inzwischen darauf besonnen, dass er nicht ohne Grund hierhergekommen war. Er wandte sich zur Treppe. Als er einige Stufen hinter sich gebracht hatte, drehte er sich noch einmal um. „Dieses Kleid steht Ihnen sowieso nicht. Der Schnitt ist grauenvoll und über die Farbe wollen wir lieber nicht reden. Sie sehen aus wie meine alte Gouvernante."

Als sich Franziska beruhigt hatte, suchte sie ihr Zimmer im ersten Stock auf, damit Johanna sie von den Haaren befreite. Das könnte Justo so passen, dass sie sich nur wegen einer frechen Bemerkung von ihm umzog.

Auf dem Bett lag ein Stapel Kleider, die nicht ihre eigenen waren. Während sie ihn noch verwundert betrachtete, tauchte Johanna hinter ihr auf. „Die hat mir Frau Luise für Sie gegeben. Sie sagte, sie hätte keine Verwendung dafür."

Als Franziska die Kleider genauer in Augenschein nahm, stellte sie fest, dass es sich um Trauerkleider handelte. Etwas anderes kam für sie momentan ja nicht infrage. Von einer Witwe wurde erwartet, dass sie mindestens ein Jahr lang Schwarz trug. Franziska konnte sich auch nicht vorstellen, jemals wieder etwas anderes anzuziehen. Sie erinnerte sich, dass ihre Cousine vor ungefähr einem Jahr in einem Brief erwähnt hatte, dass ein hochgestellter Onkel ihres Karl-Friedrichs verstorben sei. Augenscheinlich hatte sie sich für die Zumutung, einige Wochen Schwarz tragen zu müssen, obwohl ihr diese Farbe nicht stand, schadlos gehalten, indem sie sich eine komplette Trauergarderobe nach der neuesten Mode und aus den besten Stoffen anfertigen ließ, die sie bekommen konnte. Franziska war wider Willen hingerissen. Da gab es einen Überfluss an Batist, Brokat und immer wieder Seide. Abgesetzt mit zarten Spitzen und Stickereien in allen nur erdenklichen Grau-, Silber- und Cremeschattierungen.

Sie strich mit der Hand über eines der Oberteile. Schwarze Seide mit kleinen grauen Blümchen bestickt. Angemessen, aber zauberhaft. Der weite Rock bestand aus einem Seidenstoff, der so stark schimmerte, dass das Schwarz nicht trist wirkte.

„Wenn etwas nicht richtig sitzen sollte, dann kann ich das ganz leicht ändern." Johanna setzte ein bittendes Lächeln auf. „Ich bin gut im Nähen."

Franziska konnte sich des Eindrucks nicht erwehren, dass ihr Kammermädchen erpicht darauf war, dass sie die Kleider behielt. Aber so einfach ging das nicht. „Unternimm erst einmal nichts. Ich werde mit meiner Cousine noch darüber reden."

„Das, was Sie jetzt anhaben, müssen Sie aber auf jeden Fall ausziehen", sagte Johanna. „Um die Haare aus dem Wollstoff herauszubekommen, brauche ich länger."

Als sich Franziska erneut auf den Weg zur Bibliothek machen konnte, trug sie eines ihrer mitgebrachten Kleider. Das Mädchen hatte zwar leise gemurrt, als es die schlichten Hornknöpfe schloss, aber das ignorierte Franziska.

Der weitläufige helle Raum, der die Bibliothek des Gutes beherbergte, diente keineswegs nur zur Aufbewahrung der Bücher. Es handelte sich vielmehr um ein geräumiges Lese- und Arbeitszimmer, in dem es sogar ein Klavier gab. Auf dem Deckel des Instruments stand ein Handarbeitskorb, den Luise hier vergessen hatte. Das Ende einer flauschigen gestrickten Babydecke hing heraus. Daneben lag eine Broschüre über Hühnerhaltung.

Franziska trat an eines der Regale heran. Sie stellte schnell fest, dass die Büchersammlung des Gutes keineswegs so gut organisiert war, wie sie es von Ferdinands wesentlich kleinerer Bibliothek gewohnt war. Auf Polkvitz waren die Bücher teils nach Wissensgebieten, teils nach den Namen der Verfasser und teils überhaupt nicht sortiert. Manche Bände hatte man einfach da in die Regale gestellt, wo gerade Platz war.

Beim Geräusch von Franziskas Schritten auf dem Parkettboden schaute ein junger Mann von den Landkarten auf, die er auf seinem Tisch ausgebreitet hatte. Er trug einen weißen Verband um den Kopf und auf der linken Wange prangte ein verschorfter Kratzer. Franziska wollte sich wieder zurückziehen, doch der Mann stand auf, verbeugte sich linkisch und raffte seine Unterlagen zusammen. „Entschuldigen Sie mein Hiersein. Ich muss einige Dinge nachsehen, aber ich kann meine Karten auch anderswo ausbreiten."

„Bitte bleiben Sie", sagte Franziska schnell, „der Raum ist wahrhaftig groß genug."

Der Mann verbeugte sich erneut. „Wenn Sie erlauben. Mein Name ist Moritz Adler, ich arbeite für Herrn von Veldhain."

Franziska neigte leicht den Kopf.

„Die Romane befinden sich im Regal neben dem Fenster dort drüben." Moritz Adler zeigte in die betreffende Richtung.

„Vielen Dank", sagte Franziska, „wissen Sie vielleicht auch, wo ich die Bücher über Mittelamerika finde?" Der junge Mann war einen Moment lang aus dem Konzept gebracht. Dass Damen auch etwas anderes lasen als Romane, war ihm neu. Er schüttelte stumm den Kopf.

Die ‚Gedanken über die Altertümer von Panama, verfasst durch Ferdinand Meistersinger' fand Franziska trotzdem. Das Buch stand zwischen einem Standardwerk über die amerikanischen Nutzpflanzen und einem Werk über spanische Liebeslyrik von einem O. Meise. Sie strich zärtlich über den Buchrücken der ‚Gedanken'. Es kam ihr vor, als sei es erst gestern gewesen, dass sie die Unterlagen für den Druck zusammengestellt hatten. Das Vorwort stammte vom berühmten Alexander von Humboldt und bei den Illustrationen hatte sie selbst mitgearbeitet. Franziskas Aufgabe war es gewesen, die von Ferdinand mitgebrachten Kunstgegenstände abzuzeichnen und damit die Vorlagen für den Lithographen zu liefern. Auf das Ergebnis war sie ebenso stolz wie ihr Mann. Auch wenn Franziska Meistersinger im Buch nirgends erwähnt wurde.

„Jetzt kann niemand mehr behaupten, ich sei nur ein unbedeutender Assistent von Professor Heimersheimer – ich habe unter meinem eigenen Namen meine Forschungsergebnisse veröffentlicht!" Sie konnte Ferdinand fast hören. Um dieses Ereignis zu feiern, hatte er die Taschenuhr mit dem Schiff auf dem Deckel gekauft. Die Uhr hatte ihn fortan überallhin begleitet, bis sie eines Tages in einem Päckchen nach Berlin gesandt worden war.

Franziska sah sich verstohlen um. Dieser Moritz Adler hielt sie wahrscheinlich für übergeschnappt, wenn er sah, dass sie in der Bibliothek ein Buch ans Herz drückte. Aber das war ihr egal. Sie zog den Band aus dem Regal. Ein Büchlein, das daneben geklemmt hatte, fiel zu Boden und ein Blatt Papier flatterte zwischen den Seiten hervor. Franziska bückte sich zuerst nach dem schmalen Buch. ‚The Art of Fishing' war es betitelt. Natürlich passte es nicht zu den anderen Büchern in diesem Regal und auch der Name des Verfassers gab ihr keinerlei Aufschluss darüber, warum es gerade hier eingeordnet worden war. Als sie das Papier aufhob, fiel Franziska die Handschrift auf. Diese klaren, fast gemalten Buchstaben, die so gut dafür geeignet waren, Reisetagebücher zu schreiben oder Funde zu beschriften, hätte sie immer und überall erkannt. Es war ein Brief von Ferdinand. Franziska nahm das Büchlein und den Brief zusammen mit den ‚Gedanken' zu dem Sofa in der Fensterecke mit. Gerade als sie den Briefbogen auseinanderfalten wollte, wurde die Tür zur Bibliothek geöffnet. Franziska lugte vorsichtig um ein Regal herum. Es war Justo, der an Moritz Adlers Schreibtisch trat. „Haben Sie brauchbare Informationen gefunden?"

„Leider nein, die Karten, die wir hier haben, sagen uns nichts über das Höhenprofil des Landes jenseits des Boddens."

„Dann werden wir das wohl selbst vermessen müssen. Ludolf wird sich freuen."

„Das Land gehört größtenteils zu Gut Detziw", sagte Moritz Adler.

Justo nickte grimmig. „Das wird mit Sicherheit nicht ohne Streit und Beschimpfungen abgehen. Aber letztlich muss uns der alte Herr die Vermessungen durchführen lassen. Wir handeln im Auftrag der Regierung."

„Das wird er hoffentlich respektieren." Moritz Adler begann, die Landkarten zusammenzurollen und in die zugehörigen Papphülsen zu stecken.

„Ich möchte noch einmal zusammen mit Ihnen die Kanalstrecke anschauen", sagte Justo.

Gemeinsam verließen die beiden Männer die Bibliothek.

Allein im Raum, kämpfte Franziska mit ihrem Gewissen. Immerhin war der Brief nicht an sie gerichtet. Aber die Neugier darauf, was ihr verstorbener Mann nach Polkvitz zu schreiben gehabt hatte, gewann die Oberhand.

Lieber Karl-Friedrich,
gestern hat das Schiff im Londoner Hafen angelegt. Eine Verzögerung
unserer Reise, die ich nutzen kann, um mich für Ihre guten Wünsche
betreffs Gelingen und Verlauf dieser Expedition zu bedanken.
Bei einem Ausflug in die hiesigen Buchläden habe ich die beiliegende
Schrift übers Angeln entdeckt. Sie sehen, ich erinnere mich immer
noch gut an Ihr Steckenpferd.
Mit den besten Empfehlungen, Ihr Ferdinand Meistersinger

Franziska schaute auf, ohne etwas zu sehen. Bei dieser Reise
hatte Ferdinand das Material für das Buch gesammelt, das jetzt
neben ihr lag. Sie hatte nicht gewusst, dass sein Schiff noch
einige Tage in London geblieben war. Ihr hatte Ferdinand erst
drei Wochen später, nach seiner Ankunft in Panama, geschrieben. Sie schaute wieder auf das Blatt, das sie in den Händen
hielt. Der Brief klang nicht so, als hätte ihr Ehemann in London
übermäßig viel zu tun gehabt.

Welches Verhältnis bestand überhaupt zwischen ihm und
Karl-Friedrich? Franziska und Ferdinand hatten sich auf der
Hochzeit des Gutsherrn mit Luise kennengelernt. Damals er-
wähnte Ferdinand nur, dass er ein Freund des Bräutigams sei.

Luise hatte darauf bestanden, in Berlin zu heiraten, wo ihre
Verwandten und Freunde lebten. Da auch die Familie ihres
zukünftigen Ehemannes über Häuser und Wohnungen in der
Hauptstadt verfügte, kamen aus dieser Richtung keine Einwände. Als der Ball eröffnet war und alle jüngeren Gäste auf
die Tanzfläche stürmten, hatte Franziska sich wie üblich einen
bequemen Platz am Rande des Geschehens gesucht, von dem
aus sie die Paare beobachten konnte.

„Sie tanzen nicht?" Ein Mann stand vor ihr. Nicht mehr ganz
jung, die Geheimratsecken in dem schütteren Haar betonten
seine hohe Stirn. Die Halsbinde, die den hohen Hemdkragen
zusammenhalten sollte, hatte sich etwas gelockert. Der Anzug,

den er trug, war zwar von guter Qualität, aber schon lange aus der Mode.

„In der Tat, ich tanze nicht", hatte Franziska gesagt, „ich habe also keine Entschuldigung, um Ihnen schnell zu entkommen."

„Darf ich mich setzen?"

Franziska machte eine einladende Handbewegung und der Mann ließ sich am anderen Ende des Sofas nieder. Dann stand er wieder auf und verbeugte sich: „Mein Name ist Ferdinand Meistersinger. Angenehm."

„Ob die Bekanntschaft angenehm ist, das wird sich noch herausstellen."

Ferdinand Meistersinger nahm Platz. Dann sprang er erneut auf. „Wenn Sie wirklich nicht weglaufen, dann hole ich uns etwas zum Trinken."

Als er mit zwei Sektgläsern zurückkehrte, begannen sie eine ausführliche Unterhaltung und stellten bald fest, dass sie auch über das Nichttanzen hinaus einige Gemeinsamkeiten hatten. Beide interessierten sich für Geschichte und ferne Länder, fanden Mode weniger wichtig und mochten lange Gespräche – wie sie am Ende des Abends wenig überraschend feststellten. Franziska erfuhr, dass Ferdinand als Assistent des berühmten Völkerkundlers Heimersheimer schon einige Reisen nach Süd- und Mittelamerika unternommen hatte. Als er bei diesem Thema angelangt war, konnte nichts mehr seinen Redefluss bremsen.

Es entwickelte sich zwischen ihnen schnell eine freundschaftliche Neigung, die sich in den folgenden Monaten weiter vertiefte. Ferdinand bewunderte die Zeichnungen, die Franziska von den Figuren, Scherben, Schmuckstücken und Masken anfertigte, die er mitgebracht hatte, und amüsierte sich über ihre schlagfertigen Bemerkungen. Seine Frage, ob sie ihn heiraten wolle, kam für Franziska nicht ganz überraschend. Sie konnte es sich gut vorstellen, mit ihm zusammenzuleben, daher sagte sie ohne Umschweife Ja. Schließlich konnte sie nicht ewig Tante Regina zur Last fallen, und allzu viele Bewerber, die sich für ein

Mädchen ohne Mitgift, aber dafür mit einem kaputten Bein interessierten, gab es nicht.

Nur Regina von Oberbach zeigte sich über Franziskas Entscheidung alles andere als glücklich. „Übereilt" und „bedauerlich", das waren die Worte, die sie in diesem Zusammenhang meist verwendete. Sie liebte aber ihre Nichte viel zu sehr, als dass ihr Verhältnis darunter gelitten hätte. Franziska fand, dass es das Schicksal trotz allem gut mit ihr meinte.

4. Kapitel

Auf dem Rückweg von der Bibliothek suchte sie ihre Cousine. Franziska war sich sicher, dass Luise inzwischen nicht mehr im Bett lag.

Das Hausmädchen Agathe, das in der Eingangshalle das Treppengeländer polierte, schickte Franziska ins Herrenzimmer. „Dort ist die gnädige Frau meistens um diese Zeit."

Als sie das Zimmer betrat, konnte sie zuerst niemanden in dem halbdunklen Raum entdecken. Neben den Schränken und Vitrinen, in denen sich der Zigarrenvorrat des Gutsherrn, eine Sammlung von Pfeifen sowie ein breites Sortiment an Schnäpsen, Branntweinen und Sherrys befand, gab es eine Gruppe von massiven, lederbezogenen Sesseln, die sich um einen niedrigen Tisch mit einem Aschenbecher in der Mitte drängten.

Verwirrt blieb Franziska stehen. Agathe musste sich irren, was sollte eine Dame hier zu suchen haben? Luise hatte jedoch ihre Schritte erkannt und blinzelte um die Lehne eines Sessels herum. „Du hast uns entdeckt. Setz dich zu uns. Wir verschnaufen hier ein wenig, bevor wir uns wieder in den Trubel des Alltags stürzen."

Franziska trat näher. Ihre Cousine hatte es sich in einem der tiefen Ledersessel gemütlich gemacht, die Schnürstiefel ausgezogen und einen Fuß Karl-Friedrich in den Schoß gelegt. Dieser saß im Sessel gegenüber, rauchte eine Meerschaumpfeife und massierte die Fessel seiner Gattin. Unter und neben den Sesseln lungerten Gordon und Scott, die beiden schottischen Jagdhunde, herum.

„Was tut man nicht alles, um seine Frau bei Laune zu halten." Der Herr von Veldhain schob den Fuß, den er gerade bearbeitet hatte, zur Seite und griff nach dem anderen. Franziska hatte das Gefühl, dass es ihm ein wenig peinlich war, bei einer solch unmännlichen Tätigkeit angetroffen zu werden.

„Ich frage mich gerade, ob es nicht ein Gesetz dagegen gibt, schwangere Ehefrauen auf langweilige Gesellschaften zu schleppen!", sagte Luise und fächelte sich mit einer lavendelfarbenen Karte Luft zu.

„Wenn es dir zu anstrengend ist, nach Putbus zu fahren", sagte Karl-Friedrich, „dann kann ich dich natürlich entschuldigen, aber Tante Ottilie fragt jedes Mal nach dir."

Franziska hatte sich inzwischen hingesetzt und stellte fest, dass der Sessel sowohl nach Tabakrauch als auch nach Pferd und Hund roch. Das Mobiliar in diesem Raum hatte eindeutig schon ein paar Generationen der von Veldhains erlebt.
Mit einem neugierigen Blick streifte Luise die Bücher, die Franziska dabei hatte. „Was trägst du da mit dir herum?"

„Das habe ich in der Bibliothek gefunden, neben dem Buch von Ferdinand." Sie schluckte und reichte ihrer Cousine ‚The Art of Fishing'. „Da ist mir aufgefallen, dass ich gar nicht weiß, woher sich Karl-Friedrich und Ferdinand kannten."
Luise sah das Buch an und schüttelte den Kopf. Ihr Mann grinste. „Diese Geschichte kennst du nicht."

„Jetzt erzähl schon!"

„Schrecklich, wie Ehefrauen auch die düstersten Geheimnisse aus der Vergangenheit ihrer Männer herausquetschen."
Luise wackelte ungeduldig mit den Zehen.

„Es war vor mehr als dreißig Jahren. Damals lebte mein Vater noch und führte dieses Gut. Ich war ein Knabe und verbrachte einige Ferientage bei unseren Verwandten in Putbus. Eines Tages beschlossen mein Cousin und ich, nach Lauterbach zu fahren. Der Ort liegt an der offenen Ostsee und als wir dort waren, wollten wir angeln. Der Cousin behauptete, dass wir beim Licht einer Laterne einen besonders reichlichen Fang machen würden. Ich war anderer Meinung, also beschlossen wir, das zu klären wie Männer von Ehre." Er stieß eine Rauchwolke aus.

„Ihr habt euch duelliert!", rief Luise begeistert.

„Wir waren zwar ein bisschen übergeschnappt, aber so verrückt nun auch wieder nicht." Karl-Friedrich blies noch eine Rauchwolke in die Luft und erzählte weiter. „Wir haben uns ein Boot geliehen, eine Laterne besorgt und wollten es ausprobieren."

„Und?"

„Wir haben es nicht herausgefunden. Als der Fischer, dem das Boot gehörte, uns ein Stück aufs Meer hinausgerudert hatte, wollte mein Cousin die Laterne anzünden. Da kam in der Dämmerung ein Segelboot direkt auf uns zu."

Luise holte schon Luft, um etwas zu sagen, aber ihr Mann kam ihr zuvor: „Nein, es war nicht der fliegende Holländer. Das Boot fuhr praktisch in Schlangenlinien und hielt auf den Hafen von Lauterbach zu. Dem Lärm nach zu urteilen, war ein ziemlich angeheitertes Völkchen von jungen Burschen an Bord. Ferdinand erzählte mir später, dass sie mit viel Bier ihren Abschluss auf dem Stralsunder Gymnasium gefeiert hatten. Sie veranstalteten eine gewagt aussehende Halse – dabei schwingt die Rah, die das Segel aufgespannt hält, einmal über das Deck." Karl-Friedrich untermalte seine Erzählung mit ein paar bildhaften Gesten und einem Kopfeinziehen. „Aber die Mannschaft war eindeutig nicht in Form. Die Rah traf einen der Burschen, der vergessen hatte, seinen Kopf in Sicherheit zu bringen, und fegte ihn glatt über Bord. Seine Kameraden bekamen das nicht mit und das Schiff schlingerte weiter. Wer immer am Steuer stand, hatte plötzlich beschlossen, doch nicht in Lauterbach anzulegen, sondern weiter die Küste hinaufzufahren." Karl-Friedrich versuchte, einen Rauchring zu blasen. „Glücklicherweise waren wir mit dem Boot nahe genug, dass wir trotz der Dämmerung den halb Bewusstlosen ausmachen und an Bord ziehen konnten. Wir ruderten nach Lauterbach zurück und da wir nicht wussten, was wir mit unserem Fundstück anfangen sollten, nahmen wir ihn mit nach Putbus."

„Das war Ferdinand", stellte Luise fest.

Karl-Friedrich nickte. „Als er seinen Rausch ausgeschlafen hatte, verstanden wir uns richtig gut. Begreiflicherweise wollte er so schnell wie möglich zurück nach Stralsund und da ich nichts Besseres zu tun hatte, begleitete ich ihn in der Kutsche dorthin. Unterwegs redeten wir die ganze Zeit und freundeten uns an.

Seither haben wir uns nie mehr völlig aus den Augen verloren. Als ich meine Hochzeit mit Luise vorbereitete, traf ich Ferdinand in Berlin, wo er als Assistent von Professor Heimersheimer tätig war. Da habe ich ihn einfach eingeladen. Mit den bekannten Folgen." Er verbeugte sich im Sitzen vor Franziska.

In diesem Augenblick klopfte es.

Auf Karl-Friedrichs Antwort öffnete sich die Tür und der Gutsverwalter streckte den Kopf ins Zimmer. „Sie wollten benachrichtigt werden, wenn es bei der neuen Jersey-Kuh losgeht."

Der Gutsherr sprang auf. „Ich komme sofort!" Er schaute grinsend auf seine Frau im Sessel hinunter. „Jetzt hätte ich fast noch etwas Wichtiges vergessen!" Er kramte in seiner Westentasche. „Schau mal!", er ließ eine Perlenkette vor Luises Nase baumeln.

„Du hast sie?" Luise schnappte sich die Kette und war trotz ihres dicken Bauches erstaunlich schnell am Kamin, über dem ein großer Spiegel hing.

„Die sind schön!" Sie hielt sich die Kette an den Hals. „Wann hast du die denn gekauft?"

„Kurz nachdem du gesagt hattest, dass sie dir gefallen."

Luise drehte sich um und stemmte die Hände in die Hüften. „Das heißt, du wusstest schon, dass wir sie uns leisten können!"

„Die Roggenpreise entwickeln sich dieses Jahr ganz gut …"

„Du Schuft!" Luise umarmte ihn und küsste ihn leidenschaftlich.

Franziska schaute unbeteiligt aus dem Fenster. Diese Verbindung von Romantik und Landwirtschaft war ihr zwar fremd, aber sie verspürte doch einen leisen Stich, der sich wie Eifersucht anfühlte. Sie umfasste die Taschenuhr an ihrem Hals.

„Jetzt muss ich in den Stall!" Gefolgt von seinen beiden Hunden verließ der Gutsherr das Zimmer.

Luise schaute hinterher. „Ich werde Frau Haase Bescheid sagen, dass sie ein oder zwei Flaschen Sekt bereitstellt. Falls das neue Kalb weiblich und alles in Ordnung ist, dann werden wir drauf anstoßen."

Franziska runzelte erstaunt die Stirn. Wenn es hier üblich war, jede Rindergeburt zu feiern, dann kam man auf einem so großen Gut doch gar nicht mehr aus dem Trinken heraus!

Luise lachte, als ihre Cousine ihr diesen Gedankengang mitteilte. „Nein, du Dummchen, natürlich machen wir das nicht bei jedem Kalb. Aber mit dieser Kuh ist es etwas Besonderes. Jersey-Kühe geben eine sehr gute, fette Milch. Die Tiere sind ausgesprochen teuer, aber Karl-Friedrich will sie unbedingt in unseren Bestand einkreuzen. Der Vater des neuen Kälbchens ist einer unserer besten Bullen und jetzt sind wir auf das Ergebnis ungeheuer gespannt."

Franziska nickte. Dieses Interesse an der Viehzucht war auch etwas, an das sie sich bei Luise erst noch gewöhnen musste.

Die Cousine lehnte sich gemütlich im Sessel zurück und legte die Füße auf Karl-Friedrichs Platz. „Was sagst du zu den Kleidern?"

„Dass ich sie nicht annehmen kann."

„Natürlich kannst du das", widersprach Luise. „Ich kann sie nicht brauchen." Sie deutete auf ihren Bauch. „Selbst wenn ich sie anziehen wollte, sie würden nicht passen."

„Du bleibst nicht ewig schwanger."

„Bis ich wieder so weit bei Figur bin, dass ich die Kleider anziehen könnte, sind sie aus der Mode."

„Trotzdem ..."

„Gib auf, Fränzchen. Es bleibt dir nichts anderes übrig. Du musst sie schon nehmen."

„Aber ich muss doch irgendeine Gegenleistung ..."

„In Ordnung." Luises Lächeln hatte etwas Listiges bekommen. „Du schuldest mir einen Gefallen."

„Welchen?"

„Ich werde mir was ausdenken." Dann wechselte Luise das Thema: „Was hat Ferdinand eigentlich für dich damals in London gefunden?"

„Er hat mir gar nicht geschrieben."

„Oh." Luise sah sie betreten an.

„Er hatte wenig Zeit und es ist ja auch nicht so, als ob er auf einer Vergnügungsreise gewesen wäre."

„Trotzdem."

Franziska kannte das Gesicht, das ihre Cousine inzwischen aufgesetzt hatte. Es besagte, dass sie der Ansicht war, dass jemand, der ihr nahestand, schlecht behandelt wurde.

„Ich werde den Brief und das englische Buch in die Bibliothek zurückbringen", sagte Franziska schnell, da sie es für das Beste hielt, dieses Gespräch zu beenden.

Der große Raum war still und friedlich. Die Nachmittagssonne fiel durch die hohen Fenster, fing sich in den weißen Gardinen und brachte das Parkett zum Schimmern. Nachdem sie ‚The Art of Fishing' wieder ins Regal gestellt hatte, setzte sich Franziska auf das Sofa in der Damennische und schaute hinaus. Von hier aus hatte man einen guten Blick auf das Rasenrondell in der Mitte der Auffahrt. Es war mit einzelnen alten Rhododendronbüschen etwas planlos bepflanzt. Um einen gepflegten Eindruck zu erzielen, hatte man das Rondell mit einer schmalen Rabatte aus rotblühenden Tulpen eingefasst. Allerdings nicht ganz regelmäßig. An einigen Stellen war die rote Umrandung deutlich sichtbar durchbrochen. Franziska dachte kurz darüber nach, warum noch niemand dafür gesorgt hatte, dass die Lücken geschlossen wurden, aber wahrscheinlich war es nicht ganz einfach, hier in der Provinz Tulpenzwiebeln von der gleichen Sorte aufzutreiben.

Ein Knecht mit einer Schubkarre voller Mist kam aus der Richtung der Ställe. Er steuerte den Gemüsegarten an. Plötzlich schoss etwas Großes, Weißes unter einem der Rhododendren hervor und trampelte mit ausgebreiteten Schwingen und vorgestrecktem Hals durch die Tulpen auf den Mann zu. Dieser ließ schnell die Griffe der Karre fahren und nahm die Mistgabel, die in seiner Fuhre steckte. Angesichts der drohenden Metallzinken drehte der Schwan ab. Er zischte den Knecht an, so laut, dass Franziska es durch das geschlossene Fenster hindurch hören konnte, dann watschelte er quer über die Auffahrt, startete und nach einer Runde über dem Vorplatz flog er davon. Der Knecht legte die Mistgabel wieder auf die Karre, packte die Griffe und stapfte weiter.

5. Kapitel

Am nächsten Tag kam Besuch. Vom Fenster des Salons aus sah Franziska, wie eine Kutsche über die Auffahrt zum Gutshaus rollte. Ein offener vierrädriger Wagen mit einem Pferd, das so aussah, als hätte es in seinem langen Leben nicht nur Kutschen, sondern auch Pflüge und Eggen gezogen. Auf dem Kutschbock thronte ein schwarz gekleideter Herr, der die Leinen führte, als kutschiere er einen römischen Streitwagen mit vier feurigen Hengsten. Im Wagen saß eine Dame, von der man nur den schlichten schwarzen Sonnenschirm sah.

Franziska machte ihre Cousine auf die Ankömmlinge aufmerksam.

„Ach du lieber Himmel!", entfuhr es Luise. Sie läutete nach dem Hausmädchen und trug ihm auf, schnell den Kaffeetisch zu decken.

„Wer ist das?", wollte Franziska wissen, nachdem Agathe fortgeeilt war.

Die schwarz gewandete Dame im Wagen schloss den Sonnenschirm, sah sich aufmerksam um, reichte dem Herrn ein schweres Bündel aus der Kutsche und kletterte schließlich umständlich die Metallstufen hinab. Als sie auf dem Boden angekommen war, legte der Herr ihr das Bündel wieder in die Arme und gemeinsam wandten sie sich zur Treppe des Gutshauses, wo sie von Wilhelm, dem Kammerdiener Karl-Friedrichs, erwartet wurden. Das Pferd senkte den Kopf, winkelte ein Hinterbein an und verfiel übergangslos in ein Nickerchen.

„Das, meine liebe Cousine, sind unser Pfarrer Ignatius Dölström und seine Gattin Asta."

„Haben die ein Baby dabei?"

„Lass dich überraschen und benimm dich", sagte Luise streng. Dann schritt sie – jeder Zoll eine würdige Gutsherrin – durch die Halle und begrüßte die Pfarrersleute. Noch während Luise ihre Cousine vorstellte, wurde sie vom weiblichen Teil des Paares unterbrochen: „Ist der Herr von Veldhain zu Hause?"

Die Frau von Veldhain verneinte und Asta Dölström setzte daraufhin das Bündel, das sie im Arm getragen hatte, auf den Boden. „Dann braucht Pummi ja keine Angst vor diesen beiden riesigen Bestien zu haben, die den Herrn Baron immer begleiten."

Das Baby entpuppte sich als dicker schwarzer Mops und die Gutsherrin ging schnell voraus ins Empfangszimmer, wo inzwischen der opulente Kaffeetisch gedeckt war. In der Mitte stand ein Kuchen, zwischen dessen Streuseln saftig aussehende Kirschen hervorlugten. Die Mamsell war auch auf unvorhergesehene Gäste bestens vorbereitet.

„Haben Sie sich den Fuß verstaucht?", wollte die Pfarrersgattin wissen, als Franziska ihr den Vortritt in der Tür ließ.

„Nein." Franziska ging davon aus, dass sie mit ihrer Einsilbigkeit deutlich gemacht hatte, dass sie dieses Thema nicht weiter verfolgen wollte. Aber die schwarz gekleidete Frau, deren Knopfaugen Franziska an eine Amsel erinnerten, schien das nicht wahrzunehmen.

„Dann ist es womöglich ein Geburtsfehler, Sie Arme."

„Nein." Franziska war klar, dass ihr Gegenüber nicht lockerlassen würde, bis es die Geschichte kannte. Sie hatte Amseln oft genug dabei beobachtet, wie sie Würmer aus dem Erdboden zogen. Dieser Vogel gab nicht so schnell auf. „Als ich zehn Jahre alt war, hatte ich einen schweren Unfall." Mehr würde sie der neugierigen Amsel nicht erzählen. Nichts von den Schmerzen, der langen Krankheit und davon, dass die Ärzte einige Tage lang befürchtet hatten, dass man das Bein amputieren müsste. Und erst recht brauchte sie nicht zu erfahren, dass bei dem Unfall Franziskas Mutter umgekommen war.

„Oh, da fällt mir gerade etwas ein", rief Luise aus, die mitbekommen hatte, worüber ihre Cousine und Asta Dölström redeten. „Der Getreidehändler, mit dem sich mein Gatte heute trifft, hat auch einen Hund. Vielleicht sollte ich doch lieber den Kammerdiener fragen, wo Gordon und Scott jetzt sind." Sie griff nach der Klingelschnur.

„Pummi!", die Pfarrersfrau verlor urplötzlich jedes Interesse an Franziskas Krankengeschichte. Sie zog den Mops mit einer Schnelligkeit unter dem Kaffeetisch hervor, als seien die gefürchteten Bestien bereits im Anmarsch.

Luise beauftragte das Hausmädchen damit, Karl-Friedrichs Kammerdiener zu suchen und sich zu erkundigen, wo sich die Lieblinge ihres Mannes befänden. Danach komplimentierte sie die Besucher auf das zierliche Sofa hinter dem Kaffeetisch. Die Pfarrersgattin behielt Pummi auf dem Schoß und saß kerzengerade zwischen den bestickten Kissen. Hausmädchen Agathe schenkte reihum Kaffee ein und verteilte den Kuchen.

„Lassen Sie es sich schmecken", Luise pikste ihre Kuchengabel in den Kirschstreuselkuchen, „meine Mamsell bereitet sich schon auf die diesjährige Ernte vor, indem sie die eingekochten Kirschen vom letzten Jahr jetzt zu allen Gelegenheiten serviert."

„Der Kuchen ist hervorragend", sagte der Pfarrer und tat sich reichlich Sahne in den Kaffee.

„Ich werde es Frau Haase ausrichten."

„Auf jeden Fall wirtschaftet sie recht gut, wenn sie um diese Jahreszeit noch immer eingekochte Kirschen hat", sagte Frau Dölström gemessen.

Pummi winselte und wollte wieder auf den Boden, aber die Pfarrersgattin hielt ihn eisern fest und verabreichte ihm zur Beruhigung ein Stück Streusel. Franziska nippte an ihrer Kaffeetasse und beobachtete, wie Luise die Blicke des Pfarrers ignorierte, der gerne noch einen weiteren Kuchen gehabt hätte.

„Ihr Ehemann ist also in Südamerika ums Leben gekommen", sagte die Amsel zwischen zwei Bissen. „Dann war er womöglich ein Berufskollege meines Ignatius?"
Franziska verneinte so rasch, dass es ihr selbst unhöflich erschien. „Er war kein Missionar – falls Sie das meinen. Er war Völkerkundler, er studierte die präkolumbianische Kultur der Maya."
„Aha ...", Asta Dölström schaute ratlos.
Der Pfarrer half seiner Frau aus der Verlegenheit: „Die heidnischen Riten der Indianer."
„Oha", sie zog die fast nicht erkennbaren Augenbrauen hoch. „Nun, das muss vermutlich auch jemand tun. Mein Beileid."
„Der Grund unseres Kommens ...", der Pfarrer übernahm nun mit entschiedener Stimme das Gespräch. Er wurde jedoch durch das Eintreten des Kammerdieners Wilhelm unterbrochen, der Luise einige Worte zuraunte und sich dann wieder zurückzog.
„Es tut mir leid", die Gutsherrin lächelte unschuldig, „da habe ich völlig umsonst Angst und Schrecken verbreitet. Karl-Friedrich hat die Hunde mitgenommen."
Asta Dölström stellte den dicken Mops wieder auf den Fußboden, wo er sich dicht neben ihrem Rocksaum hinsetzte, die hervorquellenden Augen unbeirrbar auf den Kuchen gerichtet.
„Aber warum sollen die Hunde des Gutsherrn denn nicht mit Pummi spielen?", erkundigte Franziska sich. Etwas Bewegung würde dem übergewichtigen Mops doch guttun.
Die Pfarrersfrau riss die Knopfaugen auf. „Aber nein, das verträgt Pummi nicht. Als die beiden ihn das letzte Mal über den Hof gejagt haben, da schnaufte er hinterher, als sei sein letztes Stündchen gekommen. Für solche rauen Spiele ist mein Pummi nicht geeignet." Die Amsel wirkte, als würde sie gleich anfangen zu flattern. Der Pfarrer legte ihr beruhigend die Hand auf den Arm. „Unsere gute Frau von Veldhain würde doch nie zulassen, dass Pummi etwas passiert."
Luise nickte nachdrücklich.

Dölström räusperte sich. „Um noch einmal auf den Grund unseres Besuches zurückzukommen: Wir möchten uns für die großzügigen Spenden, die wir in der Vergangenheit von Ihnen, liebe Frau von Veldhain, und Ihrem Gemahl bekommen haben, erkenntlich zeigen und planen eine kleine Landpartie." Seine Lippen verzogen sich zu einem erwartungsfrohen Lächeln. „Eine gemeinsame Unternehmung der tonangebenden Personen hier in der Gegend würde dem Gerücht den Boden entziehen, dass wir uns über ein gewisses Thema uneinig wären." Er räusperte sich. „Auch wenn es nicht allen gefällt, dann wissen wir doch, was für das Wohl des Vaterlandes getan werden muss."

Seine Frau warf ihm einen bewundernden Blick zu und Luise klatschte in die Hände. „Das war sehr schön gesagt, Herr Dölström." Sie winkte Agathe, damit sie dem Pfarrer noch ein Stück Kuchen auftat. „Es ist wirklich eine prächtige Idee", fuhr die Gutsherrin fort, „auf diese Weise bekommt Franziska gleich einen Eindruck von unserer schönen Insel und lernt einige der Nachbarn kennen."

„Wo soll es denn hingehen?", fragte Franziska.

„Wir fahren an die Kreideküste und machen ein Picknick in der Nähe des Königsstuhles. Da gibt es eine wunderbare Fernsicht", erläuterte Dölström. „Danach werden wir noch den Herthasee und einige heidnische Opfersteine besuchen – Doktor Schönborn hat versprochen, einen kleinen Vortrag zu halten."

„Das klingt nach einem guten Programm", sagte Luise und winkte das Hausmädchen heran, das neben der Tür gewartet hatte. „Essen und Bildung sind immer eine sehr befriedigende Kombination."

Agathe verteilte eine weitere Runde Kaffee. Der Pfarrer streckte dem Hausmädchen auffordernd seinen Teller entgegen, nachdem die Damen dankend eine weitere Portion Kuchen abgelehnt hatten.

„Doktor Schönborn befasst sich also mit Altertumskunde?", fragte Franziska.

„Oh ja, er ist ein richtiger Wissenschaftler", bestätigte der Pfarrer, „und er liest nicht nur Bücher darüber. Wenn seine Zeit es ihm erlaubt, dann zieht er selbst mit Schaufel und Hacke los."

„Er hat eine wirklich außerordentliche Sammlung von Dingen zusammengetragen", sagte die Pfarrersfrau. „Es ist ganz erstaunlich, was die Leute vor Tausenden von Jahren schon alles herstellen konnten, ohne des allein seligmachenden Glaubens teilhaftig geworden zu sein."

„Streng genommen waren das Wilde – aber auch unsere Vorfahren", fügte der Pfarrer hinzu. „Wenn Sie sich für diese Artefakte interessieren, dann bin ich sicher, Doktor Schönborn zeigt Ihnen mit Freuden seine Sammlung."

Franziska bemühte sich um ein paar unverbindliche Worte. Als ihr Blick aus dem Fenster fiel, sah sie, wie Karl-Friedrich vor dem Haus gerade vom Pferd stieg. Der drahtige alte Mann, der ihn begleitete, war Reinhard Delbrück, der Verwalter des Gutes. Die Männer übergaben ihre Pferde dem herbeieilenden Stallburschen und gingen dann zum Seiteneingang des Hauses, der zu den Büroräumen des Gutes führte. Die beiden schottischen Jagdhunde folgten wie üblich ihrem Herrn auf dem Fuß.

„Wir freuen uns auf diese Landpartie." Luise war anzumerken, dass nach ihrem Dafürhalten der Besuch des Pfarrersehepaares jetzt lange genug gedauert hatte. Sie erhob sich. „Sie müssen uns benachrichtigen, wenn der Termin feststeht."

Da es unhöflich gewesen wäre, sitzenzubleiben, wenn die Gastgeberin aufgestanden war, erhoben sich jetzt alle.

„Wir werden Ihre wertvolle Zeit nicht länger in Anspruch nehmen", sagte Dölström zu Luise und an Franziska gewandt fügte er hinzu: „Besuchen Sie uns doch einmal. Der Park neben dem Pfarrhaus ist wirklich sehr schön und von historischer Bedeutung."

„Aber die Wege sind schon lange nicht mehr gepflegt worden und entsprechend uneben", gab die Amsel zu bedenken, „vielleicht sollten Sie sicherheitshalber einen Gehstock mitbringen. Meine Mutter fand einen Stock bei ihrer Arthritis immer sehr hilfreich."

Selbst wenn Franziska unterstellte, dass die Pfarrersfrau es nur gut meinte: Sie hatte sich schon zu oft dagegen gewehrt, mit dem weithin sichtbaren Zeichen ihrer Gehbehinderung herumzulaufen. Ihre halbe Jugendzeit lang war sie auf eine Krücke angewiesen gewesen. „Ich habe keine Arthritis", erklärte sie mit scharfer Stimme.

Luise rief dazwischen: „Was halten Sie von einem Samstag im Juni?"

Der Pfarrer war begeistert: „Nach dem hundertjährigen Kalender sollen wir diesen Juni sehr schönes Wetter bekommen."

„Aber bitte nicht zu schön", Karl-Friedrich von Veldhain war in der Tür aufgetaucht. „Sie wissen doch: Im Juni beten alle Landwirte um Regen. Der Roggen braucht Wasser zum Wachsen, die Kartoffeln auch und die Rüben sind ohnehin durstige Zeitgenossen."

Die Reaktionen der Besucher auf das Erscheinen des Gutsherrn fielen unterschiedlich aus. Der Pfarrer rief erfreut: „Gott zum Gruße, Herr von Veldhain, wie schön, dass wir Sie noch zu sehen bekommen." Seine Frau kreischte dagegen in den höchsten Tönen nach Pummi.

Als die beiden Jagdhunde ins Zimmer trotteten, setzte sich Franziska wieder in ihren Sessel. Hier würde sie weder angerempelt noch umgerannt werden. Pummi wählte die zweitbeste Möglichkeit, sich aus dem Weg zu räumen, indem er sich unter dem Sofa verkroch. Damit war die Pfarrersgattin nicht einverstanden. Sie versuchte erfolglos, den Mops aus seinem Versteck hervorzulocken, während die Hunde des Gutsherrn ihre Schnauzen unter das Sofa steckten, sich anfeuernd zubellten und offenbar ihren Spaß hatten.

Erst nach einigen Minuten hatte Karl-Friedrich die Situation begriffen und gab Wilhelm ein Zeichen. Jeder der beiden Männer griff sich einen der großen Hunde und trug ihn aus dem Zimmer. Die Amsel warf sich auf den Mops, der nun endlich den runden Kopf unter dem Sofa hervorstreckte, und riss ihn in ihre Arme.

Der Pfarrer schüttelte Luise ernst die Hand und ließ sich vom Hausmädchen seinen Kutschmantel umlegen. Frau Dölström hielt Pummi mit beiden Armen umklammert. Also begnügte sie sich mit einer angedeuteten Verneigung vor Franziska und einem förmlichen Knicks vor Luise.

Wenig später rollte die Kutsche vom Hof.

Karl-Friedrich tauchte, gefolgt von seinen Hunden, wieder auf. „Sie sind weg", stellte er fest und seufzte erleichtert.

„Sie haben uns zu einer Landpartie eingeladen", bemerkte Luise. „Das ist gar keine schlechte Idee."

„Das stimmt." Karl-Friedrich schob den Vorhang zur Seite, um durchs Fenster zu spähen. Der Wagen des Pfarrers verschwand gerade um die leichte Kurve auf halber Strecke der ansonsten schnurgeraden Straße. „Es ist immer gut, wenn sich die Leute treffen und miteinander essen."

6. Kapitel

In den folgenden Tagen übernahm Franziska den ländlichen Lebensrhythmus, bei dem auch die Gutsbesitzer früh aufstanden und sich am Abend um eine Zeit ins Bett begaben, zu der in der Hauptstadt die Bälle und Opernaufführungen erst begannen. Im Frühstückszimmer traf sie meist zeitgleich mit Luise ein, sodass die beiden Damen, nachdem sich die Männer an ihr Tagewerk begeben hatten, noch ein Stündchen bei einer weiteren Tasse Kaffee plaudern konnten.

Heute war es anders. Schon auf dem Flur hörte Franziska aufgeregtes Stimmengemurmel, das nichts mit den gemächlichen Gesprächen zu tun hatte, die sonst in diesem Hause am Frühstückstisch üblich waren. Als sie das Zimmer betreten hatte, sah sie, dass die Mamsell anwesend war. Rot im Gesicht und in demütiger Haltung stand sie neben der Tür.

„Meine liebe Frau Haase, Ihnen macht doch niemand einen Vorwurf." Karl-Friedrich bemühte sich mit Kaffeetasse in der Hand, die Wogen zu glätten. „Wahrscheinlich war es einfach das Versehen eines Küchenmädchens."

„Die Küchenmädchen fallen in meine Verantwortung", sagte Frau Haase steif, „selbstverständlich werde ich dafür sorgen, dass der Schaden ersetzt und die Verantwortliche bestraft wird."

Der Gutsherr nickte und die Mamsell eilte hinaus.

„Stell dir vor", sagte Luise zu Franziska und fegte in ihrer Aufregung fast einen Teller vom Tisch, „heute Nacht war der Fuchs im Hühnerstall."

Anscheinend handelte es sich dabei um eine Katastrophe erster Güte, aber Franziska verstand zu wenig vom Landleben, um das einschätzen zu können. „Wie viele Hühner kann so ein Fuchs denn fressen?"

Luise blieb der Mund offen stehen und Karl-Friedrich versteckte das Gesicht hinter einer Serviette. Justo legte die Gabel hin, mit der er im Rührei herumgestochert hatte. Um seinen Mund zuckte es verdächtig, aber auch er war höflich genug, Franziska nicht auszulachen.

„Es geht nicht darum, was der Fuchs gefressen hat", erklärte er geduldig, „das wären höchstens ein bis zwei Hennen und der Schaden ist nicht der Rede wert, aber ein Fuchs, der in einen Hühnerstall einbricht, verfällt meist in eine Art Blutrausch und tötet alle Bewohner, die er erwischen kann – egal ob er sie frisst oder nicht."

„Und der Rest der dummen Tiere bekommt vor Angst einen Herzschlag oder einen Kollaps oder was auch immer", fügte Luise düster hinzu.

Franziska erschrak, denn Luise hatte ihr einmal erzählt, dass sie rund fünfzig Hühner besäßen. „Alle tot?"

„Mehr oder weniger", sagte Karl-Friedrich.

Das gemütliche Plauderstündchen fiel aus. Nach dem Frühstück, bei dem niemand Appetit gezeigt hatte, gingen die Gutsherrin und ihre Cousine sofort in die Küche hinunter.

„Für das Federvieh ist die Dame des Hauses zuständig, das ist eine alte Tradition", sagte Luise, als Franziska ihrem Erstaunen darüber Ausdruck verlieh, dass sich Karl-Friedrich nicht weiter um die Sache kümmerte. In dem großen Raum hatten sich die Mamsell, die Köchin und die beiden Küchenmädchen um eine mit Stroh ausgestopfte Holzkiste versammelt, in der drei zerzaust aussehende Hennen bewegungslos hockten.

„Sind das die Überlebenden?", Luise versuchte sich forsch zu geben, aber ihr Gesicht war bleich.

„Ob die durchkommen, ist noch nicht sicher", sagte die Mamsell, „manche kippen auch mit Verzögerung um." Sie rieb sich über die Wange. „Ich habe die Hausburschen in den Hühnerstall geschickt, damit sie die toten Hühner sortieren in die, die wir noch in der Küche verwenden können, und in diejenigen, die wir an die Hunde verfüttern müssen, weil sie der Fuchs angenagt hat."

Die Hintertür öffnete sich und einer der Hausburschen polterte mit seinen Holzpantinen herein. In den Armen hielt er drei Hühner. „Die hab ich in der hintersten Ecke gefunden. Die könnten sich noch berappeln." Als er die Gutsherrin sah, machte er eine ungeschickte Verbeugung. Keines der Hühner, die er an die Brust drückte, protestierte, obwohl sie kurzfristig fast kopfstanden.

Frau Haase nahm ihm die Tiere ab und steckte sie zu den anderen. „Die Kiste stellen wir in die Ecke neben dem Herd", sagte sie, „da ist es dunkel und warm, da können sie sich am besten erholen."

Der Bursche trug die Kiste zum angewiesenen Platz und ging dann wieder hinaus. Das kleinere der beiden Küchenmädchen zog vernehmlich die Nase hoch und das andere legte die Arme um seine Kollegin. Frau Haase stemmte die Hände in die Hüften und schaute die beiden durchdringend an. „Jule, du hattest die Aufgabe, die Hühner in den Stall zu sperren."

„Das hab ich auch gemacht, wie jeden Abend." Jule schniefte und wischte sich die geschwollenen Augen mit ihrer Schürze. „Ich hab sie alle in den Stall gescheucht und den Riegel an der Tür fest zugemacht. Genauso wie den vom Auslauf."

„Ich hab's gesehen", bestätigte das größere Mädchen. Franziska glaubte sich zu erinnern, dass sie Frauke hieß. „Wir wollten zusammen noch rüber zu den Pferdeställen gehen und ich hab drauf gewartet, dass Jule fertig wird. Sie hat wirklich alles richtig gemacht."

„Jule ist ein zuverlässiges Mädchen. Eigentlich möchte ich ihr glauben", sagte die Mamsell.

„Aber wie ist der Fuchs dann hereingekommen?", fragte die Gutsherrin.

„Heute Morgen wollte ich die Eier einsammeln und da stand die Tür sperrangelweit auf – genauso wie die vom Auslauf", meldete sich die Köchin zu Wort und schnaufte bekräftigend.

„Das kann nicht sein", jammerte Jule, „ich hab alles zugemacht."

„Vielleicht war es jemand anderes", Franziska tat das Küchenmädchen leid. „Ein Landstreicher, der Eier stehlen wollte?"

„Hatten wir noch nie", sagte die Mamsell. „Die meisten Landstreicher kommen an die Hintertür und fragen ganz einfach nach was zu essen. Dann bekommen sie ja auch was."

„Außerdem ist das nicht das erste Mal", sagte Bertha plötzlich. Alle schauten sie verblüfft an.

„Ich wollte es nicht an die große Glocke hängen", murmelte sie.

Franziska verstand, dass die Köchin ihre Mitarbeiterinnen nicht in Schwierigkeiten bringen wollte.

„Mal war es die Tür zum Auslauf und mal die Stalltür", sagte Bertha, „aber es ist nie was passiert. Nicht mal weggelaufen sind die Viecher."

„Warum habe ich davon nie etwas erfahren?", die Mamsell schien aus allen Wolken zu fallen, „ihr müsstet doch wissen, dass ich niemanden voreilig verdächtige."

Die Köchin zerknüllte einen Lappen zwischen den Händen. „Ist ja nie was passiert!", wiederholte sie.

Luise setzte sich an den Küchentisch. In ihrem Zustand konnte sie besser nachdenken, wenn sie saß. „Seit wann geht das so? Wann hast du zum ersten Mal bemerkt, dass eine Tür offen war?"

„Kurz nach Ostern. Wir Dienstboten hatten am Abend vorher gefeiert und da dachte ich …"

„Du sollst nicht denken!", sagte Frau Haase rau und Franziska hatte den Eindruck, dass die Mamsell schwer enttäuscht war über den Mangel an Vertrauen seitens ihrer Leute.

„Tschuldigung", die Köchin ließ den Kopf hängen.

Luise hatte die Ellenbogen auf den Tisch gestützt und verbarg das Gesicht in den Händen. Franziska setzte sich daneben und legte den Arm um sie. Etwas anderes konnte sie nicht tun. Der Anblick ihrer verzweifelten Herrin bewirkte, dass sich die Mamsell zusammenriss. „Habt ihr irgendjemanden in der Nähe des Hühnerstalls gesehen, der dort nichts zu suchen hatte?", fragte sie die Köchin und die Mädchen.

„Hannes war öfter da", räumte das kleinere der Küchenmädchen zögernd ein und kaute am Ende seines blonden Zopfes. „Wer ist Hannes?"

„Hannes arbeitet auf Gut Detziw", sagte Jule leise, „ich wollte nichts von ihm wissen und irgendwann hat er auch aufgehört, mir nachzusteigen. Das habe ich jedenfalls gehofft." Sie schniefte wieder.

„Er ist immer mal wieder aufgetaucht", erzählte Frauke, „manchmal versuchte er, mit Jule zu reden, meistens lungerte er aber einfach herum."

Frau Haase schüttelte den Kopf. „Das hättest du mir erzählen sollen. Ich hätte dafür gesorgt, dass er von hier wegbleibt."

Jule schluchzte verzweifelt in ihre Schürze und die Mamsell legte ihr die Hand auf die Schulter „Jetzt reg dich nicht mehr auf, Mädchen!"

Luise schaute auf und runzelte die Stirn. „Von Gut Detziw also"

Franziska dachte an ihre kurze Begegnung mit Rufus von Detziw.

„Ich muss mit Karl-Friedrich darüber reden." Luise stand auf.

„Was hat es mit diesen Leuten von Gut Detziw auf sich?", fragte Franziska, als sie die Treppe zu den herrschaftlichen Räumlichkeiten emporstiegen.

„Rufus von Detziw ist einer unserer unerfreulicheren Nachbarn." Luise hielt sich am Treppengeländer fest, um zu verschnaufen. „Er war schon immer etwas eigen, aber in letzter

Zeit wurde es noch schwerer, mit ihm auszukommen. Als ich ihn das letzte Mal auf einer Gesellschaft traf, hat er mich einfach ignoriert."

„Bei meiner Ankunft sind Justo und ich ihm in Lietzow begegnet", erzählte Franziska. „Er hat sich ziemlich rüpelhaft benommen, deinen Schwager beschimpft und Johanna fast umgeritten."

„Dieser Groll hat etwas mit dem Hafenprojekt zu tun."

„Inwiefern?"

Luise stieg weiter die Stufen hinauf. „Das meiste Land auf der anderen Seite des Boddens gehört zu Gut Detziw. Und genau dort soll nach dem Willen und den Planungen der Herren in Berlin der künftige Hafen entstehen." Sie sah Franziska an. „Bei der Geheimnistuerei, die um die Sache gemacht wird, frage ich mich natürlich, wie Rufus von Detziw davon erfahren hat. So wie es aussieht, macht er Justo persönlich für das Ganze verantwortlich. Als ob der die Pläne entworfen hätte."

„Es gibt doch sicher eine Entschädigung?"

„Das nehme ich an, aber Detziw hat einen Sohn, und Landbesitz muss in der Familie bleiben und weitergegeben werden. So denken die Leute hier und irgendwie kann ich das verstehen." Luise blieb wieder stehen und legte die Hand auf ihren Bauch.

In der Halle trennten sich die Frauen. Franziska ging in den Salon und Luise wandte sich zu den Büroräumen des Gutes, um ihren Mann zu suchen.

7. Kapitel

Beim Lesen schweiften Franziskas Gedanken immer wieder ab und schließlich legte sie ihr Buch beiseite und schaute zum Fenster hinaus. Der Salon lag neben der Bibliothek und bot fast die gleiche Aussicht auf die Auffahrt. Der Schwan war wieder da. Er watschelte zwischen den Rhododendren herum und zupfte an dem zarten Gras. Auf der Straße von Sagard her näherten sich zwei Reiter. Franziska sah ihnen zu, wie sie die Auffahrt hinauftrabten. Ein etwas älterer Herr, der die Kleidung trug, die unter den hiesigen Gutsbesitzern üblich war: strapazierfähige Stoffe, solide Stiefel und ein Hut, der ein paar Jahre hinter der aktuellen Mode zurück war. Der etwas jüngere Mann, der ihn begleitete, sah ähnlich aus und hatte ein wettergegerbtes Gesicht. Beide saßen auf edlen, temperamentvollen Pferden.

„Der Herr von Gut Dubnitz und sein Verwalter", sagte die Mamsell. Sie war auf der Suche nach Luise in den Salon gekommen und trat nun neben Franziska ans Fenster. „Wahrscheinlich wollen sie das neue Kalb anschauen."

Das Kalb der Jersey-Kuh war schon in der gesamten Gegend eine Berühmtheit. Am Abend nach seiner Geburt hatte ein begeisterter Karl-Friedrich seinen Bruder, seine Frau und Franziska in den Stall geschleppt und dort wurden gemeinsam mit dem Verwalter Delbrück und dem Oberknecht Knut zwei Flaschen Sekt geleert. Der Gutsherr hatte es sich nicht nehmen lassen, auch dem schokoladenbraunen Kälbchen einige Tropfen auf das struppige Fell zu sprenkeln, die von seiner Mutter umgehend abgeleckt wurden.

„Und das ist ganz richtig so, denn sie sollte schließlich auch etwas davon haben", hatte Karl-Friedrich gesagt.

Ein lautes Zischen riss Franziska aus ihren Gedanken. Der Schwan fühlte sich von den Reitern gestört und schoss mit vorgestrecktem Hals durch die Tulpen auf sie los.

„Ach du liebe Güte!" Die Mamsell rannte mit klappernden Absätzen aus dem Zimmer.

Die Pferde der beiden Besucher erschraken über den plötzlichen Angriff des großen weißen Vogels und die Reiter hatten alle Hände voll zu tun, ihre bockenden und um sich schlagenden Tiere wieder unter Kontrolle zu bringen. Schließlich verscheuchten Frau Haase, die sich im Vorraum einen soliden Regenschirm gegriffen hatte, und der Gärtner, der mit Erdklumpen warf, den Schwan.

Luise und Karl-Friedrich eilten aus dem Gutsbüro herbei und Franziska entnahm ihren Gesten, dass sie sich entschuldigten, die Gäste begrüßten und sich nochmals entschuldigten. Die beiden Besucher schienen den Schwanenangriff nicht weiter tragisch zu nehmen. Franziska sah, wie derjenige, den Frau Haase als den Herrn von Dubnitz bezeichnet hatte, Karl-Friedrich auf die Schulter klopfte und lachte.

Nachdem sie ihre Verbeugungen vor Luise gemacht hatten, gingen die drei Männer samt den Pferden in Richtung der Ställe davon und die Gutsherrin kam zu ihrer Cousine in den Salon.

„Was für ein Tag!" Luise ließ sich mit einem erleichterten Seufzer auf dem Sofa nieder. „Hättest du je geglaubt, dass das Landleben so aufregend ist?"

„Warum unternehmt ihr nichts gegen diesen Schwan? Den müsste man doch verscheuchen oder abschießen können!"
Luise sah ihre Cousine empört an. „Leander abschießen? Das kommt überhaupt nicht infrage! So etwas würde schlimmes

Unglück bringen." Der Zusatz „das sagen die Einheimischen" wurde mit einem leichten Erröten nachgeliefert.

„Aber er bedroht eure Gäste und eure Dienstboten", Franziska erzählte von der Episode mit dem Knecht und dem Schwan.

„Das beweist, dass sich unsere Leute zu helfen wissen."

„Ihr könnt ihn doch nicht einfach gewähren lassen."

„Fränzchen", Luise lachte leise. „Hierzulande ist man der Meinung, dass Schwäne Glückstiere sind und außerdem bringen sie die Kinder."

„Das machen Störche!"

„Hier teilen sie sich diese Aufgabe. Im Winter der Schwan, weil Störche Zugvögel sind, und im Sommer der Storch." Luise lehnte sich zurück und sah Franziska triumphierend an. „Mein Kind soll zwar im August kommen, aber wir wollen Leander trotzdem nicht verärgern."

„Der Schwan heißt Leander?"

„Nun ja", Luise zögerte, „nachdem er immer wieder auftaucht, mussten wir ihm doch einen Namen geben ..."

Franziska fand es am besten, das Gesprächsthema zu wechseln. „Was sagt Karl-Friedrich zu der Sache mit den Hühnern?"

Luise hob die Schultern. „Wir haben keinerlei Beweise, dass jemand von Gut Detziw dahintersteckt."

Als die beiden Frauen nach einem verspäteten Mittagessen beieinandersaßen, fand Luise endlich Zeit, die Post durchzusehen, die in einem kleinen Stapel neben ihrem Platz lag.

„Von Pfarrer Dölström", sagte sie, während sie einen Umschlag aufriss und die Karte herauszog. „Er hat sich für den kommenden Samstag entschieden."

Sie klingelte. Frau Haase erschien prompt und brachte gute Nachrichten aus der Küche mit: „Die Köchin hat den überlebenden Hühnern Schnaps eingeflößt. Jetzt sind sie wieder ganz munter!"

„Darauf trinken wir", Luise hob die Mokkatasse. Dann runzelte sie die Stirn. „So etwas wird in meinem Buch über Hühnerhaltung aber nicht empfohlen."

„Die Leute hier behandeln alles mit Schnaps", sagte die Mamsell, „in den meisten Fällen hilft es und wenn nicht, dann ist man darüber wenigstens nicht so traurig."

Die beiden Frauen sahen sich an und kicherten plötzlich los. Franziska wurde sich bewusst, dass sie mitgackerte, als sei sie selbst ein Huhn. Als Erste wurde die Mamsell wieder ernst.

„Sie wollten mich sehen?"

Luise wedelte mit der Karte des Pfarrers. „Ich habe gerade erfahren, dass die Landpartie am nächsten Samstag stattfindet. Das trifft sich gut."

Frau Haase legte die Stirn in Falten.

„Unser Beitrag zum Essen", sagte Luise. „Wir werden sehr viel Hühnchen beisteuern: gebraten, in Aspik, im Salat."

„Hühnerpastetchen sind auch gut für ein Picknick geeignet."

„Und was immer Ihnen noch einfällt!"

Die Mamsell neigte zustimmend den Kopf. „Ich werde alles Nötige mit der Köchin besprechen." Sie zog sich zurück und Luise wandte sich wieder dem Poststapel zu.

Sie seufzte, als sie die Schrift auf einem der Umschläge erkannte. „Tante Ottilie lässt nicht locker." Als sie den Brief las, runzelte sie die Stirn. „So wie es aussieht, muss wohl zumindest Karl-Friedrich nach Putbus. Seine Verwandten haben Sehnsucht nach ihm und Tante Ottilie erwähnt, dass sie dich auch gern kennenlernen würde."

„Wie kommt sie darauf?"

Luise faltete das Schreiben wieder zusammen. „Ich hatte in meinem letzten Brief erwähnt, dass ich nicht kommen könnte, weil du hier wärst. Diese Ausrede ist wohl nach hinten losgegangen. Jetzt will sie dich sehen."

„Das geht nicht."

Mit einem leichten Lächeln meinte Luise: „Das muss gehen. Du schuldest mir noch einen Gefallen."

Ottilie von der Sulenburg war mit den Veldhains und der fürstlichen Familie zu Putbus weitläufig verwandt und saß in ihrem weißen Haus am Circus wie die Spinne im Netz, der keine Bewegung in ihrer Umgebung entgeht. Immer bereit, hier eine Intrige oder dort eine Ehe zu stiften. Franziska war nicht gerade versessen darauf, sie kennenzulernen, aber wenn Luise den Gefallen einforderte, dann konnte sie schlecht ablehnen.

„Wenn du zusammen mit Karl-Friedrich hinfährst und ihr beide erzählt, wie schwierig meine Schwangerschaft ist und dass ich unmöglich reisen kann, dann sieht sie hoffentlich ein, warum ich für die nächste Zeit nicht komme."

Beim gemeinsamen Abendessen erzählte Luise den Männern von Tante Ottilies neuesten Wünschen.

Karl-Friedrich schüttelte den Kopf. „Ich werde dich nicht alleine hierlassen. Womöglich kommt das Kind früher oder etwas anderes ist …" Er richtete den Blick auf seinen jüngeren Bruder. „Du fährst!"

„Ich habe zu arbeiten", sagte Justo.

„Ein paar Tage kannst du sicher erübrigen", meinte Luise, „jetzt habe ich Franziska überredet, hinzufahren, aber es hätte doch keinen Sinn, sie allein zu schicken."

„Ich werde sehen, was ich tun kann." Justo wandte seine Aufmerksamkeit wieder der Rindsroulade auf seinem Teller zu.

„Putbus ist um diese Jahreszeit sehr schön", Karl-Friedrich goss großzügig Soße über sein Kartoffelpüree, „der Marstall ist sehenswert und der Schlosspark hervorragend zum Spazierenreiten und -fahren geeignet."

Luise grinste. „Ich glaube nicht, dass Franziska allzu viel Gelegenheit haben wird, sich mit dem Pferdebestand deiner fürstlichen Verwandten zu beschäftigen. Wahrscheinlich wird Tante Ottilie sie zuerst begutachten und dann mit geeigneten Junggesellen bekanntmachen."

„An diese Möglichkeit habe ich noch gar nicht gedacht", sagte Karl-Friedrich. „Wenn Franziska sich hier verheiratet, würde sie dauerhaft auf Rügen bleiben. Das wäre doch schön!"

„Wir können ja schon einmal eine Liste der infrage kommenden Kandidaten aufstellen", meinte Justo. „Das würde der Baronin Sulenburg die Arbeit erleichtern." Er knüllte seine Serviette zusammen und warf sie auf den Tisch.

Franziska reichte es. „Ich habe ganz sicher nicht die Absicht, mich so schnell wieder zu verehelichen!" Sie tupfte sich die Lippen ab und legte die Serviette neben den Teller. Ihr war der Appetit vergangen.

„Fränzchen, reg dich nicht auf", Luise legte ihr begütigend die Hand auf den Arm, „niemand will dich zu irgendetwas zwingen."

„Aber anhörenswert sind Ottilies Vorschläge allemal", Karl-Friedrich streichelte seiner Frau über die Wange, „sie hat schließlich Erfolge zu verzeichnen." Franziska erinnerte sich daran, dass es Ottilie von der Sulenburg gewesen war, die gemeinsam mit Tante Regina die Ehe zwischen Karl-Friedrich und Luise arrangiert hatte.

Justo stand abrupt auf, verbeugte sich und verließ das Zimmer. Luise sah ihm mit nachdenklicher Miene hinterher. „Ich schreibe an Ottilie, dass Franziska und Justo so bald wie möglich kommen."

8. Kapitel

Nach dem Essen traf Franziska in der Halle auf Karl-Friedrich. Er sah sich verstohlen um. „Wo ist Luise?"

„Sie schreibt den Brief an die Baronin von der Sulenburg", sagte Franziska wenig begeistert.

Der Gutsherr schaute sie nachdenklich an. „Ich würde Ihnen gerne etwas zeigen!"

Als Franziska nickte, hielt er ihr die Tür auf und führte sie, gefolgt von seinen Hunden, die Eingangstreppe hinunter. „Sie sind mit Luise aufgewachsen und kennen sie wie eine Schwester", meinte er, während sie hinüber zum Wirtschaftshof des Gutes gingen. „Vielleicht können Sie mir sagen, ob ihr mein Geschenk gefallen würde."

Das Pflaster war uneben und der Gutsherr bot Franziska den Arm, um sich darauf zu stützen. „Ich glaube, unsere Pferdeställe haben Sie noch gar nicht besichtigt", meinte er, während sie auf ein lang gestrecktes Backsteingebäude zugingen. „Dabei sind die doch der Stolz eines jeden Gutes."

„Und ich dachte immer, das wären die Kühe", sagte Franziska, die sich an die Aufregung um das neue Kalb erinnerte.

„Mit den Rindern verdienen wir nur das Geld, das wir für die Pferde ausgeben."

Die Ställe waren luftig und geräumig.

„Hier stehen die Pferde, die wir für die tägliche Arbeit benötigen oder die gerade ausgebildet werden. Die Zuchttiere und Fohlen verbringen die meiste Zeit auf der Weide", erklärte der Gutsherr Franziska.

Sie erkannte in den Boxen die Fuchsstute, mit der Justo meist unterwegs war, und die beiden kräftigen Braunen, die vor der Kutsche gingen.

„Da wären wir." Karl-Friedrich war stehen geblieben. Eine zierliche Schimmelstute sah sich mit ausdrucksvollen dunklen Augen nach den Besuchern um.

„Ist die schön!", Franziska flüsterte unwillkürlich.

„Das ist Fatima", sagte der Gutsherr mit sanfter Stimme, „eine echte Araberstute. Ein Verwandter von mir hat sie von einer seiner Reisen mitgebracht und ich habe ihn so lange beschwatzt, bis er sie mir verkaufte." Er grub einen Apfel aus der Tasche seiner Jacke. „Wir bringen ihr gerade bei, unter einem Damensattel zu gehen." Die Stute schnüffelte an dem Apfel und nahm ihn dann vorsichtig von Karl-Friedrichs Hand. „Ich möchte sie Luise nach der Geburt des Kindes schenken, denken Sie, sie würde sich darüber freuen?"

Franziska steckte die Hand durch das Gitter der Box und streichelte Fatimas Hals. Das Pferd näherte seine Nüstern der Tür und schnaubte Franziska an. „Luise wird begeistert sein."

Karl-Friedrich beobachtete, wie die Cousine seiner Frau den Kopf der Schimmelstute tätschelte. „Sie mögen Pferde. Reiten Sie?"

Franziska unterdrückte ein Lachen. „Als Witwe eines armen Wissenschaftlers kann ich mir solch ein Vergnügen nicht leisten."

„Aber Sie würden, wenn Sie könnten?"

„Es wäre interessant." Franziska war abgelenkt, da die Schimmelstute unbedingt unter dem Kinn gekrault werden wollte.

Der Gutsherr hielt einen der Stallknechte an, der gerade an ihnen vorbeikam. „Ist Herzbube noch hier im Stall?"

„Ja, Herr", der Knecht nickte mit dem Kopf in die Richtung, aus der sie gekommen waren. „Er zieht immer den kleinen Wagen, wenn die Mamsell Besorgungen in Sassnitz macht."

Karl-Friedrich wartete geduldig, bis sich Franziska von Fatima verabschiedet hatte. „Ich möchte Ihnen noch jemanden vorstellen." Er führte sie zu Herzbubes Box.

Der Träger des niedlichen Namens entpuppte sich als rundlicher, dunkelbrauner Wallach mit einem herzförmigen weißen Fleck auf der Stirn. Erst auf den zweiten Blick sah Franziska die hellen Haare im Fell des Kopfes und die eingesunkenen Stellen über den Augen. Dieses Pferd war uralt.

Karl-Friedrich förderte noch einen Apfel zutage, den Herzbube begeistert verspeiste. Der Gutsherr kraulte ihm die Mähne. „Der hat in den letzten zwanzig Jahren unzähligen Damen aus meiner Verwandtschaft das Reiten beigebracht. Inzwischen leihe ich ihn nicht mehr her, aber wenn er nur auf der Weide steht, dann langweilt er sich."

Herzbube schnüffelte an Karl-Friedrichs Jacke, um herauszubekommen, ob der Mann noch einen Apfel für ihn hatte. Der Gutsherr lächelte Franziska an. „Bevor Luise schwanger wurde, ist sie gerne auf Herzbube ausgeritten. Dieses Pferd kümmert sich wie eine Amme um seine Reiterinnen, da musste ich mir nie Sorgen machen."

Franziska stockte der Atem. Wollte Karl-Friedrich etwa andeuten …

„Luise würde Ihnen sicher gerne ein Reitkleid von sich leihen", sagte der Gutsbesitzer fröhlich.

„Ja, aber …", in Franziska kämpften die unterschiedlichsten Gefühle gegeneinander. Einerseits wäre es sicherlich großartig, wie die reichen Damen daherzukommen, die sie oft genug im Berliner Tiergarten bewundert hatte. Aber andererseits war Herzbube ziemlich groß. Zweifelnd schaute sie Karl-Friedrich an. Der zauberte einen weiteren Apfel aus seiner Tasche und drückte ihn Franziska in die Hand.

„Freunden Sie sich doch erst einmal mit dem Pferd an", meinte er, „und dann reden Sie mit Luise über das Reitkleid." Er drehte sich um und ließ Franziska einfach stehen.

„Da habe ich uns beiden was eingebrockt", sagte sie zu dem Vierbeiner. Herzbube zermalmte frohgemut seinen Apfel.

„Sie hätte ich hier nicht erwartet!"

Franziska fuhr herum, als hätte man sie bei etwas Unstatthaftem ertappt. Neben der Box der Fuchsstute standen Justo und ein Stallknecht.

„Ich schließe Freundschaften", sagte Franziska.

„Das ist nie ein Fehler." Justo öffnete die Boxentür und winkte den Bediensteten heran. „Das soll sich der Schmied mal anschauen", er hob den rechten Hinterhuf der Fuchsstute an.

Am nächsten Tag stand Franziska in einem schwarzen Reitkleid von Luise im Stall und sah zu, wie Kutscher Gustav Herzbube den Damensattel auflegte.

Wie erwartet war Luise von der Idee, dass Franziska reiten sollte, hellauf begeistert gewesen. Das Einzige, was sie dabei ärgerte, war, dass sie nicht selbst auf diesen Gedanken gekommen war. „Du wirst sehen, was das für ein Spaß ist", hatte sie gerufen, „es ist so schade, dass ich dich nicht begleiten kann, aber Karl-Friedrich würde einen Anfall bekommen, wenn er mich auf einem Pferd entdeckte. Ich musste ihm ja sogar versprechen, mich von den Ställen fernzuhalten."

Nachdem Herzbube fertig gesattelt und gezäumt war, führte Gustav den Wallach hinaus zu einer soliden hölzernen Treppe, die sich nahe bei der Stalltür befand. Wie selbstverständlich stellte sich das Pferd neben die hohe Seite.

Gustav schmunzelte. „Sie sehen, Frau Franziska, der macht schon alles alleine."

Dann erklärte der Kutscher ihr, wie sie von der Treppe aus in den Sattel klettern, das rechte Bein über das Horn legen und den Steigbügel mit dem linken Fuß aufnehmen sollte. Als Franziska vollends der Kopf schwirrte vor lauter Dingen, die sie beachten und Sachen, die sie keinesfalls machen sollte, schwieg Gustav plötzlich und trat zurück wie ein Künstler, der sein eigenes Werk bewundert. Herzbube stand so still wie eine Statue und Franziska merkte plötzlich, dass sie wirklich und wahrhaftig auf einem Pferd saß. Es war hoch und ungewohnt. Gustav griff nach den Zügeln. „Ich werde Herzbube jetzt einfach im Schritt auf und ab führen, damit Sie sich daran gewöhnen", kündigte er an.

Und das war aufregend genug. Wenn sich der Wallach bewegte, merkte Franziska erst, wie unsicher sie saß.

„Frau Franziska, wenn Sie sich blümerant fühlen, sagen Sie einfach Bescheid, dann halte ich an." Gustav lächelte ihr über die Schulter ermutigend zu und Franziska biss die Zähne zusammen.

„Entspannen Sie sich!" Von irgendwoher war Justo aufgetaucht und lief nun neben dem Pferd her. „Sie machen das großartig! Aber wenn Sie die Schultern nicht so hochziehen würden, dann wäre es für alle bequemer." Auf einen Wink des jungen Herrn blieb Gustav stehen und Franziska begann wieder zu atmen. „Stellen Sie sich vor, Sie sitzen in unserem gemütlichen Esszimmer auf einem friedlichen, seidenbezogenen Stuhl und vor Ihnen steht eine Tasse mit heißem Kaffee", sagte Justo. „Riechen Sie ihn?"

Franziska schnüffelte gehorsam und bemühte sich, die entsprechende Vorstellung wachzurufen. Tatsächlich fühlte sie, wie sie lockerer wurde. Gustav ging mit dem Pferd weiter.

„Schauen Sie mal, da hinten auf dem Feld steht ein weißes Reh!"

„Wo?" Franziska sah sich um und Justo deutete in die Ferne. Erst als sie sein leises Lachen hörte, wusste sie, was er bezweckt hatte. „Sie müssen nicht die ganze Zeit auf den Pferdehals starren", sagte Justo. „Der fällt nicht ab. Ein Reiter sollte auch seine Umgebung wahrnehmen."

Während sie redeten, war Herzbube ruhig weitergegangen und Franziska stellte plötzlich fest, dass sie sich schon ein gutes

Stück vom Stall entfernt hatten. Wenn sie nicht dauernd daran dachte, wie wacklig hier alles war, dann ging es tatsächlich besser. Inzwischen waren sie vor dem Verwalterhaus angekommen, in dem sich auch Justos Büroräume befanden. Gerade als sich Gustav anschickte, Herzbube in einem Bogen wieder zurück zum Stall zu führen, wurde die Tür geöffnet und Moritz Adler trat heraus. „Entschuldigen Sie bitte, Frau Meistersinger!" Er warf Justo einen Blick zu.

„Die Pflicht ruft", sagte dieser, „aber Sie machen das schon." Er klopfte Herzbube auf die Kruppe und entfernte sich dann mit seinem Angestellten. Franziska bemühte sich weiterhin, entspannt den Bewegungen des Pferdes zu folgen. Als ihr wieder Justos Bemerkung einfiel, dass sie nicht nur auf ihr Reittier schauen sollte, blickte sie stattdessen hinüber zu dem Nebengebäude. Die beiden Männer standen davor und unterhielten sich. Dann blickte Justo auf und lächelte ihr zu. Franziska wandte sich schnell wieder um.

9. Kapitel

Der Tag der Landpartie brach sonnig und warm an. Die Mamsell hatte Körbe über Körbe mit Köstlichkeiten vorbereiten lassen, die nun in aller Frühe unter ihren strengen Blicken auf einen Leiterwagen geladen wurden. Dieser Wagen brachte die Dienstboten, die dafür zuständig waren, Tische und Bänke aufzubauen und für die Bewirtung zu sorgen, direkt zum Picknickplatz. In den zweispännigen Landauer des Gutes stiegen der Herr von Veldhain, seine Frau und Franziska. Justo schwang sich in den Sattel seiner Fuchsstute.

Karl-Friedrich sah dem Bruder neidisch zu. „Vielleicht hätte ich auch ein Pferd nehmen sollen."

„Damit du dich absetzen kannst, wenn es dir langweilig wird!", sagte Luise mit gespielter Empörung. „Kommt nicht infrage." Mit einer resoluten Bewegung spannte sie ihren Sonnenschirm auf.

Nachdem er den Schlag geschlossen hatte, kletterte Gustav auf den Kutschbock und lenkte den Landauer auf die Eschenallee Richtung Sagard. Der Wind brachte eine angenehme Kühle und Franziska bewunderte die Wolkenberge, die majestätisch unter dem blauen Himmel dahinsegelten. Die Straße führte durch grüne Hügel, auf denen Felder und Weiden ein Flickenmuster bildeten, das immer wieder unterbrochen wurde durch Wäldchen, Gebüsche und Tümpel. Luise hatte die

Augen geschlossen und hielt das Gesicht in die Sonne, ohne an ihren Teint zu denken, und Karl-Friedrich betrachtete mit einem zufriedenen Gesichtsausdruck seine Felder. Langsam kamen sie dem gedrungenen Turm der Sagarder Kirche näher. Die Häuser rückten enger zusammen, wurden höher und nahmen ein fast städtisches Aussehen an. Die Straße überquerte einen Bach, der über rötlich verfärbte Steine plätscherte. Dann ging es eine kurze Strecke bergauf. Neben dem Friedhof bogen sie in die Auffahrt zum Pfarrhaus ein. Das weiß getünchte Backsteingebäude lag unter alten Kastanien am Rande eines Parks. Franziska sah einen Tempel zwischen dem Grün hervorblitzen. „Gibt es hier ein Schloss oder ein Gutshaus, zu dem diese Anlage gehört?"

Karl-Friedrich schüttelte den Kopf. „Das sind die Reste der Sagarder Brunnen- und Badeanstalt, die Pastor Heinrich von Willich im letzten Jahrhundert einrichten ließ. Das Wasser der hiesigen Quellen enthält Kohlensäure und Eisen. Eine Zeit lang lockte das die Gäste an."

„Aber nicht lange", meinte Luise. „Heutzutage fahren die Sommergäste lieber in die Orte, die wie Sassnitz oder Lauterbach am offenen Meer liegen."

Das Fuhrwerk der Dölströms mit seinem schläfrigen Pferd stand schon vor dem Pfarrhaus bereit und das Rasseln des Landauers hatte die Bewohner vor die Tür gelockt. Asta Dölström zog sich gleich wieder zurück, als sie Karl-Friedrichs Hunde sah, die hinter der Kutsche hergetrabt waren.

„Wir können sofort losfahren", rief der Pfarrer gut gelaunt und verschwand ebenfalls im Haus.

Kutscher Gustav kletterte vom Bock und tätschelte die Köpfe der beiden Braunen. Karl-Friedrich stieg ebenfalls aus der Kutsche und zündete sich eine Pfeife an.

„Wenn unser Pfarrer sagt, es würde gleich losgehen, dann können wir uns ungefähr auf eine halbe Stunde Wartezeit einrichten", meinte Luise und klappte ihren Schirm zusammen. „Ich werde mir auch noch etwas die Füße vertreten."

Ihr Mann stand bereit, kaum dass sie den zierlichen Stiefel auf die Metallstufe des Ausstiegs gesetzt hatte. „Immer schön vorsichtig", murmelte er um das Mundstück der Pfeife herum und nahm seine Frau erst in den Arm, bevor er sie auf den Boden stellte. Franziska tat so, als hätte sie es nicht gesehen und betrachtete intensiv eine besonders knorrig gewachsene Kastanie auf der anderen Seite des Vorplatzes.

„Nun komm schon, Fränzchen, wir schauen uns den Park an."

Widerwillig wandte sich Franziska zu ihrer Cousine um. Ihre gute Laune von heute Morgen war verschwunden. „Ich weiß nicht recht. Mein Bein ..."

„Dem tut es gut, wenn du es bewegst", sagte Luise und trat näher an die Kutsche heran. „Alle Anwesenden wissen doch, dass du ein Hinkebein bist."

Franziska seufzte. Luise hatte mit ihrer schonungslosen Ehrlichkeit natürlich recht. Den Rest des Tages konnte sie auch nicht bewegungslos in der Kutsche verbringen. Sie schob sich auf dem Sitz in Richtung des Ausstiegs und raffte vorsichtig ihren Rock aus dicker schwarzer Seide zusammen. Es handelte sich um eines der Stücke, die von Luise stammten. Das Kleid und die dazu passende kurze Jacke waren mit einer wertvollen cremefarbenen Spitze verziert und Franziska wollte um jeden Preis vermeiden, dass der Stoff mit Wagenschmiere beschmutzt wurde. Unter Wahrung der größtmöglichen Schicklichkeit und Vorsicht hob Karl-Friedrich sie aus dem Wagen.

Während Franziska mit Luise langsam in Richtung auf das Pförtchen spazierte, das den Vorgarten des Pfarrhauses vom einstigen Kurpark trennte, kam Justo die Auffahrt hinaufgeritten. „Doktor Schönborn kommt gleich", sagte er, stieg von seinem Fuchs und zog eine Pfeife aus der Westentasche. Dann gesellte er sich zu seinem Bruder und dem Kutscher.

„Es ist wirklich eine Schande, wie vernachlässigt hier alles ist", sagte Luise, als sie das verquollene Holztürchen aufstieß. Eine leicht geschwungene Steintreppe führte abwärts zu einem Weg, der den Windungen des Bachufers folgte.

An vielen Stellen waren ungepflegte Büsche oder die Reste von Blumenbeeten zu sehen. Nach einigen Metern verbreiterte sich die kiesbestreute Fläche des Weges. Hier stand eine Holzlaube, die früher einmal mit Sicherheit einen romantischen Anblick geboten hatte. Jetzt war sie halb verrottet und mit Waldreben überwuchert.

„Wir sollten umkehren", sagte Franziska.

Als sie den Hof überquerten, traf gerade der Einspänner des Doktors ein. Schönborn parierte sein Pferd neben dem Landauer der Gutsbesitzer zum Stehen durch. Jetzt erschienen auch Pfarrer Dölström und seine Frau – inzwischen mit Hut und Sonnenschirm – auf der Treppe des Pfarrhauses. Pummi war nicht dabei. Der Pfarrer rieb sich unternehmungslustig die Hände und half seiner Asta in die Kutsche, dann kletterte er ungelenk auf den Bock.

Franziska war sich nur zu bewusst, dass nun alle auf Luise und sie warteten. Obwohl sie es nicht wollte, stützte sie sich schwer auf den Arm ihrer Cousine. „Wenn du dich beobachtet fühlst, hinkst du stärker", zischte Luise ihr zu. „Stell dir einfach vor, du wärst allein."

„Was ist denn das?", rief Justo plötzlich aus und zog damit die Aufmerksamkeit der Versammelten auf sich. Mit wenigen Schritten stand er neben dem Pferd des Pfarrers und hob einen Vorderhuf an, den er einige Minuten lang kritisch musterte. Mit einem gebogenen Metallwerkzeug, das er aus seiner Jackentasche gefischt hatte, kratzte er in dem Huf herum. „Ich dachte, ich hätte da etwas gesehen", erklärte er dem Geistlichen, der sich so weit herunterbeugte, dass er um ein Haar vom Kutschbock gefallen wäre. „Aber es ist wohl doch alles in Ordnung." Er ließ den Huf wieder los und das Pferd, das nur kurz aus seinem Dösen aufgeschreckt war, stellte ihn mit einer gemessenen Bewegung genau neben Justos Stiefel.

Unterdessen waren Luise und ihre Cousine am Landauer angelangt und Karl-Friedrich half den beiden Frauen auf ihre Plätze. Als Franziska sich umschaute, begegnete sie dem Blick Otto Schönborns. Sie war sich sicher, dass der Arzt sie trotz Justos

Ablenkungsmanöver die ganze Zeit nicht aus den Augen gelassen hatte.

Während der Fahrt in Richtung Steilküste war der Pfarrer in seinem Element. Immer wieder zügelte er sein Pferd und deutete mit der Peitsche auf irgendeine Sehenswürdigkeit am Wege – sei es ein interessant geformter Findling, eine seltene Pflanze oder der Hügel eines Hünengrabes – und gab langatmige Erklärungen ab. Franziska fühlte sich nach kurzer Zeit genauso entnervt und kribbelig wie die beiden Pferde vor dem Landauer, die immer widerwilliger auf die ständigen Stopps reagierten.

„Das geht so nicht", meinte Karl-Friedrich. Er befahl Gustav, beim nächsten Halt den Pfarrer zu überholen und rief ihm im Vorbeifahren zu: „Die Pferde! Sie laufen weg!"

„Gott sei Dank", murmelte Luise und lehnte sich auf ihrer Sitzbank zurück. Auch der Rücken des Kutschers strahlte Befriedigung aus. Er ließ die Zügel so locker, wie er es verantworten konnte, und die Pferde fielen sofort in einen flotten Galopp. Die unbefestigte Straße führte leicht bergauf und der Staub stieg in Wolken hinter ihnen auf.

Franziska war zwar froh, dass sie den Pfarrer mit seinem endlosen Gerede hinter sich gelassen hatten, aber sie war es nicht gewohnt, dass sich ihre Kutsche so schnell bewegte. In Berlin wurde höchstens getrabt, schneller fahren war in der Stadt zu gefährlich.

„Ist Ihnen nicht gut?" Karl-Friedrich warf Franziska einen besorgten Blick zu. Sie merkte, dass sie sich mit ihrer rechten Hand so fest an die Armlehne der Sitzbank geklammert hatte, dass ihr die Finger wehtaten. Auch ihr Gesicht fühlte sich eisig an.

„Du bist leichenblass", sagte Luise.

Franziska schüttelte den Kopf. „Das ist nichts."

Karl-Friedrich stupste Gustav an: „Mach langsamer!"

Der Kutscher nahm die Zügel etwas kürzer und die Pferde gingen erst Trab, dann einen schnellen Schritt und schnaubten zufrieden.

Franziska entspannte sich. Inzwischen rollte die Kutsche unter gewaltigen Buchen dahin. Ihre Blätter hatten bereits die volle Größe erreicht, leuchteten aber immer noch in dem frischen Grün des Spätfrühlings. Der unbefestigte Weg, auf dem sie bisher gefahren waren, stieß auf eine gepflasterte Landstraße. Gustav hielt an und blickte sich fragend um.

„Richtung Stubbenkammer", sagte Karl-Friedrich und der Wagen bog nach Norden ab. „Bald sind wir an der Steilküste!"

Der Waldboden neben der Straße war bedeckt mit blühenden Anemonen.

„Wenn wir mehr Zeit hätten, dann könnten wir anhalten und zum Meer gehen. Hier soll es in den letzten Wochen Küstenabbrüche gegeben haben, die würde ich mir gern ansehen", sagte der Gutsherr.

„Küstenabbrüche?" Franziska runzelte die Stirn.

„Das passiert oft im Winter oder im Frühjahr", sagte Karl-Friedrich. „Der Regen durchnässt die Felsen, die ja nicht massiv sind, sondern aus Kreide oder Lehm und Geröll bestehen. Irgendwann verliert diese Masse den Zusammenhalt und rutscht ins Meer."

„Am besten nachts", warf Luise ein, „dann ist die Gefahr am geringsten, dass jemand dabei Schaden nimmt."

„Kommt das denn vor?"

„Selten, aber es passiert", meinte der Gutsherr.

„Die Sommergäste sind auch unvernünftig und klettern überall herum", sagte Luise.

„Dadurch lösen sie solche Uferabbrüche selbst aus", fügte ihr Mann hinzu.

„Und alle anderen machen sich dann unverzüglich auf den Weg und schauen, ob es interessante Fossilien gibt", Luise warf ihm einen vielsagenden Blick zu. „Manchmal hat man das Gefühl, als wäre die halbe Insel von Fossiliensammlern bevölkert!"

Karl-Friedrich schmunzelte. „Oder von Altertumsforschern! Ich habe gehört, unser Doktor macht die Bauern der Umgebung verrückt, weil er fortwährend nachfragt, ob sie alte Scherben oder bearbeitete Steine auf ihren Feldern gefunden haben." Er blinzelte Franziska zu: „Die einzigen Vernünftigen hier sind die Landwirte!"

Franziska lächelte: „Die taufen ihre Kälber mit Sekt."

„Ich bin schon gespannt, wie du das Baby feiern willst", sagte Luise und strich sich über den Bauch.

Karl-Friedrich grinste nur und Franziska schaute die vorüberziehenden Baumstämme an. Wieder fühlte sie diesen leichten Stich der Eifersucht. „Wo ist eigentlich Justo geblieben?"

„Der wird schon nicht verloren gehen. Er kann auf sich aufpassen – und auf andere", meinte Karl-Friedrich. „Auch wenn es oft den Eindruck macht, als sei er nicht ganz ernst zu nehmen. Die Freundschaft des Prinzen Adalbert erwarb er sich, indem er ihm, unter höchster Gefahr für sich selbst, das Leben rettete."

„Über diese Dinge redet er nie", sagte Luise.

„Das war ja auch, bevor du zur Familie gestoßen bist", meinte der Gutsherr. „Genauer gesagt im Sommer '56, als seine Vorgesetzten Justo als Beobachter auf die Korvette *Danzig* schickten. Eigentlich war das Ziel der Fahrt die Donaumündung im Schwarzen Meer, aber auf dem Weg durchs Mittelmeer beschloss Admiral Prinz Adalbert, der die *Danzig* höchstpersönlich kommandierte, sich die marokkanische Küste genauer anzuschauen."

„Du willst damit sagen, Justo war bei Tres Forcas dabei?" Luise hatte natürlich schon von diesem Gefecht gehört. Die Nachricht, dass der hochadlige Admiral sich eine Schießerei mit einem obskuren Berberstamm geliefert hatte, sorgte in den Salons gehörig für Aufregung.

„Justo behauptet, die ganze Geschichte sei im Nachhinein aufgebauscht worden", fuhr Karl-Friedrich fort, „aber Tatsache ist, dass er es war, der den Prinzen nach seinem Oberschenkeldurchschuss wieder sicher auf die *Danzig* beförderte."

„Dann ist er ja ein Held", sagte Luise.

„Lass ihn das nur nicht hören", der Gutsherr schüttelte heftig den Kopf, „und wenn er doch herausfinden sollte, dass du die Geschichte kennst, dann erzähle ihm bloß nicht, dass du sie von mir gehört hast."

10. Kapitel

Das Picknick fand auf einer Waldlichtung nahe der Steilküste statt. Als der Landauer von Polkvitz eintraf, standen bereits mehrere Wagen unter den Bäumen. Einige der Kutschen trugen die Wappen adliger Familien, andere waren Mietkutschen aus Sassnitz.

Die Gutsbesitzer von Quatzendorf, Dubnitz und Neuhof standen ganz in der Nähe und waren in ein ernstes Gespräch vertieft. Als sie die Neuankömmlinge bemerkten, hob der grauhaarige Herr von Neuhof die Hand und der hagere Baron von Quatzendorf rief einen Gruß. Der Herr von Dubnitz schwenkte ein Blatt Papier und winkte Karl-Friedrich, näher zu kommen. Einige Frauen hielten sich plaudernd am Rande der Wiese im Baumschatten auf und die zugehörigen Kinder rannten lachend und rufend zwischen den Büschen herum. Franziska erinnerte sich an Landpartien in Berlin, die eine ziemlich steife Angelegenheit gewesen waren. Hier schien es glücklicherweise etwas anders zu sein. Sie entspannte sich.

Karl-Friedrich gesellte sich zu seinen Nachbarn und Franziska sah, wie ihm der Herr von Dubnitz das Zeitungsblatt unter die Nase hielt und die beiden anderen auf ihn einredeten.

Luise und Franziska schlenderten hinüber zu den Frauen.

„Meistersinger? Der Name kommt mir bekannt vor ..." Eine ältere Dame mit ausladender Rüschenhaube über den streng zurückgekämmten grauen Haaren richtete ihre spitze Nase und ihr Lorgnon interessiert auf Franziska.

„Vielleicht Musik?", sagte diese.

Die Dame winkte unwirsch ab. „Ich meine natürlich eine wirkliche Person, hier auf Rügen."

„Tut mir leid", erwiderte Franziska.

Die Dame ließ ihr Lorgnon sinken, das nun an seiner Kette neben dem großen silbernen Kreuz auf einem ausladenden Busen baumelte. „Es wird mir schon wieder einfallen." Abrupt ging sie davon.

„Jetzt musst du die Aussicht betrachten", sagte Luise zu Franziska und zog sie weiter.

Von dem Platz, an dem die Picknicktafel aufgebaut war, gelangten sie auf einem ausgetretenen Pfad durch den Wald zur Steilküste. Franziska spürte den frischen Wind, als sie am Arm ihrer Cousine unter den Bäumen hervortrat. „Was für ein Ausblick!" Sie legte unwillkürlich die Hand auf den Kopf, um ihren Hut festzuhalten.

Wenige Schritte vor ihren Füßen endeten Gras und Steine. Der Kreidefelsen, auf dem sie stand, fiel nahezu senkrecht zu dem schmalen, mit Feuersteinen bedeckten Strand ab. Die endlose Ostsee lag vor ihr. Das Meer schimmerte unterhalb der Felsen in einem fast unecht aussehenden Türkisgrün. Weiter draußen ging es in ein tiefes Blau über und in der Ferne wurde es zu einem glitzernden Grau.

„Einfach großartig!" Franziska trat vorsichtig noch weiter nach vorne, um einen besseren Blick auf die Steilküste zu haben, die sich zu beiden Seiten wie ein unregelmäßiger Wall hinzog, der vom Wald gekrönt wurde. Stellenweise waren durch Uferabbrüche Geröllhalden entstanden und Bäume hatten den Halt verloren, waren hinabgestürzt oder hingen an einigen wenigen Wurzeln über dem Abgrund.

„Gehen Sie nicht zu nahe an die Kante heran." Otto Schönborn war neben den beiden Frauen aufgetaucht. „Man weiß nie, wie stabil die Felsen sind. Deshalb ist es besser, etwas Abstand zu halten."

Franziska zog sich einige Schritte zurück.

„Wenn Sie hier sind, dann ist der Pfarrer inzwischen wohl auch eingetroffen?", fragte Luise.

Der Doktor nickte. „Als Sie vorausgefahren sind, nahm er das zum Anlass, sich zu sputen."

Justo spazierte zwischen den Bäumen herbei. Offenbar hatte er nach den Damen gesucht.

„Jetzt sind wir vollzählig", meinte die Gutsherrin, „dann wird es hoffentlich bald etwas zu essen geben. Immerhin muss ich zwei Personen ernähren." Zu Schönborn sagte sie: „Es ist doch sicher medizinisch bedenklich, einer Frau, die guter Hoffnung ist, die Wohltaten von gebratenem Hühnchen, eingelegtem Aal oder Sahnetorte allzu lange vorzuenthalten."

Schönborn musterte sie ernst. „Eine leichte Brühe und gekochtes Gemüse würde ich eher empfehlen, gnädige Frau."

„Dann sollten wir nachsehen, was die Essenskörbe uns zu bieten haben", sagte Luise, ohne das Gesicht zu verziehen. Schließlich wusste sie, was Frau Haase eingepackt hatte.

Keiner rührte sich. Franziska fühlte sich immer noch so überwältigt von der Aussicht, dass sie sich nicht davon losreißen konnte. Justo war neben sie getreten und schaute ebenfalls aufs Meer hinaus. Auch Doktor Schönborn schien vom Anblick der See fasziniert zu sein.

„Die höchste Stelle dieser Küste trägt den Namen Königsstuhl", sagte Justo zu Franziska und deutete auf einen nahe gelegenen Kreidefelsen, der etwas hervorsprang und seine Umgebung ein wenig überragte. „Man sagt, dass er diesen Namen dem schwedischen König Karl XII. verdankt, der während des zweiten nordischen Krieges von hier aus beobachtete, wie seine Flotte von den Dänen geschlagen wurde."

„Das ist allerdings nur eine mögliche Erklärung dieses Namens", mischte sich Doktor Schönborn ein. „Es gibt eine Sage, die sehr viel älter ist und von einem heidnischen Ritual berichtet, bei dem die Jünglinge der Insel um die Wette die Klippen hier hochkletterten. Der Sieger wurde auf der Felsenspitze gekrönt und für ein Jahr ‚König' genannt."

„Jetzt haben sowohl die Marine als auch der Altertumsfor-scher ihre Erklärungen abgegeben und Franziska kann sich diejenige aussuchen, die ihr am besten gefällt", sagte Luise, die langsam ungeduldig wurde.

„Ich finde sie beide gleichermaßen interessant", meinte Fran-ziska, „aber vielleicht sollten wir jetzt wirklich zu den anderen zurückgehen." Justo bot ihr seinen Arm an, um sich darauf zu stützen. Luise und der Doktor folgten ihnen.

„Wo haben Sie sich herumgetrieben, nachdem Sie uns verlas-sen hatten?", fragte Franziska.

„In der Nähe gibt es eine kleine Schlucht, die zum Strand führt. Dort bin ich hinuntergeritten, habe das Pferd an einen Strauch gebunden und bin zum Meer gegangen."

„Und? Fündig geworden?"

„Inwiefern?"

„Was immer Sie gesucht haben", gab Franziska zurück. „Nach allem, was ich bisher gehört habe, sind die Bewohner dieser Insel ständig entweder auf der Jagd nach Fossilien, nach Altertümern oder nach Wild."

„In diesem speziellen Falle wollte ich einfach ein paar Steine ins Wasser werfen und außer dem Klatschen der Wellen nichts hören."

Die schrille Stimme der Pfarrersgattin ertönte. „Da sind Sie ja endlich! Ignatius möchte vor dem Essen noch ein paar Worte sagen!" Die Amsel kam hektisch herbeigeflattert.

Franziska vergaß vor Schreck, sich auf ihre Schritte zu konzen-trieren und stolperte über eine Baumwurzel. Justo griff geistes-gegenwärtig fester zu und verhinderte, dass sie hinfiel.

„Oh, Sie Arme, passen Sie auf!" Asta Dölström war sofort an Franziskas Seite und hielt auch ihren anderen Arm fest, obwohl die Gefahr längst vorüber war.

„Es ist wirklich alles in Ordnung." Franziska hasste es, wenn solch ein Aufhebens um sie gemacht wurde.

„Zum Glück ist gerade ein Kavalier wie der Herr von Veld-hain zugegen", die Pfarrersgattin schenkte Justo einen schmelzenden Blick. „Aber Sie sollten sich bewusst sein, dass Sie nicht immer solch ein Glück haben werden."

Franziska versuchte vorsichtig, den Arm, den Asta Dölström untergehakt hatte, wieder zu befreien. Aber die Pfarrersgattin hielt eisern fest. „Sie sollten es sich wirklich zur Gewohnheit machen, einen Gehstock mitzuführen." Sie drehte sich zu Doktor Schönborn um, der hinter ihnen ging. „Ich bin sicher, Sie sehen das genauso."

„Schaden kann es nicht", meinte der Angesprochene.

„Das erinnert mich an eine Geschichte, die ich kürzlich gehört habe", fiel Luise ein. „Dabei ging es um einen jungen Mann, der sich den Fuß verstaucht hatte und deshalb den Gehstock eines alten Onkels benutzte. Als er es einmal eilig hatte, da stolperte er über diesen Stock und brach sich den zweiten Fuß." Mit einem sonnigen Lächeln sah sie zu Otto Schönborn auf. „Hat sich in seinem Fall der Gehstock nun medizinisch gesehen als nützlich erwiesen oder nicht?"

Der Doktor weigerte sich, darauf zu antworten.

Inzwischen waren sie bei der gedeckten Tafel angekommen. Schönborn rückte Luise schweigend einen Stuhl bei ihrem Ehemann zurecht. Franziska und Justo nahmen daneben Platz und die Pfarrersgattin eilte mit raschelnden Röcken zurück zu ihrem Ignatius am Kopfende der Tafel.

„Schreckliches Frauenzimmer", flüsterte Justo. „Aber so schlecht war der Rat mit dem Gehstock auch wieder nicht."

Franziska schaute starr geradeaus und sagte nichts. Jetzt erhob sich der Pfarrer von seinem Platz, klopfte gegen sein Glas und setzte zu einer wohlgedrechselten Rede an. In seiner Ansprache würdigte er das schöne Wetter, die wunderbare Natur, das Meer, die Flotte und Deutschland. Er beschwor die Einigkeit, die zwischen den Stützen der Gesellschaft herrschen sollte, und ihre Pflichten gegenüber dem Vaterland. Dann schwenkte er abrupt um auf die Armut in der Welt allgemein und auf Rügen im Besonderen, pries die Großzügigkeit der Anwesenden, schaffte es, noch ein paar Bibelzitate unterzubringen und schloss mit einem herzhaften: „Amen und guten Appetit!"

„Was für ein Rundumschlag", sagte Luise und tat sich eine Hühnchenpastete auf den Teller.

Als sich die Schmauserei mit Buttercremetorte, Apfelkuchen und Blätterteigteilchen ihrem Ende näherte, geriet die Tischordnung in Bewegung. Kinder rannten herum und purzelten den Bediensteten vor die Füße, Matronen packten ihr Strickzeug und den selbst angesetzten Likör aus. Die Gutsherren rückten ihre Stühle zusammen, zogen Pfeifen und Zigarren aus den Taschen und ließen sich Portwein servieren. Karl-Friedrich wechselte auf den leeren Stuhl an Justos Seite. Franziska sah, dass er das Zeitungsblatt des Herrn von Dubnitz in der Hand hatte und ein ernstes Gesicht machte. Die beiden Brüder steckten die Köpfe zusammen und unterhielten sich so leise, dass niemand mithören konnte. Luise stand auf, um sich zu einigen Freundinnen zu gesellen. Franziska wollte ihr folgen, wurde aber durch eine Frage Otto Schönborns nach ihrem Mann zurückgehalten. „Er war ein Spezialist für Mittelamerika?"

Franziska bejahte kurz.

„Ich habe schon einmal etwas von ihm gelesen."

„Tatsächlich? Ich dachte, Sie beschäftigten sich nur mit den hiesigen Altertümern."

Der Doktor lachte. „Es ging dabei nicht um Altertümer. Es war ein Artikel in einer medizinischen Fachzeitschrift über Chinchonarinde, die Rohform des Chinin."

„Dieser Artikel war ein Nebenprodukt von Ferdinands Reise nach Peru. Er studierte die dortigen Indianer und durfte bei der Gewinnung und Verarbeitung der Chinchonarinde zusehen."

„Es war sehr interessant, Hintergründe über ein Medikament zu erfahren, das man normalerweise nur als Pülverchen in der Flasche kennt."

Franziska lächelte unverbindlich.

„Interessieren Sie sich eigentlich auch für die Artefakte unserer Vorfahren?", fragte Schönborn unvermittelt. „Immerhin liegt das doch etwas näher als die indianischen Kulturen."

„Bisher hatte ich nicht viel Gelegenheit, Ausgrabungen zu besichtigen", sagte Franziska.

„Wenn Sie erlauben, dann könnte ich Sie mit den frühen Kulturen dieser Insel, auf der sich Steinzeitmenschen verschiedener Epochen, Germanen und Slawen gleichermaßen wohlfühlten, bekanntmachen. Wir haben hier eine wirklich beeindruckende Dichte an Fundstellen."

Franziskas Interesse hielt sich in Grenzen, aber sie wollte nicht unhöflich zu dem Doktor sein, der von Luise oft genug gefoppt wurde. Deshalb sagte sie zu, bei Gelegenheit das Schönborn'sche Privatmuseum zu besuchen und sich von dem Doktor die Welt der Frühzeit erklären zu lassen.

„Es ist wirklich eindrucksvoll, was unsere Altvorderen aus den unscheinbaren Feuersteinen, wie sie hier überall herumliegen, zu erschaffen vermochten."

Franziska lächelte. „Vielleicht ist dies der Grund, weshalb manche die frühen amerikanischen Kulturen spannender finden – Artefakte aus Gold und aus edlen Steinen sucht man bei unseren Ahnen vergeblich."

„Glauben Sie das nur nicht!", rief Schönborn. „Es gibt keinen Grund anzunehmen, dass die Alten keine Dinge aus edlen Metallen hergestellt hätten. Vielleicht waren wir bisher nur nicht imstande, sie zu finden."

„So wie den Goldschatz der Nibelungen, der angeblich im Rhein liegt", sagte Franziska leichthin.

„So ähnlich! Wobei man hierzulande eher den Seeräuber Klaus Störtebeker erwähnen sollte."

„Natürlich", sagte Franziska. „Das war derjenige, der in Hamburg den Kopf verlor."

„Einen großen Teil seines Lebens hat er in dieser Gegend zugebracht. Die Überlieferung besagt sogar, dass er in Ruschvitz geboren ist."

„Das wäre ja in der Nachbarschaft von Polkvitz!"

„Und wenn wir uns nun endgültig auf das Gebiet der Sage vorwagen wollen: Es wird gemunkelt, dass er dort an der Steilküste seinen Schatz versteckte."

Karl-Friedrich war inzwischen aufgestanden und hatte sich zu den anderen Gutsbesitzern gesellt, um sich an ihrer landwirtschaftlichen Fachsimpelei zu beteiligen. Justo wandte sich seiner vernachlässigten Tischdame zu. „Sie scheinen sich ja gut zu unterhalten."

Auf das Zeitungsblatt, das sein Bruder liegen gelassen hatte, warf er mit einer beiläufigen Bewegung seine Serviette. Dann nahm er sich eines der Sahnetörtchen von der Kuchenplatte, die vor ihnen stand.

„Doktor Schönborn erzählt mir gerade interessante Dinge über verborgene Schätze direkt vor unserer Haustür", sagte Franziska.

„Das klingt hervorragend." Justo rückte seinen Stuhl näher, „Gold können wir immer gebrauchen."

Schönborn lächelte schmallippig. „Ich erzählte Frau Meistersinger von Störtebeker und von dem Schatz, der möglicherweise in den Klippen versteckt ist."

„Wenn der alte Pirat seine Dukaten und Dublonen irgendwo zwischen Ruschvitz und Glowe deponiert hat", meinte Justo, „dann sind die Chancen gut, dass sie demnächst gefunden werden. Dort stehen umfangreiche Grabungen an."

„Das Geld würde zweifellos eine willkommene Finanzspritze für die preußische Marine darstellen", sagte Doktor Schönborn.

„Es wäre dabei auch eine gewisse Ironie im Spiel: Die Beute aus der Seeräuberei kommt wieder der Seefahrt zugute." Justo biss genüsslich in das Sahnetörtchen.

Doktor Schönborn runzelte die Stirn. „Trotzdem würde mir noch eine Vielzahl von Dingen einfallen, bei der sie, mit Verlaub, sinnvoller verwendet wäre."

„Sicher. Karl-Friedrich würde von dem Geld Kühe kaufen, der Pfarrer würde es für die Armen ausgeben, Sie würden vielleicht einen größeren Posten Chinin erwerben. Jeder findet etwas anderes wichtig."

„Es gibt Dinge, die auch objektiv gesehen notwendiger sind als ein neuer Hafen für die Marine!" Schönborn war so laut geworden, dass sich einige in der Nähe Sitzende nach ihnen umblickten.

„Bitte mäßigen Sie sich, meine Herren!", rief Franziska nun dazwischen, „wer wird sich denn über Gold streiten, von dem er gar nicht weiß, ob es überhaupt vorhanden ist!" „Sie haben ja so recht." Justo neigte abbittend den Kopf. „Ich würde Ihnen für diese Worte am liebsten die Hand küssen, aber ich habe mir leider die Finger mit diesem hervorragenden Sahnetörtchen verschmiert." „Verschieben wir es." Franziskas Heiterkeit bekam einen kleinen Stoß, als sie zum Doktor hinüberblickte. Schönborn stand auf. „Frau Meistersinger, ich habe unser Gespräch sehr genossen." Dann ging er steif davon.

Franziska schaute ihm nachdenklich hinterher. „Dabei hat er, streng genommen, recht."

„Natürlich hat er recht", sagte Justo. „Aber es macht einfach so viel Spaß, ihm zu widersprechen."

Franziska zog ein empörtes Gesicht und Justo grinste. „Es würde sonderbar aussehen, wenn ausgerechnet ich behauptete, dass es höhere Zwecke als die preußische Marine gäbe."

„Trotzdem ist das nicht sehr nett ihm gegenüber."

Justo seufzte. „Nur Frauen glauben, dass man mit Nettigkeit im Leben weiterkommt."

Er sah so aus, als wollte er noch etwas hinzufügen, aber dann erhob er sich abrupt, steckte seine Pfeife zwischen die Zähne und spazierte zu den Pferden hinüber.

Franziska blickte sich um. Ihre Cousine war nirgends zu sehen. Der Wind frischte auf und eine etwas kräftigere Bö brachte das Zeitungsblatt unter Justos Serviette zum Flattern. Da sie befürchtete, dass das Papier vom Tisch geweht werden könnte, griff Franziska danach.

Dabei sah sie, dass ein Artikel rot angestrichen war. Sie dachte an die Erzieherin, die Luise und ihr immer predigte: „Eine Dame ist nicht neugierig!" Regina von Oberbach hatte gelacht, als sie das hörte, und gesagt: „Aber eine Dame muss wissen, was um sie herum vorgeht, nur so kann sie peinliche Situationen vermeiden und dummen Fragen zuvorkommen." Franziska hatte ihre Tante immer als Vorbild betrachtet.

Bei dem angestrichenen Text handelte es sich um einen Leserbrief, der in einem politischen Blättchen, das in Stralsund erschien, abgedruckt war. Unter der Überschrift: *,Was nützt uns unsere Flotte, wenn die Dänen kommen?'* verbreitete sich der Verfasser über die Schifffahrtsverhältnisse in der Ostsee. Franziska unterdrückte ein Gähnen. Sie wollte das Blatt schon beiseitelegen, da fiel ihr Blick auf das Wort ,Rügen'.

,Warum soll Preußen für die Ostseeflotte nicht ebenso einen eigenen Stützpunkt bauen, wie er für die Nordseeflotte momentan im Jade-Gebiet im Entstehen ist? Auch dort wurden die Gutachten und ersten Planungen von dem renommierten Geheimrat Gotthilf Heinrich Ludwig Hagen erstellt, der − wie man aus gut unterrichteten Kreisen munkelt − auch bereits ein Gutachten für einen Hafen auf Rügen vorgelegt hat.'

Franziska ließ die Zeitung sinken. Sie erinnerte sich an Rufus von Detziw' Auftritt und an das, was Luise ihr erzählt hatte. In Berlin hatte man den Konflikt mit Dänemark im Jahre 1848 schon fast wieder vergessen. Hier im Norden war das anders.

Der Pfarrer klingelte mit einem Dessertlöffel gegen sein Wasserglas und drängte die Gesellschaft zum Aufbruch. Justo tauchte neben Franziska auf, als sie gerade das Zeitungsblatt zurück unter die Serviette geschoben hatte. Er griff sofort nach dem Papier, faltete es zusammen und steckte es in die Tasche. Dann erbot er sich, Franziska zum Landauer zu geleiten.

Die Straße, die zum Herthasee führte, war kaum mehr als ein schmaler Weg, auf dem die Wagen im Schritt fahren mussten. Luise lehnte sich müde an Karl-Friedrich. Im Wald fehlte die kühlende Brise und die Luft war stickig.

„Ich hoffe, der Doktor hat ein Einsehen und hält nicht so weitschweifige Vorträge wie unser Pfarrer", sagte Justo, der direkt hinter dem Wagen seines Bruders ritt.

„Ich fürchte, gewisse Leute haben sich und uns mit ihrem Verhalten um diese Gnade gebracht", sagte Franziska spitz.

„Hat mein Herr Bruder wieder den Doktor geärgert?", Karl-Friedrich schüttelte den Kopf, „du benimmst dich manchmal wirklich nicht wie ein Offizier."

„Muss wohl daran liegen, dass ich schon so lange die Uniform nicht mehr anhatte."

Luise öffnete die Augen. „Wir sollten dich verheiraten. Vielleicht sorgt dann deine Frau dafür, dass du dich besser benimmst."

„Diese Postkutsche ist wohl abgefahren." Die lässige Antwort konnte nicht die Bitterkeit in Justos Stimme überdecken.

Der Weg wurde jetzt breiter und die Herrschaften konnten aus den Kutschen aussteigen und sich am Ufer des sumpfig aussehenden Sees versammeln.

„Tacitus, der römische Geschichtsschreiber, hat uns einen Bericht hinterlassen, nach dem dieses Heiligtum der germanischen Göttin Nerthus oder Hertha geweiht war …" Pfarrer Dölström konnte es nicht lassen, noch mehrere Worte zur Einführung zu sagen.

„Leider scheint die Göttin gerade nicht zu Hause zu sein, sonst könnte man sie darum ersuchen, den Herrn Pfarrer mit ein paar Blitzen zu traktieren", lästerte Justo halblaut.

Der Doktor, der ganz in der Nähe stand, warf ihm einen strafenden Blick zu. „Nach allem, was wir wissen, war Nerthus eine Fruchtbarkeitsgöttin, die für Frieden, Wohlstand und reiche Ernten sorgte. Blitze gehörten nicht zu ihrem Repertoire."

„Sie könnte ihn meinetwegen auch mit Rüben bewerfen", flüsterte Luise Franziska zu.

Der Doktor ignorierte alle weiteren Störungen. Er ergriff das Wort und deutete erklärend hierhin und dorthin, dozierte über Funde und Opferungen, zitierte Tacitus in aller Ausführlichkeit und führte schließlich noch ein Grüppchen besonders Interessierter auf den mit Bäumen bewachsenen Burgwall hinter dem See.

Franziska hatte sich davor mit dem Argument, dass sie schlecht zu Fuß sei, gedrückt und Luise mit dem Hinweis auf ihre Schwangerschaft. Karl-Friedrich erklärte sodann, er müsse auf die Damen aufpassen und Justo machte ohnehin, was er wollte. Als alle vier bei ihrem Wagen standen, sagte der Gutsherr zu seinem Kutscher: „Gustav, die Pferde wirken so nervös, sie sind einfach zu jung für diese ständigen Pausen. Vielleicht wäre es doch besser gewesen, ein Paar andere zu nehmen.

„Das ist gut möglich, gnädiger Herr."

„Leider können wir sie jetzt nicht austauschen, deshalb wäre es besser, wir fahren nach Hause, bevor ein Unglück geschieht."

Gustav nickte. Er konnte sich ein breites Grinsen gerade noch verkneifen. Aber die Schnelligkeit, mit der er auf den Kutschbock kletterte, verriet ihn.

11. Kapitel

Doktor Schönborn verlor keine Zeit. Bereits zwei Tage nach der Landpartie überreichte Agathe Franziska einen Brief, in dem er sie einlud, seine Sammlung von Altertümern zu besichtigen.

„Viel Spaß dabei", sagte Luise.

Die Gutsherrin lag auf einem der seidenbezogenen Sofas im Salon und hatte ein dickes Kissen unter den Rücken geschoben. Nachdem sie beim Frühstück über Kreislaufbeschwerden und Kreuzschmerzen geklagt hatte, wurde sie von ihrem Mann vor die Alternative gestellt, sich entweder hinzulegen oder den Arzt zu rufen.

„Willst du nicht mitkommen?"

„Wahrhaftig nicht! Schönborn versucht jeden, den er kennenlernt, für die Altertumskunde zu begeistern. Bei mir hat er es endlich aufgegeben, da will ich ihm keinen Anlass zu neuen Hoffnungen geben. Du kannst ja Johanna mitnehmen, dann ist dem Anstand auch Genüge getan." Luise streckte sich und warf einen Blick auf die Uhr, die in ihrem vergoldeten Gehäuse auf der Kommode tickte. „Jetzt liege ich schon seit fast zwei Stunden hier. Wenn ich noch länger herumfaulenze, komme ich gar nicht mehr hoch und dann wird das heute nichts mit dem Ansetzen des Brotteigs."

„Ich bin überzeugt, dass Frau Haase das auch allein schafft", sagte Franziska.

„Sicher, aber mir ist es trotzdem lieber, wenn ich dabei bin." Luise stand vom Sofa auf und stemmte stöhnend die Hände in den Rücken. Franziska runzelte die Stirn.

„Jetzt schau nicht so", sagte Luise. „Ich werde nur die Köchin beaufsichtigen, wenn sie das Mehl und den Sauerteig verknetet und darauf achten, dass sie nicht zu wenig Wasser dazugibt."

„Und was machst du danach?", Franziska bemühte sich um ein strenges Gesicht.

„Ich werde mich gemütlich in den Lehnstuhl setzen und mit Frau Haase die letzten Abrechnungen des Kohlenhändlers durchgehen. Dabei muss ich höchstens meinen Kopf anstrengen. So wie es aussieht, haben wir in letzter Zeit erstaunlich viel geheizt. Da kann was nicht stimmen."

Luise verließ den Salon. Franziska nahm Schönborns Brief vom Beistelltischchen und stand ebenfalls aus dem Sessel auf. In ihrem Zimmer gab es Feder, Tinte und Papier. Dort würde sie den Brief des Doktors beantworten. Warum nicht ein paar Altertümer besichtigen?

In der Halle traf Franziska auf Justo.

„Heute Morgen habe ich etwas unter meinen Sachen gefunden, das wollte ich Ihnen geben."

Er bot Franziska den Arm und führte sie zu dem Haus hinüber, in dem der Verwalter Delbrück mit Frau und Familie den ersten Stock bewohnte. Im Erdgeschoss befanden sich die Räume, in denen Justo sein Büro eingerichtet hatte. Die Zimmerwände waren bedeckt von Listen und Skizzen, die Franziska nichts sagten, und Justo machte keine Anstalten, ihr etwas davon zu erklären. Moritz Adler saß an einem Schreibtisch über einem Blatt mit kompliziert aussehenden Berechnungen. Er nickte Franziska grüßend zu, als er sie erkannte. Der Verband um seinen Kopf war inzwischen einem Pflaster gewichen.

Justo öffnete die Tür zu einem weiteren Raum, bei dem es sich offensichtlich um sein privates Büro handelte. In dem diffusen Licht, das durch das winzige Fenster fiel, sah Franziska, dass das Gelass kaum größer als ein Wandschrank, und vollgestopft mit technischen Zeichnungen, Handbüchern und sonstigen Papieren war. An der Wand gegenüber dem Arbeitsplatz hing eine große Landkarte von Jasmund. Der Schreibtisch ertrank unter Briefen und Notizen.

„Als ich das hier wiederfand, musste ich sofort daran denken, dass Sie es besser gebrauchen können als ich." Aus einer Bodenvase, die neben der Tür stand und aus der mindestens drei der langen Papprollen hervorschauten, die man zum Transport von Plänen und Zeichnungen benutzte, fingerte Justo noch ein anderes Objekt. Lang und dünn, mit einem gebogenen Griff am Ende. „Voilà! Wie unsere westlichen Nachbarn zu sagen pflegen. Den habe ich zum Abschied von meinem Kavallerieregiment bekommen. Und ich habe wahrhaftig keine Verwendung dafür."

Es war ein Regenschirm. Sehr elegant und schlank, mit sorgfältig gewickeltem schwarzen Tuch und einem detailreich geschnitzten Griff aus Ebenholz – ein Pferdekopf, der auf einem elegant geschwungenen Hals saß.

„Danke", sagte Franziska verblüfft, „er ist sehr schön, aber so schlimm finde ich das Wetter hier auch wieder nicht."
Justo lachte. „Man muss ihn nicht ausschließlich als Regenschirm verwenden." Er nahm ihn Franziska wieder aus den Händen. „Man könnte auch feststellen …", er fasste den Schirm mit der rechten Hand direkt unterhalb des Griffs und mit der linken auf der halben Länge des Schaftes und drehte die Hände in entgegengesetzte Richtungen, „… dass es sich um eine Waffe handelt." Der untere Teil des Schirmes ließ sich abziehen und zum Vorschein kam eine schmale scharfe Klinge. „Wir können uns also auch darauf einigen, dass ich Ihnen einen Degen schenke, wenn Ihnen das lieber ist."

„Aber wozu sollte ich einen Degen brauchen?"
„Das kann man nie wissen."

„Und den wollen Sie mir so einfach geben? Der ist doch ziemlich wertvoll."

Justo zuckte mit den Schultern. „Ich habe keinerlei Verwendung dafür."

„Warum werde ich den Gedanken nicht los, dass es da noch etwas gibt, das ich wissen sollte?"

„Sie sind sehr misstrauisch", meinte Justo. „Natürlich lässt es sich nicht leugnen, dass man diesen Schirm auch als eine sehr elegante Gehhilfe verwenden kann. Das Gerippe ist stahlverstärkt. Sie könnten also noch zulegen." Er grinste.

Franziska wusste nicht so recht, wie sie dieses Geschenk aufnehmen sollte. Schließlich hatte sie in der Vergangenheit deutlich genug zu erkennen gegeben, was sie von Gehstöcken hielt.

Justo steckte den Regenschirm wieder zusammen und reichte ihn Franziska. „Bitte schön. Betrachten Sie das Geschenk als Entschuldigung für mein schlechtes Benehmen."

Die Eingangstür des großen Büroraums wurde geöffnet und geschlossen. Stimmen näherten sich.

„Mein Besuch ist gekommen, ich muss Sie jetzt verabschieden." Justo geleitete Franziska hinaus.

Draußen hatten sich drei Männer um einen mit Plänen bedeckten Tisch versammelt. Der Einzige, den Franziska kannte, war Moritz Adler. Bei einem der Fremden handelte es sich um einen kräftigen Kerl mit Sommersprossen, rotbraunen Locken und einem ebensolchen Schnurrbart, der in einem altmodischen Wollanzug steckte, einen breitkrempigen Hut in der Hand hatte und dreckverschmierte Stiefel an den Füßen. Dem anderen sah man den Städter auf mehrere Meilen an. Vom wohlfrisierten Scheitel mit den sorgfältig in die Stirn gekämmten und mit Haarwachs befestigten Strähnen über den hellgrauen Anzug mit der taillenkurzen Seidenweste, bis hin zu den glänzenden, viel zu leichten Halbschuhen war er komplett unpassend für einen Ausflug aufs Land gekleidet. In der einen Hand hielt er seine weißen Handschuhe, mit der anderen nahm er den hohen Zylinder ab, als er Franziska erblickte. Justo begrüßte den Besucher und stellte ihn als den erwarteten Herrn von Hufer vor.

„Sehr erfreut", Hufer verbeugte sich leicht aus der Hüfte heraus. Seine Stimme war etwas quäkend und passte nicht zu seiner übrigen Erscheinung. „Bei dieser seltenen Gelegenheit bekommen Sie auch meinen anderen Mitarbeiter zu sehen." Justo klopfte dem bäuerlich aussehenden Mann auf die Schulter. „Das ist Ludolf Mühlbach, ein Vermessungsingenieur, der bisher noch jedes Problem gelöst hat. Er verirrt sich nur selten nach Polkvitz – meist ist er in Glowe."

Mühlbach verbeugte sich mit einem freundlichen Grinsen. Franziska neigte höflich den Kopf. Moritz Adler hielt ihr die Tür auf und im Hinausgehen hörte sie noch, wie der städtische Herr von Hufer Justo anzischte: „Ich dachte, wir hätten uns auf Geheimhaltung geeinigt. Unbeteiligte haben hier nichts zu suchen!" Dann schloss Adler die Tür.

Franziska machte sich langsam auf den Rückweg zum Gutshaus. Der gepflasterte Boden der großen Hoffläche war uneben und gleichzeitig rutschig. Erst jetzt wurde ihr bewusst, dass sie immer noch den Schirm in der Hand trug. Sie blieb stehen. Es war nicht anzunehmen, dass einer der Herren in Justos Büro ihr hinterherschaute. Und das Gutshaus war von hier aus hinter einer Reihe Eichen verborgen. Sie umfasste mit ihrer rechten Hand den gebogenen Griff und stützte sich auf. Die Länge des Stockes passte perfekt zu ihrer Körpergröße, stellte sie fest. Dann ging sie langsam voran und entdeckte widerwillig, dass ihr die Stütze tatsächlich ein gewisses Sicherheitsgefühl verlieh und das kaputte Bein entlastete.

12. Kapitel

Einige Tage später fuhr Franziska mit Johanna im Landauer nach Sagard. Luise hatte darauf bestanden, dass ihre Cousine zweispännig zum Besuch bei Doktor Schönborn fuhr. „Die Pferde brauchen Bewegung." Es herrschte strahlender Sonnenschein und gerade so viel Wind, dass es nicht zu heiß wurde. Johanna schien die Fahrt ebenfalls zu genießen. Sie trug eine einfache, aus gelbem Stroh geflochtene Schute als Schutz gegen die Sonne und dazu hatte sie Franziskas altes Wollkleid an. Nachdem das Kammermädchen erfolgreich die Katzenhaare entfernt hatte, schenkte Franziska ihr das Kleid und konnte feststellen, dass es Johanna tatsächlich besser stand als ihr selbst. Und wenn ein so hübsches Kammermädchen ein wenig nach Gouvernante aussah, dann schadete das nicht.

Der Arzt wohnte am sogenannten Apollonienmarkt, einem kleinen Platz gegenüber der Kirche. Da Gustav angesichts der schmalen Hofeinfahrt nur den Kopf schüttelte, hielten sie vor dem Haus. Der Kutscher stellte eine kleine hölzerne Treppe bereit, sodass Johanna aussteigen konnte, die dann Franziska half.

Ein sehr hochgewachsener bleicher Kammerdiener mit hellblonden Haaren nahm die Besucherinnen an der Haustür in Empfang und führte sie in den Salon. Franziska wusste, dass Schönborn nicht verheiratet war, deshalb wunderte sie sich nicht allzu sehr darüber, dass das Zimmer einen unbewohnten und vernachlässigten Eindruck machte. Es lagen keinerlei persönliche Kleinigkeiten herum, die Fensterscheiben waren ungeputzt und Pflanzen gab es natürlich auch nicht. Offensichtlich betrat der Besitzer das Zimmer nur, wenn ihn hier Besuch erwartete. Sie glaubte fast, eine Staubwolke aufsteigen zu sehen, als sie sich auf dem Sofa niederließ. Johanna wollte bei der Tür stehen bleiben, aber Franziska deutete auf den Platz neben sich.

„Komm ruhig her, du bist heute als meine Gesellschafterin hier."

Johanna setzte sich bescheiden auf die Ecke des Sofas.

Ein junges Ding mit einem leicht verhärmten Gesichtsausdruck und flachsblonden Zöpfen brachte ihnen den Kaffee und vollführte einen ungelenken Knicks vor den Damen, bevor es sich wieder zurückzog. Schönborn trat durch die Samtportiere, die den Durchgang ins Nebenzimmer verdeckte. „Wie schön, dass Sie hergefunden haben." Er setzte sich in den Sessel gegenüber.

„Was ich über Ihre Sammlung gehört habe, hat mich neugierig gemacht." Franziska blickte sich im Zimmer um. „Hier ist allerdings nichts davon zu sehen."

In den Vitrinen standen lediglich einige in Leder gebundene Bücher sowie geschliffene und angestaubte Glaskaraffen.

„Ich habe lieber alles geordnet und beschriftet in den dafür vorgesehenen Räumen. Dann ist die Gefahr weniger groß, dass etwas wegkommt oder durch unsachgemäße Behandlung zerstört wird."

Nachdem die Damen ihre Kaffeetassen geleert hatten, hielt sich Schönborn nicht damit auf, ihnen eine zweite Portion anzubieten. „Jetzt zeige ich Ihnen die Artefakte."

Der große Raum, in dem der Doktor seine Sammlung aufbewahrte, lag im ersten Stock des Hauses und ging nach vorne hinaus. „Unter uns sind meine Praxisräume", erläuterte Schönborn kurz, „die besitzen einen eigenen Eingang an der Seite des Hauses."

Die vorhanglosen Fenster des Ausstellungsraumes ließen so viel Licht herein, dass man die Stücke, die auf langen Tischen ausgebreitet oder in weiß gestrichenen Vitrinen angeordnet waren, hervorragend betrachten konnte.

„Ich habe eigens die Fenster vergrößern lassen", erklärte Schönborn, als Franziska eine Bemerkung über die guten Lichtverhältnisse machte. „Das sind praktisch Atelierfenster. Die meisten Änderungen, die ich bei meinem Einzug an diesem Haus vornehmen ließ, hängen mit meiner Sammlung zusammen." Er deutete in Richtung des Treppenabsatzes. „Hier habe ich sogar einen speziell gesicherten Raum mit Stahltür, wo ich besonders wertvolle Stücke einschließen kann, wenn ich längere Zeit außer Haus bin."

Dann ging er den Damen voran zu den Tischen, die in der linken hinteren Ecke des Raumes standen. „Ich habe meine Funde chronologisch geordnet. Wenn Sie mir folgen wollen, dann können wir unseren Spaziergang durch die Jahrhunderte hier mit den Knochen- und Feuersteinwerkzeugen aus der Steinzeit beginnen."

Franziska stellte fest, dass der Doktor richtiggehend auflebte, wenn er über sein Steckenpferd reden konnte. Seine Augen begannen zu glänzen und die Gesten, mit denen er seine Erklärungen untermalte, wurden lebhafter. „Nach dem Ende der letzten Eiszeit, das war vor ungefähr zwölf Jahrtausenden, nahmen die ersten Menschen diese Insel in Besitz."

Schönborn wies auf ein Häufchen unscheinbarer Pfeilspitzen aus Feuerstein. „Damit machten sie Jagd auf Rentiere und sogar auf so gigantische Wesen wie Riesenhirsche", rief er aufgeregt aus. „Einem Riesenhirsch würden Sie gerade einmal knapp bis an die Schulter reichen und sein Geweih besaß eine Spannweite von drei Metern." Er hielt die ausgestreckten Arme zur Seite, so, als wollte er das ganze Zimmer umarmen. „Auf solch ein Ungetüm mit Pfeil und Bogen loszugehen, das hat eine Menge Mut erfordert – zumal es auch noch eine Vielzahl von Tieren gab, die den Menschen ihre mühsam erlegte Beute streitig machen wollten. Angefangen von Wölfen und Hyänen bis hin zu

Säbelzahntigern." Er sah die Frauen prüfend an und entschied dann, dass sie nicht genug über Säbelzahntiger wussten, um sie richtig zu würdigen. „Stellen Sie sich eine Katze von den Ausmaßen eines großen Pferdes vor", forderte er, „und fügen Sie dann noch Reißzähne hinzu, die so lang sind wie Ihr Unterarm."

Johanna wurde bleich. „Solche Tiere gab es hier?"

Doktor Schönborn nickte nachdrücklich. „Es schlichen auch riesige Höhlenlöwen herum und Bären, doppelt so groß wie heute."

„Vor vielen tausend Jahren", fügte Franziska schnell hinzu, da sie sah, dass sich ihr Kammermädchen ängstigte. „Sie sind auch schon seit langer Zeit ausgestorben – du wirst niemals solch einem Tier in Wirklichkeit begegnen."

„Aber kein Mensch weiß, welche Kreaturen in den Landstrichen leben, die die Wissenschaft noch nicht erforscht hat", wandte Schönborn ein. „Vielleicht haben in den Urwäldern Südamerikas, in den Wüsten Australiens oder auf den Eisfeldern der Antarktis noch Wesen überlebt, mit denen wir heute gar nicht mehr rechnen."

„Warten wir ab, was die Forscher zutage fördern", sagte Franziska knapp und wandte sich der Vitrine zu, die neben ihr stand. „Was sind das für Scherben?"

In der Vitrine lagen nicht nur Bruchstücke, sondern es standen hier auch komplette Gefäße aus gebranntem Ton oder Lehm, die mit eingekratzten Mustern verziert waren.

„Die stammen zum größten Teil aus Grabhügeln."

„Waren hier denn so viele Gräber?" Johanna vergaß vor lauter Schrecken ihre Zurückhaltung und blickte den Doktor aus großen Augen an.

„Aber ja", bestätigte dieser, „man kann sich das heute nicht mehr vorstellen, so viel ist schon verschwunden, aber Teile der Insel sind praktisch prähistorische Friedhöfe." Er schien durch seine Besucherinnen hindurchzublicken. „Man kann nur spekulieren, wer hier alles seine letzte Ruhe fand: Fürsten, Krieger, Priester, Zauberer ..."

Johanna schlug entsetzt die Hand vor den Mund. Aber Schönborn schien ihre Aufregung nicht zu bemerken. „Möglicherweise begruben auch Stämme, die überhaupt nicht auf Rügen lebten, ihre Toten hier. Wir wissen nichts über ihren Glauben. Aber wenn ich einen kleinen Sprung machen darf zu den alten Germanen, für die war Rügen eine Toteninsel. Sie lag praktisch schon fast im Jenseits, in der Anderswelt." Seine Augen glänzten. „Vielleicht ..." Er brach verwirrt ab, denn Johanna war aus dem Zimmer geeilt und polterte überstürzt die Treppe hinab.

Franziska folgte ihrem Kammermädchen so schnell sie konnte. Sie fand Johanna im Salon, wo sie sich auf das Sofa geworfen hatte, schluchzte und zitterte. Als Franziska ihr beruhigend die Schulter tätschelte, heulte sie laut auf und umschlang ihre Herrin so fest, dass die kaum noch Luft bekam.

„Eindeutig ein hysterischer Anfall", sagte Schönborn, der in der Tür stand. „Hat sie so was öfter?"

„Meines Wissens nicht", Franziska versuchte, Johannas Umklammerung etwas zu lockern, „aber ich rede normalerweise auch nicht mit ihr über Friedhöfe und Toteninseln."

„Oh", Schönborn schien zu dämmern, dass er sich von seiner Begeisterung für die Frühgeschichte in Bereiche hatte mitreißen lassen, die nicht ganz das Richtige für sensible und abergläubische Ohren waren. „Ich hole etwas."

Er ging in seine Praxisräume hinüber. Als er wiederkam, hielt er ein Fläschchen und einen Löffel in der Hand. Nach einem scharfen Blick auf Johanna maß er einige Tropfen ab und reichte den Löffel Franziska. „Geben Sie ihr dies, dann beruhigt sie sich!"

Franziska strich Johanna die Haare zurück. „Das wird dir guttun", sagte sie sanft und Johanna leckte den Löffel ab.

„Es tut mir leid", sagte Schönborn steif. „Ich hoffe, dass wenigstens Sie meinen Vortrag nicht ungehörig fanden."

Trotz ihres Ärgers über den Mangel an Sensibilität, den Schönborn in der vergangenen halben Stunde an den Tag gelegt hatte, musste Franziska sich ein Grinsen verbeißen. „Ich denke, ich habe keine Schäden davongetragen." Sie streichelte Johanna, deren Schluchzer langsam verebbten, über den Rücken. „Außer einem Kammermädchen, das wahrscheinlich nachts kein Auge mehr zubekommt."

„Das war nicht meine Absicht. Ich werde ihr eine leichte Laudanum-Tinktur zurechtmachen." Schönborn verschwand wieder.

Johanna hob das tränennasse Gesicht von Franziskas Schulter. „Ich schäme mich ja so."

„Vergiss es einfach, er wird sich in deiner Gegenwart nicht mehr gehen lassen."

Johanna stieß einen zitternden Seufzer aus. „Hoffentlich." Sie kramte ein Taschentuch aus der Rocktasche und schnäuzte sich. Dann sah sie Franziska an und versuchte ein Lächeln. „Diese gelehrten Herren erzählen vielleicht Sachen."

Franziska lächelte zurück. „Die wissen es nicht besser."

„Er ist mir unheimlich."

Als Doktor Schönborn zurückkam, stellte er ein braunes Arzneifläschchen auf den Tisch. „Abends drei Tropfen in einem Glas Wasser auflösen."

Johanna starrte ihn an wie ein Kaninchen die Schlange. Franziska schob die Flasche kurzerhand in ihren perlenbestickten Beutel und bedankte sich bei dem Arzt.

„Keine Ursache", meinte dieser, „wenn sich Johanna noch etwas auf dem Sofa ausruhen möchte, dann können wir beide die Besichtigung meiner Sammlung fortsetzen."

„Nein", stieß Johanna hervor, „bitte Frau Franziska, ich möchte hier nicht alleine bleiben."

Der Blick, den Schönborn ihr zuwarf, zeigte unverhohlen seine Verachtung.

„Vielleicht ist es besser, wenn wir gehen", sagte Franziska, „wir können die Führung ja ein anderes Mal fortsetzen."

Der Kammerdiener geleitete die Damen hinaus, nachdem sich der Doktor recht kühl verabschiedet hatte. Auf der Rückfahrt stellte Franziska fest, dass sie ihre Handschuhe in Schönborns Salon vergessen hatte. Also würde die erneute Begegnung mit ihm wohl nicht allzu lange auf sich warten lassen. Als sie in die Allee zum Gut einbogen, nahm Johanna ihre Schute ab, strich die Haare zurück und massierte ihr vom Weinen fleckiges Gesicht. Dann setzte sie den Hut wieder auf und schaute Franziska zerknirscht an. „Es tut mir so leid, aber dieses ganze Gerede über Friedhöfe und Tote, das konnte ich einfach nicht ertragen."

Sie brach ab, aber Franziska spürte, dass mehr dahintersteckte als schwache Nerven. „Das ist doch alles tiefste Vergangenheit. Wer immer hier begraben war, ist schon seit Jahrhunderten zu Staub zerfallen und verschwunden."

Johanna schüttelte den Kopf. „Ich weiß nicht recht. Ich bin nur ein ungebildetes Mädchen, aber dunkle Gestalten, die nicht geheuer sind und die nachts in den Feldern herumirren, die gibt es. Ich habe sie selbst gesehen."

Franziska runzelte die Stirn.

„Meine Schlafkammer liegt im Obergeschoss des Hauses auf der Rückseite und hat ein winziges Dachfenster", erzählte Johanna. „In den letzten Tagen war es da fürchterlich heiß, deshalb lasse ich das Fenster nachts geöffnet. Gestern konnte ich nicht schlafen und habe hinausgeschaut. Der Mond schien hell und durch das Feld jenseits der Straße nach Bobbin lief eine Gestalt – ohne Kopf."

Johannas Blick war so verzweifelt, dass Franziska nicht nach weiteren Einzelheiten zu fragen wagte, aus Furcht, wieder einen hysterischen Anfall hervorzurufen. Als die Kutsche um das Rondell bog und am Gutshaus vorfuhr, sah Franziska, dass Luise und Frau Haase sich auf der Freitreppe unterhielten. Luise zeigte wiederholt auf das schmale Blumenbeet, das sich an der Vorderseite des Gutshauses erstreckte. Einige der Rosenbüsche, die sich eigentlich an der Backsteinwand emporranken sollten, waren abgestorben.

„Das trifft sich ja hervorragend!", rief Luise, als die Kutsche vor dem Haus anhielt, und eilte die Stufen herunter. Ganz offensichtlich hatte sie sich ausgeruht, während Franziska in Sagard gewesen war, und steckte jetzt wieder voller Tatendrang. „Frau Haase, bringen Sie mir bitte meinen Hut!" Dann trat sie zum Landauer. „Wir werden noch einen kurzen Abstecher nach Spyker machen", sagte sie zu Gustav. „Möchtest du mitkommen, Franziska? Das Schloss ist sehr hübsch."

Ihre Cousine nickte und sagte zu Johanna: „Du kannst dich ausruhen, für den Rest des Tages werde ich deine Dienste nicht brauchen." Das Kammermädchen senkte den Kopf und kletterte aus dem Landauer. Luise sah erstaunt hinterher, als Johanna ins Haus eilte.

„Ich erzähle dir unterwegs, was passiert ist." Franziska reichte der Gutsherrin die Hand, um ihr in den Wagen zu helfen. Nachdem die Mamsell Luises Schute und Handschuhe nebst einem Sonnenschirm gebracht hatte, rollte der Landauer wieder vom Hof. Diesmal folgte Gustav dem Weg, der um den Garten des Gutshofes herumführte und dann auf die Straße nach Bobbin traf. Während der Wagen auf das Dorf mit seiner alten Feldsteinkirche zurollte, lehnte sich Luise in den Polstern zurück und schob den Hut so weit es ging in den Nacken. Sie schloss die Augen und seufzte wohlig, als ihr die Sonne ins Gesicht schien.

„Du solltest lieber aufpassen", Franziska spannte Luises Sonnenschirm auf und drehte ihn so, dass die Wangen ihrer Cousine im Schatten lagen. „Wenn du auf diese Art weitermachst, bekommst du noch mehr Sommersprossen, und ziemlich braun ist deine Haut ohnehin schon."

Luise schob Franziskas Hand, die den Sonnenschirm hielt, zur Seite. „Momentan zerbreche ich mir nicht den Kopf über meinen Teint. Der Doktor hat gesagt, dass Sonnenlicht und frische Luft dem Kind und mir guttun." Sie schlug die Augen wieder auf. „Apropos Doktor. Was ist denn in Sagard passiert? Johanna wirkte ziemlich aufgelöst."

Franziska erzählte, was sich zugetragen hatte, und Luise lachte leise. „Die Arme. Und ich habe dir auch noch dazu geraten, sie mitzunehmen."

„Schönborn ist wirklich fanatisch mit seinen Altertümern – obgleich ich seinen Vortrag interessant fand."

„Du bist abgehärtet, wenn es um Tote und Kultstätten geht", meinte Luise. „Der Doktor wird sicher darauf bestehen, dir auch noch den Rest seiner Sammlung zu zeigen."

„Kannst du dir vorstellen, was Johanna nachts in den Feldern gesehen haben kann?"

Luise schüttelte langsam den Kopf. „Da gibt es einen Weg, eine Abkürzung nach Glowe. Justo reitet dort immer entlang und die Bauern benutzen ihn. Aber es ist schon eigenartig, dass da bei Nacht jemand unterwegs gewesen sein soll. Die meisten Leute hier sind viel zu abergläubisch, um sich bei Dunkelheit vor die Tür zu wagen. Fast jeder Hügel hat seine eigene Spukgeschichte. Und manchmal sind es auch mehrere. Da geht man nur raus, wenn es unbedingt sein muss."

„Vor allem ohne Kopf", meinte Franziska trocken.

Luise kicherte. „Wenn du lediglich die Umrisse von jemanden siehst, der einen großen Rucksack trägt oder der einen Sack über der Schulter hat, dann kannst du schon denken, er hätte keinen Kopf."

„Wahrscheinlich war es genau das, was Johanna gesehen hat: ein verspäteter Bauer mit einem Sack Kartoffeln", Franziska lehnte sich zurück.

Der Landauer hatte Bobbin hinter sich gelassen und folgte nun der abschüssigen Straße nach Norden. Die große Wasserfläche des Jasmunder Boddens glitzerte im Sonnenlicht.

„Da vorne ist die Abzweigung nach Spyker", Luise zeigte auf einen Fahrweg, der von der Hauptstraße abzweigte.

„Was willst du dort eigentlich?"

„Die haben einen wunderschönen Rosengarten und auch an den Mauern des Schlosses ranken Rosen. Die Frau des Verwalters zieht davon Ableger und hat mir bei meinem letzten Besuch welche versprochen. Die werden wir jetzt abholen."

„Und was sagen die Herrschaften von Spyker dazu?"

„Das Schloss gehört dem Fürsten von Putbus. Momentan wohnen dort nur die Verwaltersleute und ein paar Dienstboten, die das Gebäude in Schuss halten."

Der Wagen passierte einen alten Mann, der mit einer Kiepe auf dem Rücken langsam am Straßenrand entlanghumpelte. Luise befahl Gustav anzuhalten.

„Du bist doch der Ole Pieters, der mit den Räucheraalen handelt", sagte sie zu dem Mann.

„Jau", er blinzelte Luise aus seinen wässrigen Äuglein an.

„Und die Dame ist die junge Herrin von Polkvitz, möchte ich meinen."

„Da hast du recht. Und meine Mamsell, die Frau Haase, die kennst du sicher auch?"

„Jau."

„Die würde gern zehn Aale bei dir kaufen. Kannst du ihr die in den nächsten Tagen vorbeibringen?"

„Jau", der alte Mann zögerte. „Aber das mache ich nur, weil die Dame und der Herr von Polkvitz stets gut zu mir gewesen sind und weil die Frau Haase immer ein Stück Kuchen für mich hat."

„Sonst würdest du das nicht tun?"

„Nee." Ole Pieters schüttelte nachdrücklich den Kopf. „Der junge Herr, der würde von mir nicht einen mickrigen Aal kriegen. Auch nicht, wenn er am Verhungern wäre."

„Warum denn?"

„Der will mich um meinen Broterwerb bringen. Einen Kanal will er bauen von der Ostsee durch den Mittelsee bis in den Bodden. Das bringt viel zu viel Salzwasser, verwirrt die Aale. Und wenn die abhauen, von was soll ich dann leben?" Der alte Mann schlug mit der flachen Hand gegen die Kutsche.

„Noch sind keine Bauarbeiter in Sicht", sagte Luise, „und wenn es wirklich so weit ist: Nach Gut Polkvitz kannst du immer kommen."

Die Augen des alten Mannes wurden noch wässriger. „Danke, gute Dame, Sie und Ihr Mann, Sie haben ein Herz. Das hab ich doch schon immer gesagt ..."

Luise unterbrach ihn. „Aber fürs Erste nicht vergessen – zehn Aale für Frau Haase." Und im selben Atemzug rief sie: „Weiter geht es, Gustav!"

Die Pferde zogen an und Luise lehnte sich zufrieden im Sitz zurück. „Das wäre erledigt, jetzt muss Frau Haase nicht extra nach Ole Pieters schicken." Grinsend fügte sie hinzu. „Justo hat Glück, dass wir das Essen für ihn einkaufen. Der Einzige, der bisher zugegeben hat, dass er das Hafenprojekt gut findet, ist der Weinhändler aus Stralsund. Der rechnet natürlich mit einem kräftigen Aufschwung seines Geschäfts."

Jetzt tauchte Schloss Spyker vor ihnen auf. An jeder Ecke einen Turm und Giebel, die noch höher aufragten als die Türme.

„Sieht schwedisch aus", sagte Franziska.

„Es war ja auch ein Schwede, der das Schloss nach dem Dreißigjährigen Krieg verliehen bekam und umbauen ließ. Der berühmte Feldmarschall Wrangel. Der lebte hier bis zu seinem Tod. Und über den gibt es auch eine unheimliche Sage."

„Brrr. Bitte heute nicht."

Beide lachten.

13. Kapitel

Ich habe ihn wieder gesehen", sagte Johanna, als sie am Morgen Franziskas Haare kämmte. „An derselben Stelle wie vor ein paar Tagen."

„Wen hast du gesehen?"

„Den kopflosen Wanderer im Feld."

„Ich habe dir das doch schon erklärt", sagte Franziska, „das war ein Bauer mit einem Sack über der Schulter. Wenn jemand etwas auf dem Rücken trägt, dann sieht der Umriss aus, als ob er kopflos wäre. Das ist doch ganz leicht zu verstehen."

„Oh je", Johanna erstarrte vor Schreck, als ihr plötzlich noch eine weitere unheimliche Möglichkeit in den Sinn kam. „Vielleicht war es ja auch eine arme Seele, die von einem Huckopp befallen ist."

„Johanna!", Franziska wurde langsam ungeduldig, außerdem zerrte das Kammermädchen in seiner Aufregung an ihren Haaren. „Was bitteschön ist ein Huckopp?"

Johanna begann wieder zu bürsten. „Das ist eine Art Gespenst, der springt die Leute an, klammert sich fest und lässt nicht mehr los. Das könnte auch aussehen wie ein Sack auf der Schulter."

Franziska seufzte. „Das sind doch nur Geschichten."

„Aber ich habe ihn ganz deutlich gesehen." Mit einer routinierten Bewegung drehte Johanna die Haare ein und steckte sie zu einem Knoten fest. „Ein Schatten, der aussah, als hätte er keinen Kopf."

„Johanna hat ihn wieder gesehen", erzählte Franziska beim Frühstück. „Und jetzt glaubt sie, ein Huckopp ginge um." Sie ließ sich von Agathe Kaffee einschenken.

Karl-Friedrich schmunzelte über seinem Leberwurstbrot. „Die Dienstboten aus der Stadt bekommen immer zum Einstand die örtlichen Gespenstergeschichten aufgetischt."

„Ich hoffe, Johanna bleibt hier", sagte Luise besorgt. „Das hatten wir schon einmal." Sie wandte sich an ihren Mann. „Weißt du noch – die Geschichte mit Hanni."

Der Gutsherr nickte. „Ein Hausmädchen aus Rostock, sie ängstigte sich nachts dermaßen, dass sie nach zwei Wochen kündigte."

„Kündigte!", Luise schnaubte. „Davongerannt ist sie! Leider konnte ich nicht herausfinden, wer ihr die ganzen Geschichten erzählt hat. Derjenige hätte auch gleich seine Sachen packen können." Klirrend stellte sie ihre Kaffeetasse auf den Unterteller.

Justo hatte mit gerunzelter Stirn zugehört. „Aber Tatsache ist doch, dass Johanna etwas gesehen hat!"

Luise zuckte mit den Schultern. „Vielleicht war es ein Hirsch oder ein Wildschwein. Mit genug Fantasie kann man alles zu etwas Unheimlichem umdeuten."

„Ich werde mir die Stelle jedenfalls anschauen."

„Schaden kann es nicht", stimmte Karl-Friedrich seinem Bruder zu. „Mir ist es auch nicht wohl bei dem Gedanken, dass jemand nachts um das Gut herumschleicht." Er schluckte den letzten Bissen Brot und stürzte im Aufstehen den Rest seines Kaffees hinab.

„Ich habe einen Termin in Bergen." Er küsste Luise auf die Wange. Dann sah er Justo an. „Wenn du dich um die Sache mit unserem Gespenst kümmerst …"

„Was hat es eigentlich mit dem Huckopp auf sich?", fragte Franziska.

„Die korrekte Bezeichnung lautet ‚Aufhocker'", sagte Justo. „Der kommt in vielen der Rügener Geistergeschichten vor. Das ist ein Dämon, der seinem Opfer auf den Rücken springt, ihm fast die Luft abdrückt und nur auf bestimmte Art und Weise wieder zum Absitzen gebracht werden kann."

„Und meistens lebt das Opfer eines Huckopp nicht mehr lange", schloss Luise und erhob sich schwerfällig von der Frühstückstafel. „Gespenster hin oder her, ich muss jetzt mit Bertha die nächsten Mahlzeiten besprechen."

„Gehen Sie mit mir auf Gespensterjagd?" Justos Augen funkelten, als er Franziska ansah. „Für solch ein absurdes Unternehmen sollte man mindestens zu zweit sein."

Eine Stunde später waren sie in den Feldern hinter dem Gutshaus unterwegs. Der Himmel wölbte sich wolkenlos. Tiefblau im Zenit und hellblau und diesig am Horizont. Die mit Kreidestaub bedeckte Straße strahlte in der Sonne so grell, dass es in den Augen schmerzte. Franziska saß auf Herzbube und Justo führte das Pferd.

„Es kann sein, dass wir eine ganze Strecke laufen müssen", hatte er gesagt, „da ist es für Sie bequemer, wenn Sie die Beinarbeit jemandem überlassen, der vier davon hat." Der Husarenleutnant selbst wollte zu Fuß gehen. „Dann bin ich näher am Boden und übersehe nichts. Was immer ein Gespenst für Spuren hinterlässt …"

Sandig und ausgetreten verlor sich der Feldweg zwischen den Hügeln. Der Roggen raschelte leise und strömte in der Vormittagshitze einen würzigen Geruch aus; irgendwo sang eine Lerche. Nach einem leichten Anstieg führte der Weg abwärts und durchquerte eine Senke, in der sich der Bach, der durch die Felder zum Jasmunder Bodden floss, zu einem Sumpf ausgebreitet hatte.

Dichtes Gebüsch wucherte zwischen schlammigen Wasserlachen und von Wildschweinen zerwühltem Boden. Franziska sah, dass jemand über die schlimmsten Sumpflöcher einen Steg aus Holzknüppeln gebaut hatte. So konnten Fußgänger trockenen Fußes diese Stelle passieren. Seitwärts davon erblickte man die tiefen Eindrücke im Schlamm, die Pferde hinterlassen hatten, die hier entlanggeritten wurden.

Justo untersuchte den Boden. „Entweder der Sand ist zu trocken, um uns etwas zu verraten, oder wir haben es mit nassem Schlamm zu tun, in dem es keine Spuren, sondern nur Löcher gibt." Er konzentrierte sich auf den Bereich des Weges, auf dem der Sand gerade noch feucht war. Aber hier lagen alle möglichen Spuren übereinander und löschten sich gegenseitig aus. Franziska entdeckte sogar die Abdrücke von gespaltenen Hufen, die aus dem Gebüsch oberhalb der Senke kamen. Auch Hirsche und Rehe benutzten den Steg.

Dort hinten glänzte etwas.

Franziska hatte das Aufblitzen nur im Augenwinkel wahrgenommen. Zwischen den Knüppeln. „Könnten Sie mir vom Pferd helfen?" Das Jagdfieber hatte sie gepackt.

Justo eilte herbei. „Heben Sie das Bein über das Sattelhorn und rutschen Sie einfach herunter. Ich fange Sie auf."

Franziska folgte seinen Anweisungen schneller, als er erwartet hatte. Als sie in seine Arme fiel, trat er hastig einen Schritt zurück, um das Gewicht besser abfangen zu können. Hinter ihm war jedoch kein fester Boden mehr, sondern eine Schlammlache. Justo geriet aus dem Gleichgewicht und plumpste rücklings in den Matsch.

Franziska fand sich auf diese Weise plötzlich auf ihm liegend wieder und blickte aus nächster Nähe in ein Paar eisblaue Augen. Ihr Herz schien einen Schlag zu überspringen. Einen Moment lang konnte sie Justos Geruch wahrnehmen. Er roch anders als Ferdinand. Pferd, Leder und noch etwas anderes …

Bevor sie diesen Gedanken zu Ende denken konnte, raffte sich der Mann mit einer erheblichen Kraftanstrengung und erstaunlicher Geschwindigkeit aus dem Schlamm auf und stellte sie vorsichtig auf festen Boden. „Entschuldigen Sie bitte."

„Keine Ursache", erwiderte Franziska mechanisch.

„Ich fürchte, Sie haben etwas Schlamm abbekommen!" Franziska sah an sich hinab. Schmutzspritzer zierten ihr Kleid und ihre Füße fühlten sich nass an. „Nicht so viel wie Sie", sagte sie schuldbewusst, denn Justos Hosen und Stiefel trieften und auch die Hinterpartie seiner Jacke war erheblich mitgenommen.

„Das sollte Sie nicht belasten", meinte er. „Es gab schon Manöver, nach denen ich schlimmer ausgesehen habe. Nur mein Bursche wird schimpfen, er hatte die Hose frisch gebügelt und die Stiefel gestern auf Hochglanz poliert." Ein freches Grinsen stahl sich in seine Mundwinkel. „Aber jetzt verraten Sie mir doch, warum Sie sich so vehement auf mich geworfen haben."

Franziska spürte, wie ihr Gesicht rot anlief. Sie senkte den Kopf und rieb an einem Fleck auf ihrem Rock herum.

„Hier, bitte", Justo reichte ihr ein blütenweißes Taschentuch.

„Entschuldigung, ich habe ein freches Mundwerk. Ignorieren Sie es."

Franziska nahm das Taschentuch. „Ich habe da etwas gesehen, auf dem Steg."

Justo bewegte sich zur angegebenen Stelle. Dann bückte er sich und hob etwas auf. Ein kleines graues Objekt, das aufglänzte, wenn das Sonnenlicht in einem ganz bestimmten Winkel darauf fiel. Es war ein gegossener Zinnknopf mit abgesetztem Rand, wie er an Männerjacken oder Westen verwendet wurde. Das Glänzen, das Franziska aufgefallen war, stammte von dem breiten Kratzer, der quer über die Vorderseite des Knopfes lief.

„Der Kratzer dürfte frisch sein", meinte Justo. „Vielleicht ist der Besitzer irgendwo hängen geblieben und hat so den Knopf abgerissen." Er steckte ihn in die Brusttasche seiner Weste. „Ich glaube nicht, dass wir noch etwas finden, das uns sagen kann, was Johanna heute Nacht gesehen hat. Es dürfte jetzt vordringlicher sein, dass wir nach Hause gehen und trockene Sachen anziehen." Er bot Franziska seinen Arm und führte sie zu Herzbube. „Jetzt erkläre ich Ihnen, wie Sie ohne Treppe aufs Pferd steigen!"

Nach zwei Anläufen schaffte sie es, indem sie Justos gefaltete Hände und den einen Steigbügel wie eine Leiter nutzte, um sich in den Sattel zu hangeln. Nicht sonderlich elegant, aber es klappte.

„Normalerweise benötigt eine Dame zum Aufsteigen im Gelände zwei Herren", dozierte Justo, während Franziska ihren Rock zurechtzog. „Aber da Herzbube so ein überaus zuvorkommendes Pferd ist, brauchen wir niemanden, der ihn festhält, während Sie auf ihm herumklettern."

Franziska streichelte dem Wallach über die Mähne. „Nett von ihm."

„Und weil er so brav ist und ohnehin weiß, wo es nach Hause geht, können Sie auch selbst die Zügel nehmen."

Auf dem Rückweg ging Justo hinter ihnen her.

Johanna konnte einen leisen Seufzer nicht unterdrücken, als sie sah, wie ihre Herrin das schöne Reitkleid zugerichtet hatte. Sogar das Samtrevers am Jäckchen hatte einen Schmutzspritzer abbekommen. Als Franziska ihr erzählte, wie sie in einen derartigen Zustand geraten war, reagierte Johanna erschrocken. „Vielleicht waren das die Geister – sie haben etwas dagegen, dass Sie und der junge Herr ihnen nachspüren."

„Ich glaube eher, dass es meine eigene Dummheit war", sagte Franziska und setzte sich auf die Bettkante. „Kannst du mir mit den Stiefeln helfen? Ich fürchte, die haben auch etwas abbekommen."

Wie sich herausstellte, waren nicht nur Franziskas Strümpfe nass geworden. Die lange Hose, die sie unter dem Reitrock trug, hatte ebenfalls an dem Schlammbad teilgenommen.

„Die müssen Sie ausziehen, Frau Franziska, sonst erkälten Sie sich." Johanna suchte im Schrank nach frischer Unterkleidung und Franziska nestelte die Schnur auf, die die Hose in der Taille zusammenhielt. Als sie das feuchte Kleidungsstück auf den Haufen mit der übrigen Wäsche warf, sah sie, wie Johanna ihr rechtes Bein anstarrte.

„Kein schöner Anblick", meinte sie gewollt beiläufig. Gegenüber einem Kammermädchen wollte sie nicht zugeben, wie sehr sie unter den Narben auf dem etwas schief zusammengewachsenen Oberschenkel litt. Johanna wendete den Blick ab. Franziska schlüpfte in ihre frische Wäsche und wechselte das Thema. „Bekommst du die Flecken aus dem Kleid heraus?"

„Aber sicher." Wenn es um ihre Aufgaben als Kammermädchen ging, dann war Johanna nicht so leicht zu erschüttern. „Die Schlammspritzer lassen sich ausbürsten, wenn sie trocken sind und bei den Grasflecken werde ich es zuerst mit einer rohen Kartoffel versuchen und was dann noch übrig bleibt, wird mit Essig bearbeitet."

„Gut", Franziska wählte ein Kleid aus feiner schwarzer Wolle mit einer diskreten lilafarbenen Stickerei. Luise hatte wirklich einen hervorragenden Geschmack. Als sie sich im Spiegel betrachtete, bemerkte sie, dass die Sonne ihren kastanienbraunen Haaren zu einem rötlichen Schimmer verholfen hatte. Dass ihre Wangen ebenfalls rötlich leuchteten und ihre Haut einen leichten Karamellton angenommen hatte, gefiel Franziska zwar weniger, aber es gab hier auf dem Land wahrhaftig keinen Grund zu übertriebener Eitelkeit.

„Passt", sagte Johanna befriedigt und zupfte den Kragen des Kleides zurecht. Sie hatte es innerhalb weniger Tage geschafft, sämtliche Kleider, die Luise Franziska geschenkt hatte, auf deren Maße umzuändern. Darauf war sie selbst ein bisschen stolz.

Franziska ging nach unten, um ihre Cousine zu suchen und ihr von den Ergebnissen ihrer Nachforschungen zu erzählen. Im Salon stellte sie fest, dass ihr Justo schon zuvorgekommen war. Sein Kleiderwechsel hatte weniger Zeit beansprucht. Die Gutsherrin und ihr Schwager begutachteten gemeinsam den Knopf. Franziska setzte sich zu ihnen.

„Im Prinzip kann den jeder verloren haben, der diese Brücke benutzt hat", meinte Justo.

„Und das muss nicht einmal gestern oder heute Nacht gewesen sein", fügte Franziska hinzu.

Luise nahm den Knopf und drehte ihn zwischen den Fingern. „Habe ich so etwas schon einmal gesehen?", überlegte sie halblaut.

„Mit Sicherheit", sagte Justo. „Ich besitze auch eine Jacke mit solchen Knöpfen – die sind allerdings noch am Platz. Habe ich gerade nachgezählt." Er stand auf. „Mich müssen die Damen nun entschuldigen. Ich sollte dringend nach Adler sehen."

„Das Rätsel werden wir wohl nicht so schnell lösen", Luise legte den Knopf in den zierlichen Sekretär, an dem sie ihre Korrespondenz erledigte.

Vor den Fenstern des Salons ertönten scharrende Geräusche und Agathe erschien in der Zimmertür: „Frau Haase lässt ausrichten, dass der Gärtner mit den Pflanzarbeiten begonnen hat."

„Die Rosen, die wir gestern aus Spyker geholt haben", Luise wirbelte erstaunlich schnell herum, „das muss ich überwachen."

An der Hauswand hatte der Gehilfe des Gärtners bereits mehrere Pflanzlöcher ausgehoben. Jetzt schleppte er die Eimer herbei, in denen die Rosen über Nacht gewässert worden waren. Der Gärtner selbst zündete sich neben der Schubkarre mit seiner selbst gemischten Komposterde gerade gemütlich ein Pfeifchen an, als Luise und Franziska auf die Treppe hinaustraten.

„Hermann", rief die Gutsherrin, während sie die Treppe hinunterging, „ist mit den Pflanzen alles in Ordnung?"

Der Gärtner nahm respektvoll die Pfeife aus dem Mund und wollte gerade antworten, da hörte man das Rattern eisenbeschlagener Räder auf dem Pflaster des Hofes. Franziska war oben an der Treppe stehen geblieben und beobachtete, wie Luise das ankommende Fuhrwerk scharf musterte und dann dem

Hausmädchen, das neben der Eingangstür stand, zurief: „Agathe, geh schnell und hole Herrn Delbrück!"

Der scharfe Unterton in der Stimme ihrer Cousine beunruhigte Franziska, daher ging sie die Treppe hinunter und gesellte sich zu Luise. „Das sind Bauern und Knechte aus Rappin und von Detziw", sagte diese leise, „ich fürchte, das bedeutet nichts Gutes."

Der von zwei stämmigen Pferden gezogene Leiterwagen war vollgestopft mit wild aussehenden Männern. Einige hatten Dreschflegel dabei. Der Bauer, der den Wagen lenkte, zog direkt vor Luise die Zügel an. „Frau von Veldhain", er tippte an seinen Schlapphut, „wir wollen Sie nicht länger stören als notwendig. Wenn Sie uns sagen, wo wir Ihren Schwager finden, dann sind wir gleich wieder fort!"

„Ich bedaure, aber er ist nicht hier", Luise verschränkte die Arme vor der Brust. „Und die Maskerade, lieber Bernhard von Detziw, ist wirklich fehl am Platze. Weiß Ihr Herr Vater eigentlich, was Sie treiben?"

Franziska war entsetzt. So ungehobelt sich der alte Herr von Detziw auch verhalten hatte, mit Sicherheit würde er seinem Sprössling nicht erlauben, mit einer Horde Rabauken Damen aus der Nachbarschaft zu erschrecken. Die Passagiere auf dem Wagen, die zuvor noch durcheinandergerufen hatten, waren verstummt. Bernhard zog seinen Schlapphut so weit wie möglich in die Stirn, als ob es jetzt noch notwendig wäre, sein Gesicht zu verbergen.

„Was geht hier vor?" Der Verwalter Reinhard Delbrück war eingetroffen. Begleitet wurde er von einigen kräftigen Knechten.

„Wir möchten nur mit Justus-Otto von Veldhain reden", beharrte der junge Herr von Detziw.

„Da hätten Sie sich vorher anmelden sollen, der Herr hat viel zu tun", sagte Delbrück.

„Er will uns unser Land wegnehmen!", brüllte einer der Bauern hinten auf dem Wagen und fuchtelte mit einem Dreschflegel. Ein zustimmendes Gemurmel erhob sich und Bernhard grinste.

„Soweit ich orientiert bin ...", begann Delbrück und wurde von eiligem Hufeklappern unterbrochen. Zwei Reiter kamen aus Richtung der Ställe: Justo und Moritz Adler.

„Da ist er ja!", rief Detziw triumphierend.

Die Bauern und Knechte auf dem Wagen brüllten ohrenbetäubend, Dreschflegel wurden gegeneinandergeschlagen und jemand warf eine Kartoffel. Franziska zerrte Luise am Ärmel die Freitreppe hinauf. Nur weg von dem Tumult!

Justo zog eine Pistole unter seiner Jacke hervor und schoss in die Luft. „Was wollt ihr hier?", fragte er in die erschrockene Stille hinein.

„Wir möchten den Herrn untertänigst bitten, sich die Sache mit dem Hafen noch einmal zu überlegen", sagte ein graubärtiger Bauer mit einem nervösen Blick auf die Pistole.

Justo trieb sein Pferd näher an den Kutscher des Wagens heran. „Haben Sie den Leuten etwa eingeredet, das läge in meinem Ermessen?", fragte er leise. Dann rief er: „Ich bin preußischer Offizier. Meine Arbeit tue ich auf Befehl des Königs. Beschwert euch bei ihm, wenn ihr mit seinen Entscheidungen nicht einverstanden seid!"

Die Männer auf dem Leiterwagen duckten sich bei der Erwähnung des Königs.

„Das hat uns der da nicht gesagt!" Der Graubart wies auf Bernhard.

„Ihr Verhalten ist beleidigend und nicht hinnehmbar", sagte Justo zu dem jungen Herrn von Detziw. „Wir werden das in passender Weise klären. Sie hören von mir." Er trieb sein Pferd an und trabte, ohne sich umzusehen, davon.

Einer der Bauern auf dem Wagen riss Detziw die Zügel aus der Hand und wendete hektisch das Gespann, ein anderer ergriff die lange Peitsche und jagte damit die Pferde in einen holprigen Galopp, sobald der gepflasterte Hof hinter ihnen lag.

Luise ließ sich unvermittelt auf einer der Treppenstufen nieder. Franziska konnte sie gerade noch so weit festhalten, dass sie nicht umkippte. „Mein Kreislauf war auch schon einmal besser", murmelte sie.

14. Kapitel

Du hast ihn zum Duell gefordert?", Karl-Friedrich war fassungslos, „was hast du dir nur dabei gedacht?"

„Dass es ihm eine Lehre sein wird." Justo stopfte seine Meerschaumpfeife mit dem Tabak, der in einer flachen Dose auf dem Tisch stand. „Sein Vater wird Bernhard gehörig den Kopf waschen und mir dann einen Brief schreiben. Ich werde die beleidigte Leberwurst spielen und auf einer persönlichen Entschuldigung bestehen." Er legte die Pfeife auf den Tisch und lehnte sich im Sessel zurück. „Daraufhin wird der Herr von Detziw seinen Sohn nochmals ausschimpfen und der wird dann hier kleinlaut angekrochen kommen." Er faltete die Hände über dem Bauch. „Natürlich werde ich mich nicht mit dem Bürschchen schlagen."

„Gottlob", murmelte sein Bruder.

Nach dem Abendessen hatten sich Karl-Friedrich und Justo ins Herrenzimmer zurückgezogen und Luise war ihnen einfach gefolgt. Ihre Cousine zog sie am Arm hinter sich her. Der Gutsherr fand offensichtlich nichts dabei, dass die Damen bei der Unterredung mit seinem Bruder anwesend waren. „Trotzdem ist das eine üble Geschichte", sagte er, „dieser ganze Tumult in Gegenwart meiner Gattin, das gefällt mir gar nicht."

„Es ist nichts passiert", fiel Luise ein.

„Glücklicherweise", ihr Ehemann sah sie zärtlich an. „Aber es hätte auch anders kommen können."

Agathe betrat das Zimmer. „Der Herr Pfarrer ist da!"

„Der Klatsch war wieder einmal schneller als der Wind", flüsterte Luise ihrer Cousine zu, „und das will auf dieser Insel etwas heißen!"

„Welch ein unschönes Ereignis", der geistliche Herr schüttelte schon den Kopf, als er das Zimmer betrat. „Das ist wahrlich nicht dem nachbarschaftlichen Frieden dienlich."

„In der Tat", stimmte ihm Karl-Friedrich zu.

„Ich werde mich mit meinem Amtskollegen aus Gingst in Verbindung setzen", erklärte Dölström. „Rappin und Detziw gehören zu seinem Sprengel. Er sollte dringend seiner Gemeinde ins Gewissen reden." Er schaute Beifall heischend in die Runde.

„Tun Sie, was Sie für richtig halten", sagte Justo und erhob sich mit einer seiner üblichen geschmeidigen Bewegungen aus dem Ledersessel. „Ich für meinen Teil habe bereits einen Boten an den Befehlshaber des Marinebataillons auf dem Dänholm geschickt und ihn um Männer ersucht, die die Baustelle bewachen sollen."

Der Pfarrer musste seinem Erstaunen lautstark Ausdruck verleihen. „Ich wusste ja gar nicht, dass Ihre Befugnisse … Herr von Veldhain." Er brach ab.

Justo betrachtete ihn mit einem ironischen Blick. „In der Tat reichen meine Befugnisse so weit! Ich wollte es nur bisher im Rahmen der Geheimhaltung des Projektes vermeiden, allzu viele Soldaten hinzuzuziehen, aber leider scheint es nun unvermeidlich zu sein." Er verbeugte sich. „Gute Nacht allerseits."

Dölström sah den Gutsherrn verblüfft an und dieser nutzte die Pause, um sich einen Portwein einzuschenken. „Möchten Sie auch einen?"

Als der Pfarrer begeistert zustimmte, stemmte sich Luise aus dem tiefen Sessel empor.

„Ich werde mich zurückziehen." Sie strich Karl-Friedrich im Vorbeigehen zärtlich über die Schulter. Dieser fing ihre Hand und drückte einen Kuss darauf. Franziska wandte sich ab. Auf dem Flur verabschiedete sich Luise von ihrer Cousine und stieg die Treppe zu ihrem Schlafzimmer hinauf. Franziska machte noch einen Abstecher zur Bibliothek, um sich etwas zum Lesen zu holen, dann wollte sie ebenfalls ihr Zimmer aufsuchen. Auf dem Weg dorthin traf sie Justo in der Eingangshalle. Er blätterte in den Zeitungen, die auf der großen Kommode lagen.

Franziska ging zur Treppe. „Gute Nacht."

„Ich wünsche Ihnen ebenfalls eine gute Nacht", er lächelte, „ohne dass Sie einem Huckopp begegnen."

„Das sollten Sie meinem Kammermädchen sagen."

Ihre Blicke trafen sich und Franziska wurde es warm. Sie spürte, wie ihr das Blut in die Wangen stieg und war dankbar dafür, dass die Petroleumlampe, die bei den Zeitungen stand, die große Eingangshalle nur schummrig erhellte.

„Ich hoffe, der Auftritt heute Mittag hat Sie nicht zu sehr erschreckt?"

„Nein", Franziska schüttelte den Kopf. Ihr hatte die ganze Geschichte zwar durchaus Herzklopfen verursacht, aber im Grunde hatte sie sich mehr Sorgen um Luise gemacht als um sich selbst. „Wirklich", fügte sie hinzu, „ich war nicht alleine und Sie haben die Burschen ja erfolgreich verjagt."

„Dann ist es gut. Ich hatte schon befürchtet, dass Sie aus Angst abreisen." Justo legte die Zeitung, die er in der Hand gehabt hatte, auf die Kommode zurück.

„Das würde ich an Ihrer Stelle auch fürchten – denn dann würde Luise Sie umbringen!"

„Es geht nicht um Luise", Justos Stimme war ernst. Viel zu ernst, fiel Franziska auf, sie hatte doch nur einen Scherz gemacht. Justo tat einige Schritte zur Treppe hin und legte die Hand auf das Geländer. Nur wenige Zentimeter von der Stelle entfernt, an der Franziskas Finger auf dem Handlauf ruhten. „Ich finde es schön, dass Sie hier sind."

Franziska hatte das Gefühl, noch röter zu werden, sie ging so schnell wie möglich einige Stufen die Treppe hinauf. „Fürs Erste werde ich sicherlich hierbleiben." Sie schaute auf Justo hinunter. „Heute war ein langer Tag."

„Gute Nacht", sagte Justo und Franziska fragte sich, ob seine Stimme schon immer so weich geklungen hatte. Sie stolperte auf der Treppe nach oben und eilte in ihr Zimmer. Als sie die Tür hinter sich geschlossen hatte, stürzte sie zum Fenster und öffnete beide Flügel. Die Nachtluft kühlte ihre Wangen. Franziska wusste nicht, ob sie über sich selbst lachen oder sich ärgern sollte. Sie benahm sich ja schlimmer als ein Backfisch!

Das Mondlicht glänzte auf den Pflastersteinen des Hofs und die schwarzen Schatten der Bäume bewegten sich im Wind. Als Franziska nach oben blickte, sah sie einige Sterne funkeln, aber im Süden ballten sich Wolken zusammen. Unterhalb der Freitreppe, die zum Eingang des Gutshauses führte, wartete immer noch der Wagen des Pfarrers. Ein Stallknecht stand im Schein seiner Laterne neben dem schläfrigen Pferd. Er hatte sich an die Flanke des Tieres gelehnt und schien ebenfalls zu dösen.

Während Franziska noch hinausschaute, sah sie, wie eine schlanke Männergestalt vor die Tür trat, die Treppe hinunterlief und der Stallknecht Haltung annahm. Der Mann ging geradeaus über den Hof und verschwand in der Dunkelheit. Franziska schüttelte den Kopf und schloss das Fenster.

Am nächsten Tag war das Wetter umgeschlagen. Der Ostwind, der für den strahlenden Sonnenschein der letzten Tage verantwortlich gewesen war, wurde abgelöst durch Böen aus südwestlicher Richtung, die graue Wolken und Regen brachten. Aus diesem Grund hielten sich die beiden Cousinen schon am Vormittag im Salon auf. Franziska arbeitete an einer Stickerei, Luise sah ihr dabei zu und blätterte müßig in Franziskas Skizzenheft, das diese zurzeit nur benutzte, um Stickmuster zu entwerfen. Auf den vorderen Seiten des Heftes befanden sich noch Zeichnungen von Fundstücken Ferdinands. Franziska hatte es nicht übers Herz gebracht, die Blätter herauszureißen. Agathe trat ein und meldete den Doktor.

„Ich glaube nicht, dass jemand auf dem Gut erkrankt ist", sagte Luise, als Otto Schönborn den Raum betrat.

„Ich wusste, dass ich auf dem Weg zu einem Krankenbesuch in Bobbin heute hier vorbeikomme", erklärte er, „deshalb erlaube ich mir, kurz vorzusprechen und Frau Meistersinger ihre Handschuhe zurückzubringen."

Franziska bedankte sich.

„Wir sind für jede Abwechslung und jeden Besuch an diesem trüben Tag dankbar." Luise warf einen Blick auf die nassen Stiefel und das feuchte Haar des Arztes. „Außerdem halte ich es für unsere Pflicht, Sie mit einem heißen Grog zu traktieren, bevor Sie uns wieder verlassen."

„Ich habe noch Patienten aufzusuchen", meinte Schönborn.

„Ganz recht, Herr Doktor", sagte Luise, „und deshalb werde ich Sie erst fortlassen, wenn Sie etwas Heißes getrunken haben. Sonst werden Sie am Ende noch von einer Grippe dahingerafft und können mir nicht helfen, wenn ich in den Wehen liege. Ich hoffe, Sie sehen ein, dass ich aus purem Eigennutz handle."

Schönborn setzte sich. „Aber bitte nur einen Kaffee", sagte er zu Agathe.

Das Hausmädchen verschwand, um die Bestellung in die Küche weiterzugeben. Der Arzt lehnte sich im Sessel zurück und streckte die Beine aus. Franziska fand, dass er übernächtigt aussah, so, als habe er in der letzten Zeit zu wenig geschlafen.

„Haben Sie gerade viel zu tun?", fragte sie.

„Nicht mehr als sonst um diese Jahreszeit. Die Erkältungswelle des Frühjahrs ist vorüber und der Winter mit seinen Erfrierungen und Stürzen auf Eis und Schnee ist noch fern", sagte Schönborn. „Momentan sind es die üblichen Unfälle, sei es im Umgang mit dem Vieh, im Wald oder auf dem Boot, die mich in Bewegung halten. Aber auch in dieser Hinsicht ist es gerade relativ ruhig."

„Sagen Sie", Luise hatte sich neugierig so weit auf dem Sofa vorgelehnt, wie es ihr Bauch zuließ, „was redet man eigentlich unter dem einfachen Volk über das Hafenprojekt der Marine?"

„Wenig", antwortete Schönborn knapp, „wenn die Leute zu mir kommen, haben sie andere Sorgen."

Franziska sah das wütende Aufblitzen in Luises Augen. Wenn die Cousine das Gefühl hatte, für dumm verkauft zu werden, dann konnte sie sehr direkt werden. Sie legte ihr beschwichtigend die Hand auf den Arm. Glücklicherweise kam in diesem Moment Agathe mit dem Kaffee.

Schönborn trank einen Schluck. „Sie haben wirklich recht, liebe Frau von Veldhain, etwas Warmes zu trinken ist eine Wohltat an einem Tag wie heute." Seine Blicke wanderten durch den Raum, offensichtlich auf der Suche nach einem unverfänglichen Gesprächsthema. Dabei entdeckte er das Skizzenheft.

„Gehört das Ihnen?", fragte er Franziska und als die nickte, zog er das Heft näher zu sich und schlug es auf.

„Ich habe es eigentlich nur mitgebracht, weil ich die Vorlagen für meine Stickereien selbst entwerfe", erklärte Franziska und zeigte ihm das Tuch, an dem sie arbeitete. Schönborn sah die Stickerei kaum an. Ihn interessierten vielmehr die detaillierten Skizzen, die Franziska nach den mittelamerikanischen Funden angefertigt hatte.

„Franziskas Zeichnungen waren die Vorlagen für die Illustrationen in Ferdinands letztem Buch", sagte Luise.

„Frau Meistersinger", Schönborn konnte die Augen kaum von den Skizzen abwenden, „könnten Sie sich vorstellen, solche Zeichnungen auch für mich anzufertigen?"

Franziska zögerte. Sie dachte an die Faustkeile, Äxte und Pfeilspitzen aus Feuerstein, die sie gesehen hatte. Es würde einer Strafarbeit gleichkommen, die einzelnen Facetten und Splitterungen exakt wiederzugeben. „Nun sehen Sie, ich weiß nicht recht ..."

„Meine Cousine möchte sagen, dass sie nicht interessiert ist", kam Luise Franziska zur Hilfe. „Ihre Feuersteine sehen doch alle gleich aus."

„Nein, nein", wehrte Schönborn ab, „natürlich nicht die Feuersteine, um die geht es mir gar nicht."

„Um was denn dann?" Franziska war neugierig, sie hatte ja in der Tat noch nicht die gesamte Sammlung gesehen.

„Ich habe kürzlich einige sehr interessante Artefakte ausgegraben, über die ich eines Tages eine kleine Schrift veröffentlichen möchte", sagte Schönborn und nestelte an seiner weißen Halsbinde. Dann zog er die Nadel heraus, die er verwendet hatte, um den Stoff zusammenzuhalten, und reichte sie Franziska.

Das Stück war denkbar einfach, eine gerade Nadel an deren oberem Ende eine runde, leicht verbeulte Metallscheibe saß, deren graviertes Muster kaum noch erkennbar war.

„Ist das Gold?", fragte Luise, die den Hals gereckt hatte, um ebenfalls einen Blick auf das Stück zu werfen.

Schönborn nickte.

Franziska betrachtete die Nadel auf der flachen Hand. „Das sieht interessant aus", sagte sie langsam, „und stammt nicht von den Steinzeitmenschen."

„Das haben Sie richtig erkannt", bestätigte Schönborn, „diese Nadel ist einige Jahrtausende jünger."

„Aber auch nicht die aktuelle Mode", warf Luise ein.

„Das ist eine Gewandnadel – germanischen oder slawischen Ursprungs", sagte der Arzt zu Franziska gewandt. Luise ignorierte er.

„Haben Sie noch mehr Sachen in dieser Art gefunden?", erkundigte sich Franziska.

Schönborn lächelte und nickte. „Ich werde sie Ihnen bei nächster Gelegenheit zeigen", versprach er. „Möglicherweise gibt es an der betreffenden Fundstelle noch mehr. Ich habe meine Grabungen dort noch nicht beendet."

„Wo liegt der bewusste Platz denn?", fragte Luise.

„Das möchte ich zu diesem Zeitpunkt nicht publik machen", sagte Schönborn gemessen. „Aber ich reserviere Ihnen gerne eine meiner Schriften."

Luise lächelte unverbindlich. „Dann gehe ich mal davon aus, dass der Ausgrabungsort nicht auf Land liegt, das zu Gut Polkvitz gehört – nur für den Fall, dass sich die Funde als wertvoll herausstellen."

„Aber Frau von Veldhain", sagte der Arzt, „wenn es so wäre, hätte ich Sie doch selbstverständlich informiert."

Er schaute Franziska erwartungsvoll an. „Würde es Ihnen möglich sein, solche Dinge zu zeichnen?"

Sie gab ihm die Nadel zurück. „Das gefällt mir natürlich besser als die Feuersteine. Aber ich sage Ihnen erst zu, wenn ich alle Stücke gesehen habe."

„Selbstverständlich." Der Arzt stand auf und verbeugte sich. „Meine Patienten warten."

„Da hast du dir was aufgeladen", sagte Luise, als der Einspänner des Arztes vom Hof rollte.

„Ich kann immer noch ablehnen."

„Aber das wirst du nicht tun, dazu bist du viel zu nett und nachgiebig. Auch wenn es jemand gar nicht verdient." Franziska hatte den Eindruck, dass es ihrer Cousine dabei nicht nur um den Doktor ging. Luise verpasste dem Sofakissen neben sich einen kräftigen Faustschlag. „Das war einfach ein Fehler!"

„Was?"

Die Gutsherrin schwang die Beine vom Sofa herunter und sah ihre Cousine trotzig an. „Warum Ferdinand? Er war nicht reich, er konnte dir nichts bieten, er war ständig auf Reisen", ihre Stimme wurde lauter, „zum Teufel, ich glaube, er hat dich nicht einmal geliebt!"

„Das kannst du nicht beurteilen!", sagte Franziska. Der Ausbruch ihrer Cousine und ihre Ausdrucksweise erschreckten sie.

„Zumindest weiß ich, dass es Männer gibt, die dich eher verdient hätten!"

„Ach wirklich? Dann weißt du mehr als ich." Franziska hätte sich nie träumen lassen, dass ausgerechnet Luise sie in dieser Art angreifen würde. „Eine hinkende Frau ohne Vermögen und ohne Beziehungen. Du hast keine Ahnung, wie das ist!" In ihrer Aufregung war sie vom Sessel aufgestanden.

„Nein, ich habe wirklich keine Ahnung, wie dein Leben ist", sagte Luise ironisch, „ich bin ja auch nur mit dir gemeinsam aufgewachsen und habe dich immer als meine Schwester betrachtet."

„Bis du auf einmal nichts Wichtigeres zu tun hattest, als zu heiraten und in die tiefste Provinz zu ziehen!"

„Das hat doch an unserem Verhältnis nichts geändert!"

„Doch!", schrie Franziska, „du warst weg. Und ich war plötzlich allein. Und bin weiterhin deiner Mutter auf der Tasche gelegen."

„Du bist ihr doch nicht auf der Tasche gelegen", sagte Luise. „Sie war froh über deine Gesellschaft, gerade nachdem ich nicht mehr da war, das hat sie mir immer wieder geschrieben."

„Aber ich habe mich dabei schlecht gefühlt!"

Luise hatte sich jetzt auch erhoben. „Es machte Mutter glücklich, wenn sie Geld für dich ausgeben konnte und du dich freutest. Sie hat dich immer mehr als Tochter denn als Nichte betrachtet."

Franziska schaute aus dem Fenster, ohne etwas zu sehen. Ihre rechte Hand umfasste schutzsuchend die Taschenuhr, die sie um den Hals trug. Luise trat hinter sie und legte ihr die Hand auf die Schulter. „Mutter liebt dich genauso wie mich – das musst du endlich einsehen. Deshalb hat sie es auch immer so bedauert, dass sie keine passende Partie für dich arrangieren konnte. Vielleicht hätte es nur etwas mehr Zeit gebraucht. Deine überstürzte Heirat hat sie sehr geschmerzt."

„Ach Luise", Franziska wandte sich um und nahm ihre Cousine in die Arme.

„Ich weiß ja, dass das mit Karl-Friedrich und mir für alle etwas plötzlich kam." Luise wischte sich mit dem Handrücken über die Augen und dann stahl sich ein vorsichtiges Lächeln auf ihr Gesicht. „Mutter hat mich ja selbst mit ihm bekannt gemacht, aber ich glaube, sie hatte nicht damit gerechnet, dass es bei uns Liebe auf den ersten Blick war." Sie räusperte sich. „Du weißt ja, wie ich sein kann und Karl-Friedrich ist auch nur ein Mann ..." Sie blickte ihre Cousine schuldbewusst an. „Wir mussten schnell heiraten."

Franziska war fassungslos. „Das heißt, ihr habt vor der Hochzeit ...?" So etwas lag außerhalb ihres Vorstellungsvermögens. Die eher seltenen ehelichen Aufmerksamkeiten ihres eigenen Mannes waren ihr zwar nicht direkt unangenehm gewesen, aber sich deswegen über alle Konventionen hinwegzusetzen, erschien ihr völlig überspannt.

„Ich hatte mit Karl-Friedrich besprochen, dass wir niemandem etwas davon sagen. Und als sich die befürchtete Schwangerschaft dann nach der ganzen Aufregung als Fehlalarm herausstellte, wollten wir meine Mutter oder dich nicht noch nachträglich erschrecken."

Franziska errötete allein bei der Vorstellung, was Luise riskiert hatte: ihren Ruf, ihre Zukunft und ihre gesellschaftliche Stellung. Und wofür? Sie wurde noch röter.

15. Kapitel

Wenig später trat Agathe ein und brachte die Post. Neben den üblichen Briefumschlägen lag ein schweres Päckchen, dem man ansah, dass es eine weite Reise hinter sich hatte. Das Einwickelpapier war schmutzig und zerrissen, eine Vielzahl von Postbediensteten unterschiedlicher Länder hatte Bemerkungen in ebenso vielen Sprachen darauf gekritzelt, Stempel daneben gedrückt und wieder überstempelt.

„Was mag das sein?" Luise hob das Päckchen mit spitzen Fingern auf und betrachtete es misstrauisch.

„Wilhelm hat angenommen, dass es für Frau Franziska ist", sagte Agathe. „Von der Adresse ist zwar nur noch das Wort Polkvitz zu erkennen, aber der Absender ist ein gewisser Ferdinand Meistersinger."

„Das kann nicht sein!" Franziska die gerade aufgestanden war, sank wieder in den Sessel und griff nach der Taschenuhr an ihrem Hals.

„So wie es aussieht, war das Päckchen lange unterwegs."
Luise prüfte den Absender und schüttelte den Kopf über die Schnörkel, Stempel und unleserlichen Aufschriften, die die ursprüngliche Adressierung weitgehend verdeckten. „Wir wissen mehr, wenn wir es öffnen."

Nachdem Agathe gegangen war, schlitzte Luise mit einem Papiermesser die Umhüllung auf. Ein Briefumschlag und ein Lederbeutel fielen heraus.

Franziska öffnete den Umschlag. Zwei zusammengefaltete Blätter Papier steckten darin. Das eine war mit Ferdinands ordentlicher Schrift bedeckt. Auf dem anderen Briefbogen sah man, dass Ferdinand begonnen hatte zu schreiben, dass dann aber die Schrift immer zitteriger wurde und schließlich war zu erkennen, dass eine andere Hand weitergeschrieben hatte.

Franziska schluckte. Als sie die Anrede sah, gab sie den Brief an ihre Cousine zurück. „Der ist nicht für mich, sondern für Karl-Friedrich!"

Luise hatte weniger Skrupel, sie las den Brief vor, den Ferdinand an ihren Mann geschickt hatte.

Lieber Karl-Friedrich!
Dieser Brief wird der letzte sein, den ich schreibe. Ich habe mich mit Gelbfieber angesteckt. Nach einer Besserung, die leider nur von kurzer Dauer war, kehrten das Fieber und die Gelbsucht, begleitet mit den charakteristischen Blutungen der Schleimhäute zurück. Was das bedeutet, war mir klar – auch ohne die Diagnose des Arztes! Wir werden uns nicht wiedersehen!
Ich hoffe, dass du meine letzte Bitte nicht als Zumutung empfindest: Zusammen mit diesem Brief wird dich ein Beutel mit Goldstücken erreichen. Verkaufe sie bitte und gib das Geld meiner Schwester.
Damit endete der von Ferdinand geschriebene Text.
Herr Meistersinger hat mich gebeten, für ihn weiterzuschreiben. Ich bin Helmer Brinkmann, sein Assistent, und ich sitze an seinem Bett, während er mir dies diktiert:
„Bitte suche meine Schwester Rieke. Sie ist mit einem Schiffer namens Krüger verheiratet und lebt in Sassnitz. Erzähle ihr von mir, gib ihr das Geld und richte ihr meine Grüße aus.
Hier endet das Diktat von Ferdinand Meistersinger.

Luise ließ den Brief sinken. „Du hast mir nie von dieser Schwester erzählt."

„Ich wusste bis eben nicht, dass sie existiert!"
Luise schüttelte verständnislos den Kopf. „Wir gehen jetzt zu Karl-Friedrich, zeigen ihm den Brief und fragen ihn, was er weiß."

Der Gutsherr saß am Schreibtisch in seinem Arbeitszimmer, mit einer Brille auf der Nasenspitze und sah Abrechnungen durch. Nachdem ihm Luise erklärt hatte, wie es kam, dass sie den Brief, der an ihn gerichtet war, gelesen hatten, überflog er selbst das Schreiben.

„Ich entsinne mich, dass Ferdinand einmal eine ältere Schwester erwähnt hat", sagte er langsam, „aber er war nie sehr gesprächig, was seine Familie betraf."

Luise schüttete die Goldmünzen aus dem Beutel.

Karl-Friedrich betrachtete das schimmernde Häufchen auf seiner Schreibunterlage nachdenklich. „Das ist eine Menge Geld. Wir sollten zusehen, dass es in die richtigen Hände gelangt. Aber wie finden wir diese Rieke?"

Pfarrer Dölström sagte eine Menge tröstender Worte bezüglich Ferdinands Tod und sparte auch nicht mit Bibelzitaten und mit den Weisheiten sonstiger geistlicher Autoritäten.

Luise unterbrach ihn schließlich. „Wenn Sie für uns den Kontakt zu Ihrem Sassnitzer Amtskollegen herstellen würden, dann könnte der uns helfen, Ferdinands Schwester zu finden."

„Wie eigenartig, dass Herr Meistersinger diese Rieke Krüger nie seiner Gemahlin vorgestellt hat!"

„Aus diesem Grunde möchten wir zuerst einmal diskrete Erkundigungen einziehen", sagte Luise.

„Selbstverständlich, eine sehr kluge Wahl", pflichtete Dölström eifrig bei, „ich werde entsprechend vorgehen."

Franziska war froh, dass der Pfarrer zu der Unterredung allein erschienen war. Seine Frau hätte sich sicher zu einigen spitzen Bemerkungen hinreißen lassen und das wäre mehr gewesen, als sie momentan ertragen konnte.

„Vielleicht führt dieses traurige Ereignis wenigstens dazu, dass sie bald ein neues Familienmitglied begrüßen können", meinte Dölström, als er sich an der Tür von den beiden Frauen verabschiedete.

Der Stallknecht, der die Aufgabe hatte, auf das schläfrige Pferd des Pfarrers aufzupassen, trieb sich am Rande des Rosenbeets vor dem Gutshaus herum und sammelte Erdklumpen auf. Luise wollte gerade fragen, was das sollte, da kam die Erklärung bereits aus dem Rondell in der Mitte der Auffahrt gesaust.

Leander hatte abgewartet, bis der Pfarrer die Treppe hinuntergestiegen und auf halbem Wege zu seiner Kutsche war, um dann mit vorgestrecktem Hals und zischend wie ein undichter Dampfkessel aus den Rhododendren zu stürmen. Die Kletterpartie, mit der sich der Pfarrer auf seinen Kutschbock rettete, fiel daher sehr hastig aus. Der Stallbursche versuchte, mit Kriegsgeschrei die Aufmerksamkeit des Schwanes auf sich zu lenken. Von ihrer sicheren Position am oberen Ende der Treppe beobachteten die Frauen, wie der Bursche Leander mit trockenen Erdklumpen bombardierte, während der Pfarrer sein Pferd zu einem unbeholfenen Galopp antrieb, um möglichst schnell aus der Reichweite des wütenden Vogels zu entkommen. Luise beugte sich über die Treppenbrüstung. „Pitt, das reicht!"

Der Wagen des Pfarrers war schwankend und holpernd Richtung Sagard verschwunden und der Schwan hatte offensichtlich mehr Spaß daran, geistliche Herren zu erschrecken, als sich mit Stallburschen auseinanderzusetzen, deshalb zog er sich wieder unter die Büsche zurück. Pitt verbeugte sich in Richtung seiner Herrin und trollte sich dann zu den Pferdeställen.

„Ist schon eigenartig", sagte Luise, als sie wieder hineingingen, „manche Leute mag Leander einfach nicht und bei anderen ist er ganz friedlich. Ich hatte nie Schwierigkeiten mit ihm."

„Dass er Dölström anzischt, macht mir den Schwan sympathisch", sagte Franziska. „Es ist unangenehm, dass der Pfarrer in Sachen herumschnüffelt, die nur Ferdinand und mich etwas angehen."

„Mir gefällt das ebenso wenig wie dir, aber es ist der beste Weg, um schnell Informationen über diese Rieke zu bekommen. Wir können schließlich nicht selbst in Sassnitz von Tür zu Tür gehen und nach ihr fragen."

„Warum Ferdinand mir wohl ihre Existenz verheimlicht hat? Sie ist doch meine Schwägerin."

„Wahrscheinlich werden wir das erst erfahren, wenn wir sie kennenlernen." Luise ging voraus in den Salon und nahm eine Einladungskarte von der Kommode. „Der Brief aus Putbus ist mit der gleichen Post wie das Päckchen von Ferdinand gekommen. Weil du so aufgeregt warst, will ich dir die Karte erst jetzt geben."

Ottilie von der Sulenburg erlaubte sich, Franziska einzuladen und würde sich freuen, sie als Gast in ihrem Haus zu begrüßen.

„Und sie hat wirklich ein schönes Haus", bemerkte Luise, als Franziska ihr die Karte vorlas. „Es liegt mitten in Putbus an einem kreisrunden Platz, sehr geschmackvoll gestaltet und angelegt."

„Aber ich kann doch jetzt nicht nach Putbus fahren!"

„Doch", sagte Luise, „es wird sicherlich eine Weile dauern, bis sich der Sassnitzer Pfarrer meldet. Es hat überhaupt keinen Zweck, dass du dich so lange verrückt machst."

Franziska wollte widersprechen, aber Luise schnitt ihr das Wort ab: „Du hast gesagt, ich hätte einen Gefallen bei dir gut. Den löse ich hiermit ein: Ich möchte, dass du nach Putbus fährst, und ich verspreche dir zu schreiben, sobald ich etwas über Rieke erfahre."

Franziska war alles andere als begeistert, aber sie hatte ihrer Cousine den Gefallen als Gegenleistung für die Kleider praktisch aufgedrängt.

„Mach nicht so ein tragisches Gesicht, Fränzchen", meinte Luise, „betrachte es lieber als günstige Gelegenheit, dich von uns allen zu erholen und eine andere Ecke der Insel kennenzulernen. So wie ich Ottilie kenne, wird sie dich auch ins Theater schleppen und das Residenztheater ist weithin berühmt." Sie zögerte kurz, dann fuhr sie fort: „Außerdem kannst du noch etwas für mich tun. In Lauterbach, das ist nahe bei Putbus, wohnt eine gewisse Ida Sunesun. Sie ist Hebamme und sie soll die beste weit und breit sein. Könntest du sie aufsuchen und ihr sagen, dass sie sich in ungefähr vier Wochen hier auf Polkvitz einfinden soll?"

16. Kapitel

Zwei Tage später stand das große Coupé vor dem Gutshaus und wurde mit Franziskas Gepäck beladen. Nach ihrem Abschied von Luise und Karl-Friedrich schaute sie sich um. „Wo ist Justo?"

Der Gutsherr lachte. „Der hat sich noch nie freiwillig in eine Kutsche gesetzt. Justo wird auf seinem Pferd hinterherreiten."

Franziska hoffte, dass man ihr die Erleichterung nicht ansah, als sie zusammen mit Johanna in das Coupé stieg. Sie hatte sich schon fast davor gefürchtet, mit Justo gemeinsam über Stunden in der Kutsche eingesperrt zu sein. Gleichzeitig verspürte sie eine Enttäuschung, die sie sich nun wirklich nicht erklären konnte.

Erst kurz vor Lietzow hörte sie den Hufschlag eines Pferdes, das neben der Kutsche hertrabte, und vor der Scheibe tauchte der Kopf von Justos Fuchsstute auf. Gustav fuhr langsam zur Anlegestelle des Fährkahns. Anders als bei ihrem ersten Besuch in diesem Ort, als Franziska zur Mittagszeit eingetroffen war, war jetzt am späten Morgen das Ufer des Boddens belebt. Fischer, Enten, Gänse und Schwäne bevölkerten den Strand, gemeinsam mit Hausfrauen, die sich ebenso auf der Suche nach einem schönen Fisch zum Mittagessen befanden wie die allgegenwärtigen Möwen. Fuhrleute rasteten oder warteten auf eine Gelegenheit zum Übersetzen und einzelne Mägde und Knechte wateten mit gerafften Röcken oder hochgekrempelten Hosen durch die Furt. Gustav lenkte die Pferde in den Schatten einer Gruppe alter Eschen und half den Damen beim Aussteigen. Justo war auf dem letzten Stück des Weges vorausgeritten und verhandelte bereits mit einem Fährmann.

Das Aufladen ging genauso vonstatten, wie Franziska es bereits kannte. Diesmal überredete Justo allerdings den Bootsführer, sein Fahrzeug so nahe an den Steg zu legen, dass Franziska nur einen einzigen Schritt tun musste, um an Bord zu gelangen. Verglichen mit den Ängsten, die sie bei ihrer letzten Überfahrt über den Jasmunder Bodden ausgestanden hatte, war das natürlich eine Hilfe. Allerdings schob sich auch die Erinnerung an Justos damalige Lösung des Problems in ihre Gedanken: Er hatte sie einfach auf die Arme genommen und an Bord getragen. Es mischte sich ein leises Bedauern in ihre Erleichterung, als sie diesmal an der Hand Johannas den Fuß auf die Planken setzte. Als das Fährboot ablegte, bemühte sich Franziska, sich auf die Vorgänge am Strand zu konzentrieren.

Justo trat neben sie. „Im letzten Jahr hatte ich Gelegenheit, die Baustelle des Kriegshafens für die Nordsee an der Jade zu besuchen", erzählte er. „Es ist wirklich gigantisch, was dort aus dem Boden gestampft wird. Die riesigen Becken für die Hafen- und Schleusenanlagen sind schon fast fertig ausgeschachtet und gleichzeitig wachsen ganz neue Orte und Straßen im Umland."

Franziska hörte das leise Gluckern des Wassers unter dem Bug des Bootes und fernes Entenquaken. Ansonsten herrschte tiefe Stille. Was Justo da beschrieben hatte, beschwor vor ihrem geistigen Auge die Vision von Heeren schlammverkrusteter Bauarbeiter herauf, die ohne Unterlass die Schaufeln schwangen und unterstützt wurden von spuckenden und fauchenden Dampfmaschinen und peitschenknallenden und dauerschimpfenden Fuhrleuten.

„Ich nehme an, die Rindfleisch- und Kartoffelpreise werden anziehen", sagte sie diplomatisch. „So gesehen dürfte das für Polkvitz gut sein."

„Aber sicher", sagte Justo, „die Wirtschaft in der ganzen Umgebung wird davon profitieren. Abgesehen davon, dass es dann auch kein Problem mehr sein wird, Ärzte und Hebammen zu bekommen, da sich um den Hafen herum eine komplette neue Stadt entwickeln wird, inklusive Theatern, Schulen und Krankenhäusern."

„Klingt verlockend", sagte Franziska immer noch nicht richtig begeistert, „aber die Arbeiter müssen doch auch bezahlt werden. Woher kommt so viel Geld?"

Justos Blick verdüsterte sich etwas. „Das ist in der Tat ein Problem", gab er zu. „Aber so, wie sich momentan die politische Situation entwickelt, gibt es gar keine Alternative zu einem neuen Hafen. Diesen Umstand betont Prinz Adalbert bei jeder Gelegenheit und früher oder später wird das auch der Landtag einsehen, der die Gelder bewilligen muss."

Inzwischen hatte das Boot den Steg am gegenüberliegenden Ufer erreicht und der Fährmann legte die Taue und Balken für das Anlegemanöver zurecht. Gustav stand schon am Strand mit den Pferden bereit.

Die weitere Fahrt verlief ereignislos. Johanna döste in ihrer Ecke vor sich hin und Franziska schloss ebenfalls die Augen. Als Justo auf ihrer Seite an die Fensterscheibe klopfte, schreckte sie hoch. Die Fuchsstute trabte neben dem Wagen her und ihr Reiter hatte sich heruntergebeugt und grinste durchs Fenster. „Wir sind gleich in Putbus", sagte er. „Ich dachte mir, Sie möchten vielleicht etwas von dem Ort sehen."

„Danke", Franziska richtete sich verlegen in ihrem Sitz auf. Sie war tatsächlich eingeschlafen und wahrscheinlich hatte Justo, bevor er sie weckte, mit angesehen, wie sie offenen Mundes und den Kopf im Takt der Schlaglöcher wackelnd in ihrer Ecke zusammengesunken war. Sie rückte ihren neumodischen kleinen Hut zurecht. Die Schute mit den Bindebändern unter dem Kinn fand sie praktischer als diese von Hutnadeln gehaltene Konstruktion. Aber Johanna war so begeistert gewesen, als sie ihr diese Kopfbedeckung mit ihren Verzierungen aus schwarzen Schleifen und Federn auf den Haaren garniert hatte, dass sie sie nicht enttäuschen wollte.

„Keine Sorge, sitzt alles perfekt", sagte Justo durchs Fenster.

Franziska hörte auf, an den Hutnadeln herumzudrücken.

Die Kutsche, die bisher durch einen Wald oder Park gefahren war, bog plötzlich scharf ab und befand sich nun auf einer Straße, die einen kreisrunden Platz einfasste, in dessen Mitte ein steinerner Obelisk aufragte. Gesäumt wurde dieser Platz von weißen Häusern, an deren Fassaden Rosen emporrankten. Justo hatte seine Stute zurückgenommen, damit er Franziska nicht den Ausblick verdeckte. Jetzt hörte sie seine Stimme von hinten: „Dieser Circus und die meisten anderen Bauten hier in Putbus gehen auf die Anregung des ersten Fürsten zurück – bis hin zu den Rosenbüschen vor den Häusern."

„Das ist hübsch", sagte Franziska, während die Kutsche bremste.

Justo schaute wieder zu ihrem Fenster hinein. „Ich werde jetzt zum Schloss reiten und die Begrüßungen meiner Verwandten über mich ergehen lassen. Wir werden uns sicher bald wieder über den Weg laufen." Nach diesem kurzen Abschied zog er sein Pferd herum und trabte, gefolgt von seinem Burschen, quer über den runden Platz, um in einer Straße auf der gegenüberliegenden Seite zu verschwinden.

17. Kapitel

Ottilie von der Sulenburg war blond, klein und pummelig. An den Lachfältchen in ihren Augenwinkeln sah man, dass sie sich nicht allzu viele Sorgen darum machte, dass ihre Taille schon vor Jahren aus der Form geraten war. Es fiel Franziska schwer, sie nicht sofort ins Herz zu schließen. Aber sie bemühte sich um Zurückhaltung, schließlich hallten immer noch Luises Worte über das Bekanntmachen mit möglichen Ehemännern in ihrem Hinterkopf nach.

„Wie schön, dass Sie mich besuchen!" Frau von der Sulenburg umarmte Franziska, streifte sie mit einem wertvollen Perlenohrring und hüllte sie in den Duft von Rosenwasser. „Luise hat mir viel von Ihnen erzählt!"

Im Salon, in dem der Willkommenskaffee serviert wurde, verkrampfte sich die Besucherin wieder. Die Damen waren nicht unter sich. Ein junger Mann legte das Buch zur Seite, in dem er gerade geblättert hatte, stand auf und verbeugte sich, als sie eintraten.

„Mein jüngster Sohn Botho", verkündete Ottilie von der Sulenburg. „Er hat hier in Putbus einige Geschäfte zu erledigen, dann kehrt er wieder auf das Gut in Rheinsberg zurück, das er von meinem verstorbenen Mann geerbt hat."

„Diese Geschäfte könnten sich noch etwas in die Länge ziehen", sagte Botho mit einem vielsagenden Blick auf Franziska.

„Rheinsberg", meinte diese auf der Suche nach einem Gesprächsthema, „da wohnen doch die von Bassedoffs?" Franziska hatte die Familie kennengelernt, als sie vor Jahren mit ihrer Tante und Luise dort zu Besuch war.

Ottilie von der Sulenburg schenkte ihr eigenhändig Kaffee ein. „Unsere Familien sind schon lange befreundet und seit drei Monaten ist Botho mit Diana von Bassedoff verlobt."

Franziska atmete innerlich auf. So wie es aussah, hatte sie Ottilie unrecht getan. Botho von der Sulenburg lächelte etwas gezwungen und erklärte, sehr glücklich zu sein.

„Das solltest du auch", sagte seine Mutter nicht ohne eine gewisse Schärfe in der Stimme. Franziska wechselte schnell das Thema. „In Berlin wird eine Menge über das Jagdschloss des Fürsten in der Granitz erzählt. Alle, die bisher dort gewesen sind, schwärmen in den höchsten Tönen davon."

„Und das mit Recht!", rief die Baronin Sulenburg. „Es ist wirklich sehenswert. Wie eine verwunschene Burg mitten im Wald gelegen und dabei doch mit allen Annehmlichkeiten der Neuzeit ausgestattet."

„Der Mittelturm bietet eine wunderbare Aussicht, wenn man den Abstieg nicht scheut", setzte Botho hinzu.

„Warum sollte man den Abstieg scheuen?", fragte Franziska. Botho nahm sich einen der Mandelkekse, die auf einer vergoldeten Etagere in der Mitte der Tafel lagen, und lächelte ihr zu, während er hineinbiss. „Die Treppe, die in den Turm hinaufführt, besteht aus durchbrochenem Gusseisen. Das sieht spektakulär aus, aber es bedeutet auch, dass man praktisch jederzeit an seinen Füßen vorbei bis ganz nach unten schauen kann. Für empfindsame Gemüter ist das weniger geeignet."

Seine Mutter lachte gezwungen. „Er spielt darauf an, dass ich mehr oder weniger vom Turm hinuntergeschleppt werden musste, nachdem ich beim Abstieg einen Blick auf die Stufen geworfen hatte, auf die ich meinen Fuß setzen wollte."

„Ich würde mir das Schloss trotzdem gerne ansehen", sagte Franziska.

„Das würden Sie nicht bereuen", meinte Botho, „ich erkläre mich gerne bereit, Sie zu begleiten. Und ich würde Sie auch vom Turm wieder heruntertragen, falls es sich als nötig erweisen sollte."

Franziska lächelte unverbindlich zurück, aber ihre Gedanken rasten. Was sollte dieses Benehmen bedeuten? Botho war verlobt und trotzdem flirtete er unverhohlen mit ihr. Wohin sollte das führen? Man sah Ottilie von der Sulenburg an, dass ihr das Verhalten ihres Sohnes peinlich war. ‚Und genau deswegen macht er es auch', dachte Franziska. Mit einem Male war sie froh darüber, dass sie keine Familie hatte, die darauf rechnete, dass sie eine gute Partie machte. Unauffällig musterte sie Botho. Das haselnussbraune lockige Haar hatte genau die Länge, die man in Paris gerade trug und war in so exakte Wellen gelegt, dass man ihn zu seinem Kammerdiener nur beglückwünschen konnte. Die schmale Krawatte entsprach der neuesten Mode und passte mit ihren Karos genau zu der ebenfalls schottisch karierten Weste. Die Tönung des eleganten Sakkos nahm die Farbe der dunkelbraunen Augen auf.

Ein Mann, der eine Frau zu Dummheiten verleiten könnte, entschied Franziska im Stillen. Als sie in ihren Erwägungen so weit gekommen war, schob sich Justos Bild vor ihr inneres Auge. Dann errötete sie vor ihren eigenen Gedanken. Sie wollte nach Ferdinands Taschenuhr greifen, die sie immer um den Hals trug, aber diese Beruhigung blieb ihr diesmal versagt. Sie erinnerte sich, dass sie die Uhr heute Morgen nicht umgehängt hatte. Sie lag immer noch auf ihrem Nachttisch in Polkvitz.

„Ich möchte wirklich wissen, was gerade hinter dieser hübschen Stirn vorgeht." Botho hatte Franziska beobachtet.

Die junge Frau wurde noch röter. Um nicht sofort antworten zu müssen, griff sie hastig nach ihrer Kaffeetasse und stieß dabei so heftig gegen den Löffel, der danebenlag, dass er laut gegen den Unterteller klirrte, bevor er zu Boden fiel. Botho bückte sich zuvorkommend, hob den Löffel auf und reichte ihn Franziska, als sei es eine Opfergabe.

„Sie sehen erhitzt aus", meinte Ottilie von der Sulenburg, „die Fahrt hierher war sicher anstrengend, vielleicht sollten Sie sich etwas hinlegen." Ohne eine Antwort abzuwarten, klingelte sie nach dem Dienstmädchen. „Ruhen Sie gut", sagte sie zum Abschied, „morgen Abend gehen wir ins Theater."

Franziska fühlte sich zwar keineswegs müde, aber sie war viel zu froh, aus Bothos Gegenwart wegzukommen, als dass sie widersprochen hätte.

Für den nächsten Vormittag hatte die Baronin Sulenburg eine Kutschfahrt durch den Putbusser Schlosspark geplant. Leider fand sich auch Botho zur Abfahrtszeit ein. „Es ist mir eine Ehre, unserem bezaubernden Gast die schönsten Plätze dieser Residenzstadt zu zeigen."

Er führte Franziska feierlich zu der offenen Kalesche, die vor der Haustür wartete, und half ihr hinein. Erst danach reichte er seiner Mutter die Hand.

„Wir fahren jetzt über die berühmte Kastanienallee Richtung Schlosspark", erklärte Botho, als die beiden Pferde anzogen. „Dort steht auch das Denkmal für Fürst Malte I., das vor zwei Jahren errichtet wurde."

Sie umrundeten einmal den Circus, damit die Besucherin die Anlage und Wirkung des kreisrunden Platzes richtig würdigen konnte, dann bogen sie in die Straße zum Schlosspark ein. Der Tag war sonnig und es wehte ein frischer Wind, der von den Bäumen zu einer kühlenden Brise abgeschwächt wurde. Franziska lehnte sich in ihren Sitz zurück, schloss die Augen und genoss die Schattenspiele der Blätter. Botho wurde von seiner Mutter in Beschlag genommen, die mit ihm über irgendwelche Spielschulden diskutierte.

„Wenn wir hier weitergehen, dann kommen wir zum Schloss", die Baronin schwenkte unternehmungslustig ihren Sonnenschirm, als die Kutsche anhielt. Offensichtlich hatte ihr die Unterredung mit ihrem Sohn nicht die Laune verdorben.

Als alle ausgestiegen waren, hakte sie sich bei Franziska ein und zog sie über den Kiesweg davon. Botho folgte ihnen.

„Nein, was für ein Zufall! Die Fürstin Ragotzky!" Ottilie machte Franziska mit einer zierlichen weißhaarigen Dame bekannt, die, begleitet von einer Gesellschafterin, unter den Bäumen promenierte. Bald waren die älteren Damen so vertieft in ein Gespräch über Personen, die Franziska nicht kannte, dass es ihnen nicht auffiel, dass ihre Besucherin bei ihren schnellen Schritten nicht mithalten konnte und schließlich zurückblieb. Sie ärgerte sich, dass sie den Schirm, der auch als Gehstock dienen konnte, nicht mitgenommen hatte.

„Sie sind blass geworden!" Schneller als Franziska reagieren konnte, hatte Botho ihren Arm gefasst und rückte noch näher.

„Es ist nichts." Franziska bemühte sich, Bothos Arm abzuschütteln, ohne direkt unhöflich zu sein. Ihr ging durch den Kopf, dass in dem Schirm, der in ihrem Zimmer in Polkvitz auf der Kommode lag, auch ein Degen steckte.

„Aber ich möchte wirklich nicht, dass Sie umkippen", Bothos zweite Hand landete auf ihrem Rücken.

Der Kies knirschte unter Pferdehufen. Eine Gesellschaft von elegant gekleideten Reitern näherte sich im schnellen Trab.

„Ich habe Ihnen ja gesagt, dass wir uns über den Weg laufen werden", rief eine fröhliche Stimme. Als die Gruppe näher gekommen war, hielt Justo an und sprang vom Pferd. Botho ließ Franziska los und diese trat schnell einen Schritt zur Seite. Justo war nicht allein. Eine Reiterin hatte sich ebenfalls von den anderen gelöst und kam näher. Ohne es recht zu wollen, war Franziska von der hübschen jungen Frau auf dem Rappwallach beeindruckt. Mit einer selbstverständlichen Eleganz saß sie im Sattel und die blonden Locken, die sich unter ihrem Hut hervorgestohlen hatten, wirkten nicht unordentlich, sondern höchst reizvoll. So wie es aussah, hatte Justo schnell Anschluss gefunden. Das bittere Gefühl überraschte sie.

„Kennen wir uns?" Justo musterte Botho mit gerunzelter Stirn.

Franziska stellte ihn dem Sohn ihrer Gastgeberin vor und Botho verbeugte sich steif. Nun war auch die junge Dame herangekommen.

„Darf ich vorstellen", sagte Justo, „Sophie-Auguste von Veldhain-Lüssel, eine meiner vielen Cousinen."

„Den Sohn der Baronin von der Sulenburg kenne ich bereits." Die Stimme der jungen Frau klang reserviert. Dann wandte sie sich zu Franziska und sagte: „So formlos, wie Justo Sie begrüßt hat, nehme ich an, dass Sie Franziska Meistersinger sind."

Franziska lächelte zurück, ohne genau zu wissen, warum sie sich freute, dass es sich bei dieser hübschen Frau um eine nahe Verwandte Justos handelte.

„Es ist gut, dass ich Sie hier treffe", meinte Justo. „Sophie und ihr Mann wollen morgen zum Jagdschloss Granitz hinausfahren. Ich werde ebenfalls mitkommen und es wäre schön, wenn Sie und die Baronin von der Sulenburg sich uns anschließen würden."

„Das klingt nach einer guten Idee." Franziska war es keineswegs entgangen, dass Justo Botho nicht eingeladen hatte, sie zu begleiten.

„Soweit ich weiß, plant Mutter eine Bootspartie in Lauterbach." Botho lächelte säuerlich. „Sie wäre sicher enttäuscht, wenn die nicht zustande käme."

„Ich hoffe, Sie neigen nicht zur Seekrankheit", sagte Justo zu Botho. „Ich habe gehört, dass es bei der Brise, die wir momentan haben, auf dem Rügischen Bodden vor Lauterbach recht hohe Wellen geben soll. Und morgen wird es voraussichtlich noch windiger."

Sophie wandte sich an Franziska „Ich würde mich freuen, wenn Sie zur Granitz mitkämen, dann könnten wir uns über einen gemeinsamen Bekannten unterhalten."

„Wer sollte das sein?"

Sophie lachte. „Er steht auf Polkvitz im Stall, erfreut sich bester Gesundheit, wie ich gehört habe, und er hat mir vor fünfzehn Jahren das Reiten beigebracht."

„Herzbube! Wenn ich Sie zu Pferd sehe, dann kann ich erst ermessen, was er für ein guter Lehrmeister sein muss."

„Bitte geben Sie ihm von mir einen Apfel und richten schöne Grüße aus, wenn Sie wieder auf Polkvitz sind." Sophie klopfte ihrem Rappen den Hals. „Schicken Sie uns einfach eine Nachricht, wenn Sie zum Jagdschloss mitkommen wollen, wir holen Sie ab." Damit galoppierte sie davon.

„Ich würde mich ebenfalls sehr freuen, Sie morgen zu sehen", sagte Justo zu Franziska. In Bothos Richtung gab es nur ein kurzes Nicken. „Empfehle mich." Dann setzte er den Fuß in den Steigbügel, schwang sich elegant in den Sattel und folgte seiner Cousine. Franziska schaute ihnen nach.

„Wir sollten sehen, dass wir die Fürstin Ragotzky und Mutter nicht verlieren." Bothos Stimme wirkte wie ein kalter Guss.

Bei der abendlichen Aufführung der ‚Zauberflöte' im Residenztheater war Botho gottlob nicht zu sehen. Dafür entdeckte Franziska die schöne Sophie von Veldhain-Lüssel unter den Zuschauern. Die Dame winkte ihr von ihrem Logenplatz aus zu und in der Pause machte sie Franziska und ihre Gastgeberin mit ihrem Ehemann Fritz von Lüssel bekannt. Ein schon etwas älterer Herr mit kahlem Kopf, der nur Augen für seine Frau hatte. Und das war auch gut so, fand Franziska angesichts des freizügigen Kleides, das Sophie anhatte. Die himmelblaue Seide bedeckte zwar die Oberarme der Trägerin, aber dafür war das Dekolleté so breit geschnitten, dass ihre Schultern komplett freilagen. Betont wurden sie noch durch die sehr langen Perlenohrringe, die die nackte Haut fast streiften. Dieser Aufzug hätte in Berlin für Aufsehen gesorgt, da war sich Franziska sicher. Hier in Putbus schien niemand etwas dabei zu finden. Als sie die anwesenden Damen genauer musterte, entdeckte Franziska sogar noch weitere aufwendige und exklusive Toiletten, die sie hier in der Provinz keineswegs vermutet hätte.

„Justo hat einen gemütlichen Abend mit Onkel Malte und einigen älteren Herren der Oper vorgezogen", erklärte Sophie Franziska. „Ich hoffe, Sie sind deswegen nicht enttäuscht, aber er hat mir aufgetragen, dass ich Ihnen seine besten Grüße ausrichten soll, falls ich Sie hier treffe."

„Danke", Franziska spürte, wie sie rot wurde.

Sophie lächelte. „Sie mögen ihn", sagte sie leise, „das ist gut!" Bevor sich Franziska von ihrer Überraschung über diese Worte erholt hatte und entschieden widersprechen konnte, wurde Sophie schon von der Baronin Sulenburg mit Beschlag belegt, die ihr unbedingt den neuesten Klatsch über die Darstellerin der Pamina erzählen musste.

Auf den zweiten Teil der Oper konnte sich Franziska nicht mehr konzentrieren, da ihre Gedanken ständig abschweiften.

18. Kapitel

Die Baronin von der Sulenburg betrachtete den Ausflug zum Jagdschloss als eine ausgesprochen gute Idee und Franziska gewann den Eindruck, dass die angeblich geplante Bootstour nur Bothos Fantasie entsprungen war.

Am nächsten Morgen wartete die Kalesche der Sulenburgs wieder vor dem Haus und Justo stand mit seiner Fuchsstute daneben; bereit, sie zum Treffpunkt mit den übrigen Teilnehmern des Ausfluges zu geleiten. Die Damen stiegen in die Kutsche und Ottilie summte noch einige Takte aus der Ouvertüre der Zauberflöte vor sich hin. Botho hatte sich mit dringenden Geschäften entschuldigt.

Während sie auf der gepflasterten Allee Richtung Granitz rollten, konnten die Ausflügler feststellen, dass Justos Wetterprognose zutraf: Es war zwar sonnig, aber der Südostwind hatte weiter aufgefrischt, sodass eine Bootstour wirklich kein Vergnügen gewesen wäre.

Nach einer längeren Fahrt durch die offene hügelige Landschaft tauchte die Straße in einen Wald ein, der so urwüchsig war, dass das Schloss fast wie ein Fremdkörper wirkte. Das Bauwerk erinnerte auf den ersten Blick tatsächlich an eine Ritterburg, aber es wurde einem schnell klar, dass man es hier mit etwas anderem zu tun hatte.

„Ursprünglich war das Schloss ohne den Aussichtsturm geplant", erklärte Justo, der neben der Kalesche ritt, „dann würde es aussehen wie eines dieser norditalienischen Renaissanceschlösser, die um einen Innenhof herum gebaut sind. Den Turm hat Karl-Friedrich Schinkel nachträglich eingefügt."

„Der gleiche Schinkel, der den Leuchtturm auf Kap Arkona plante?", fragte Franziska.

„Der gleiche", Justo ließ wieder das freche Grinsen aufblitzen, das so typisch für ihn war. „Er war gut im Türmebauen."

Die Kutschen hielten auf dem weiten, mit Kies bestreuten Platz vor dem Schloss und die Besucher stiegen aus. Franziska bewunderte die Statuen der Wolfshunde, die die Freitreppe bewachten, während die Baronin von der Sulenburg und Justo übereinkamen, dass der Kutscher mit dem Gespann und der Fuchsstute im nahe gelegenen Gasthaus zur Granitz auf sie warten sollte.

Sie wollten gerade die Treppe hinaufgehen, da kam in hohem Tempo eine weitere Kutsche vorgefahren.

„Das ist doch der Landauer von Polkvitz. Gustav sitzt auf dem Bock!" Franziska zupfte Ottilie aufgeregt am Ärmel. Die Pferde waren mit Schweiß und Schaum bedeckt.

Gustav schaute sich hektisch um und musterte die Menschen, die auf dem Platz promenierten. Er versuchte verzweifelt, ein bekanntes Gesicht zu entdecken. Auch Justo war inzwischen auf die Kutsche aufmerksam geworden und drängte sich durch eine Gruppe von Müßiggängern. Es war Franziska im Moment völlig egal, ob die Anwesenden sie humpeln sahen oder nicht; so schnell wie möglich stolperte sie in Gustavs Richtung.

„Was ist passiert?", Franziska und Justo hatten die Kutsche nahezu gleichzeitig erreicht und Gustav wirkte, als fielen ihm mehrere Steine vom Herzen.

„Das Kind kommt!", rief er aufgeregt und fuchtelte mit der Peitsche herum. „Der Herr hat mich losgeschickt, damit ich Frau Franziska abhole, aber in Putbus habe ich niemanden angetroffen. Glücklicherweise sagte mir das Hausmädchen der

Baronin von der Sulenburg, wo Sie sind." Er holte tief Luft. „Steigen Sie ein, wir müssen uns beeilen!"

Justo bremste ihn. „So geht das nicht. Die Pferde sind erschöpft, sie würden den Rückweg nicht mehr schaffen."

Da mischte sich Sophie ins Gespräch. Die junge Frau war mit ihrem Mann bereits im Schloss gewesen und hatte sich dann gewundert, dass ihnen der Rest der Ausflugsgesellschaft nicht gefolgt war. „Ihr werdet unseren Wagen nehmen", sagte sie zu ihrem Cousin. „Wir können auch mit der Baronin von der Sulenburg nach Hause fahren."

Justo gab Sophie einen Kuss auf die Wange. „Großzügiges Wesen!"

„Danke lieber meinem Mann. Es fällt ihm nicht leicht, sich von seinen geliebten Schimmeln zu trennen."

„Wir werden gut auf sie aufpassen", versprach Justo und streckte dann die Hand aus, um Franziska zum Wagen der Veldhain-Lüssels zu führen. Die wich aber plötzlich erschrocken zurück. „Die Hebamme! Ich habe Luise versprochen, ihr eine Hebamme aus Lauterbach zu besorgen!"

„Die Geburtshelferin aus Sagard ist mit Sicherheit schon längst bei ihr. Inklusive Doktor Schönborn und sämtlicher Ärzte, deren Karl-Friedrich nur habhaft werden kann. Ich kenne meinen Bruder!"

Franziska schüttelte den Kopf. „Luise hat ausdrücklich nach einer gewissen Ida Sunesun aus Lauterbach verlangt."

„Die besitzt einen sehr guten Ruf", bestätigte Ottilie von der Sulenburg. „Fürstin Wanda selbst zog sie bei ihrer ersten Geburt hinzu und hat es nicht bereut."

„Dann müssen wir jetzt nach Lauterbach." Justo schaute Franziska grimmig an. „Ich hätte gute Lust, Sie auf meine Stute zu packen. Das ginge am schnellsten."

Franziska war schon drauf und dran zu erklären, dass er das ruhig machen könne.

„Für diese Frivolitäten habt ihr jetzt keine Zeit", sagte Sophie, „fahrt gleich mit unserem Wagen los und holt die Hebamme. Bis ihr zurück seid, haben sich eure eigenen Pferde ausgeruht."

Wenig später waren Justo und Franziska mit dem leichten Parkwagen der Veldhain-Lüssels unterwegs. Dieser Wagen war mit zwei Pferden bespannt, hatte aber, abgesehen von einem schmalen Bänkchen für eventuell mitreisende Dienstboten, nur einen gepolsterten Sitz, auf dem der Fahrer und ein Passagier Platz fanden.

Nachdem sie die kurvenreiche Waldstraße hinter sich gelassen hatten und sich auf der Allee nach Putbus befanden, ließ Justo die beiden Schimmel laufen. „Die kommen aus Ungarn und sind ausdauernd und schnell wie der Wind. Kein Wunder, dass der gute Fritz sie hütet wie seine Augäpfel." Justo ließ die Zügel noch etwas lockerer und sofort fielen die Pferde in einen leichten Galopp. Franziskas Hand verkrampfte sich um den Griff ihres Sonnenschirms. Nach einem kurzen Seitenblick auf das bleiche Gesicht seiner Beifahrerin nahm Justo die Leinen wieder etwas an und parierte die Pferde zu einem schnellen Trab durch.

„Wegen mir brauchen Sie nicht langsamer zu fahren", sagte Franziska mit zusammengebissenen Zähnen, „wir müssen ja schnell nach Lauterbach kommen."

„Aber auch wieder zurück zum Jagdschloss", sagte Justo. „Sophies Mann wird mir ins Gesicht springen, wenn ich diese Tiere schwitzend und abgehetzt zurückgebe. Im Trab halten sie länger durch."

Bei einem kleinen Ort namens Vilmnitz verließen sie die Straße und bogen in immer schmalere Wege ein, auf denen der Wagen oftmals nur knapp an Hecken, Baumstämmen oder Böschungen vorbeiwischte. Nachdem einige überhängende Baumäste fast ihren Sonnenschirm entführt hätten, klappte Franziska ihn ein und hielt sich lieber mit beiden Händen am Sitz fest.

„Das ist eine Abkürzung", sagte Justo entschuldigend, „der alte Fürst Malte ließ seine Residenzstadt so anlegen, dass alle großen Straßen über den Circus führen. Aber da wir jetzt möglichst schnell nach Lauterbach wollen, wäre es unpraktisch, über Putbus zu fahren."

Nach einigem weiteren Geholper über unebene Wege und quer über eine Wiese bogen sie auf eine von Linden gesäumte Chaussee ein.

„Da vorne ist Lauterbach." Justo wies mit der Peitsche auf eine Ansammlung von Hausdächern, hinter denen die blaue Ostsee glitzerte. Etwas abseits des Ortes lag ein weißes Gebäude, das mit seiner Säulenfront an einen griechischen Tempel erinnerte. „Das ist das Badehaus, das Malte I. erbauen ließ. Er wollte den Gästen einen Komfort bieten, zu dem sich die Ostsee selbst nicht versteigen kann – warmes Wasser."

„Warme Bäder sind wohl zu verweichlichend für Sie?" Franziska schmerzte das Hinterteil inzwischen dermaßen, dass ihr ein Bad sehr verlockend erschien.

„Hängt von der Gesellschaft ab", sagte Justo, ohne den Blick von den auf und ab wippenden Ohren der Pferde zu nehmen. „In dem Badehaus gibt es auch noch Salons, Gästezimmer und einen großen Speisesaal", fuhr er schnell fort. „Wir könnten also auch dort hingehen, ohne uns ausziehen zu müssen."

Franziska schlug vor, lieber in Erfahrung zu bringen, wo sie die Hebamme finden konnten.

Eine alte Frau, die in einem Vorgarten Rosen schnitt, wies sie zum Hafen. Ida Sunesun lebte im Haus ihres Bruders, eines angesehenen Schiffers. Ein Dienstmädchen öffnete auf Franziskas Klopfen hin die Tür. Nach einem Blick auf die Kleidung der Besucherin und den eleganten Parkwagen im Hintergrund führte das Mädchen sie unverzüglich ins Empfangszimmer und holte ihre Herrin. Franziska, die sich innerlich auf den Anblick eines gebeugten, verhutzelten Kräuterweibleins vorbereitet hatte, konnte ihr Staunen kaum verbergen, als die Hebamme im Türrahmen erschien. Ida Sunesun war kaum älter als die Mehrzahl ihrer Patientinnen und mit ihrer Gestalt und den üppigen rotblonden Haaren machte sie ihrer skandinavischen Herkunft alle Ehre.

„Meine Cousine! Das Kind kommt eher als erwartet! Ich hätte Sie schon längst geholt, aber ich dachte, es sei noch Zeit."
Franziska schluckte und riss sich zusammen. Dann schilderte sie der Hebamme so genau wie möglich, was sie wusste.
Ida runzelte die Stirn. „Polkvitz liegt weit außerhalb des Gebietes, in dem ich sonst arbeite."

„Meine Cousine wünscht sich aber speziell Ihre Hilfe und ich bin sicher, sie wird das entsprechend vergüten!" Franziska wusste, wie verzweifelt ihre Stimme klang. „Wir haben einen schnellen Wagen und der wird Sie selbstverständlich auch wieder nach Hause bringen."

Die Hebamme seufzte. „Also gut, warten Sie hier, ich werde mich umziehen und meinem Bruder eine Nachricht hinterlassen, dann komme ich."

„Oh, bitte beeilen Sie sich!"

„Hören Sie", sagte Ida gelassen, „so wie Sie Ihre Cousine beschrieben haben, ist sie jung und gesund und es ist das erste Kind. Also gibt es zwei Möglichkeiten: Entweder ist alles vorüber und das Baby bereits da, bis wir in Polkvitz ankommen, oder die Geburt zieht sich noch hin und dann kommen wir auf jeden Fall früh genug."

Stunden später – wie es Franziska schien – kam sie mit einem Mantel und einer großen Tasche zurück. Als Justo sah, dass die beiden Frauen das Haus verließen, nahm er die Decken von den Pferden, die er ihnen vorsorglich über den Rücken gelegt hatte, damit sie während der Wartezeit nicht auskühlten. Ida Sunesun betrachtete währenddessen kritisch den Wagen. „Die Tasche können wir meinethalben hinten verstauen, aber ich werde mich keinesfalls auf dieses Bänkchen setzen."

„Wir sind alle nicht dick", sagte Justo, „also dürften wir zusammen auf die gepolsterte Sitzbank passen. Am Jagdschloss wechseln wir die Kutsche und im Landauer können Sie sich nach Herzenslust ausbreiten."
Ida nickte gnädig und ließ Franziska beim Einsteigen den Vortritt. Als Justo die Tasche verstaut hatte und auf seinen Platz kletterte, fand er die Cousine seiner Schwägerin auf enger

Tuchfühlung neben sich. „Dann werden wir wohl nicht frieren", meinte er grinsend, nahm die Leinen auf und schnalzte leise. Die beiden Schimmel trabten sofort los.

Franziska versuchte, sich möglichst schmal zu machen, trotzdem lag ihr bauschiger Rock über Justos rechtem Knie und wenn der Wagen über die Unebenheiten der Straße holperte, stieß ihr Bein an seines.

„Entspannen Sie sich", sagte er nach einigen Minuten. „Wenn Sie weiterhin so steif dasitzen, dann haben Sie bis zur Granitz solche Rückenschmerzen, dass Sie nicht mehr vom Wagen klettern können."

Da Franziska nicht Ida auf der anderen Seite noch weiter in die Ecke drängen wollte, gehorchte sie mit einem leisen Seufzer. Schließlich lag es an der Enge des Wagens, dass sich ihre Oberschenkel nun aneinanderpressten und nicht etwa daran, dass sie Annäherungsversuche machen wollte. Schon der Gedanke trieb ihr die Röte ins Gesicht.

Da sah Franziska, wie sich ein einspänniger Wagen auf der Allee vom Lauterbacher Badehaus her näherte. Ein Herr, der ihr bekannt vorkam, führte die Zügel, und die Frau, die ihn kichernd umarmte, hatte sie ebenfalls schon einmal gesehen.

„Der wilde Botho", bemerkte Ida Sunesun und als sie Franziskas Blick sah, fragte sie: „Kennen Sie ihn?"

„Ich bin in Putbus bei seiner Mutter zu Gast."

„Tja", sagte Ida, „nicht nur die Geburt ist ein Risiko bei der Mutterschaft, auch das, was aus den Kindern später wird – und da kann eine Hebamme nicht mehr helfen."

Franziska hatte inzwischen die anschmiegsame Dame identifiziert. Es war die Opernsängerin, die gestern Abend im Theater die Partie der Pamina gesungen hatte.

„Aber von meinem Geschwätz sollten Sie und Ihr Gatte sich nicht abhalten lassen."

„Mein Gemahl ist tot!"

Jetzt schaute die Hebamme verlegen. „Ich bitte vielmals um Verzeihung, ich dachte …", sie deutete mit einer Kopfbewegung in die Richtung des Mannes, der neben ihnen saß. Franziska spürte, wie Justos Bein leicht bebte. Lachte er etwa? Sein Gesicht war unbewegt, aber seine Mundwinkel zuckten.

Sie war dankbar dafür, dass sie heute Morgen trotz Johannas leisem Protest die altmodische Schute aufgesetzt hatte. Die breite Krempe verdeckte ihr brennendes Gesicht.

Der Nachmittag war schon recht weit fortgeschritten, als die Kutsche wieder beim Jagdschloss eintraf. Sophie, ihr Mann und noch einige weitere Damen und Herren saßen plaudernd vor dem Gasthaus zur Granitz in der Sonne und nippten an Bierkrügen oder Kaffeetassen. Fritz von Lüssel stand sofort auf, als der Wagen vorfuhr, und nahm seine Pferde in Augenschein. Was er sah, schien ihn zufriedenzustellen. Er fragte Justo: „Wie sind sie gelaufen?"

„So, dass ich sie Ihnen glatt abkaufen würde!"

„Das können Sie sich nicht leisten!"

Die beiden Männer lachten. Dann ging Justo hinüber in den Stall des Gasthauses, wo sich Gustav und die beiden Braunen ausgeruht hatten.

19. Kapitel

Der Polkvitzer Landauer war zwar bequemer als der Parkwagen der Veldhain-Lüssels, aber er war auch schwerer und die Pferde hatten nicht genug Zeit gehabt, sich vollständig zu erholen. Gustav ließ die Tiere zuerst im Schritt gehen, damit sie sich langsam wieder aufwärmen konnten. Als der Wald des Tempelberges mit dem Jagdschloss hinter ihnen lag, liefen sie im leichten Trab nach Zirkow und hinter dem Örtchen im schnelleren Tempo über die kerzengerade Allee Richtung Lubkow. Jenseits der wenigen Häuser glänzte ein weites Gewässer im Licht des Sonnenuntergangs.

„Das letzte Ende des Jasmunder Boddens", sagte Justo, der auf seiner Fuchsstute hinter ihnen ritt. „Ab hier kommt nur noch Wald und Sumpf bis Dubnitz, und von dort aus ist es ein Katzensprung bis Sagard."

Als die Straße in den Wald aus Kiefern und Birken eintauchte, wurde es mit einem Male dunkel. Glücklicherweise reflektierte der festgetretene Sand der Fahrbahn das wenige Licht, das durch die Baumwipfel fiel.

„Die Pferde sehen in der Dämmerung besser als wir." Franziska fragte sich, wen Gustav mit dieser Feststellung beruhigen wollte, seine Fahrgäste oder sich selbst? Trotz seiner Bemerkung über das Sehvermögen der Tiere musterte er aufmerksam den Weg, um Steine oder Wurzeln rechtzeitig erkennen zu können.

Plötzlich knackte es seitwärts im Unterholz, eine Rotte Wildschweine brach zwischen den Büschen hervor und rannte unmittelbar vor den Pferden über die Straße. Die beiden Braunen scheuten und es war nur ihrer Müdigkeit zu verdanken, dass sie sich auf einige erschrockene Galoppsprünge beschränkten. Aber das genügte schon. Der Landauer geriet zu nahe an den Straßenrand, der Boden gab nach und die Kutsche rutschte in den Graben, der an dieser Stelle tief und mit Wasser gefüllt war. Die Pferde, die durch den schweren Wagen rückwärts gezogen wurden, versuchten mit einem verzweifelten Ruck, das Gefährt wieder auf die Straße zu bringen. Ein Krachen war die Folge und der Landauer blieb in einer unglücklichen Schieflage hängen. Gustav war seitwärts vom Kutschbock gerutscht, hatte aber die Leinen festgehalten und machte nun in aller Eile die Zugstränge los, damit die Pferde in ihrer Panik den beschädigten Wagen nicht noch weiter herumzerrten.

Justos Stute hatte nur kurz gescheut, ihr Reiter sprang ab und stürzte dann zum Graben, um nach den Frauen zu sehen. Die Hebamme und Franziska hatten sich zusammen mit der großen Tasche so zwischen den Sitzen verkeilt, dass sie zwar durchgeschüttelt und erschrocken, ansonsten aber unverletzt waren. Justo atmete erleichtert auf, als er sah, wie sie sich aufrappelten. „Der Wagen hatte weniger Glück."

Franziska hielt inne in ihren Bemühungen, die Blätter und Kiefernnadeln von ihrem Kleid zu klopfen, die in die Kutsche gerieselt waren. „Was machen wir nun? Wir müssen doch so schnell wie möglich nach Polkvitz!"

„Die hintere Achse ist wohl gebrochen", meinte Justo und Gustav brummte zustimmend. „So können wir nicht weiterfahren."

„Dann brauchen wir einen neuen Wagen!", rief Franziska, „wir sind doch vorhin an einem Dorf vorbeigekommen, vielleicht ist dort einer zu leihen."

„Das bezweifle ich", Ida Sunesun war inzwischen aus dem Landauer geklettert. „Da gibt es nur arme Bauernfamilien, die höchstens einen Leiterwagen besitzen."

„Wenn überhaupt", sagte Justo.

„Aber wir können doch nicht einfach die Hände in den Schoß legen und gar nichts tun!" Franziska verzweifelte langsam. „Luise bekommt ihr Kind!"

„Vielleicht habe ich eine Idee." Die Hebamme stand jetzt auf der Straße und versuchte, sich zu orientieren. Der Himmel glühte immer noch, obwohl die Sonne schon längst verschwunden war. Bald würde der Mond herauskommen. „Da vorne ist eine Abzweigung." Ida zeigte dorthin, wo man gerade noch eine Straßengabelung erkennen konnte.

„Dort dürfte es zum Forsthaus Prora gehen", sagte Justo. Ida nickte. „Der Frau des Försters habe ich bei der Geburt von jedem ihrer fünf Kinder beigestanden. Die würden uns sicher weiterhelfen und ich glaube, die Familie hält sich auch eine eigene Kutsche."

„Dann gehen wir dorthin", entschied Justo und griff nach den Zügeln seiner Fuchsstute, während Gustav sich um die beiden Braunen kümmerte, die sich inzwischen beruhigt hatten und mit hängenden Köpfen auf der Straße standen. Die Hebamme holte ihre Tasche aus dem Wagen und Franziska krabbelte mit einiger Mühe aus dem halb im Graben versunkenen Landauer auf die Straße. Justo sah die Frauen nachdenklich an. „Ich würde vorschlagen, jede von Ihnen setzt sich auf einen der Braunen, dann kommen wir schneller voran und Frau Sunesun braucht ihre Tasche nicht zu schleppen."

„Guter Einfall", befand die Hebamme. Gustav manövrierte das eine der Kutschpferde so neben einen Baumstumpf, dass Ida Sunesun von dort aus auf den Rücken des Tieres klettern konnte. Als sie sich rittlings zurechtgesetzt hatte, reichte Justo ihr ihre Tasche hinauf. Franziska betrachtete zweifelnd das Pferd, neben dem sie stand. „Ich bin bisher immer nur auf Herzbube gesessen. Im Damensattel."

„Dann werden Sie jetzt einmal etwas Neues ausprobieren müssen." Justo trat neben sie. „Ich verspreche, dass ich es nicht weitererzählen und auch die Zügel nicht loslassen werde."

Franziska wusste, dass ihr keine Wahl blieb. Zu Fuß hätte sie nur alle aufgehalten.

Mit Justos Hilfe gelangte sie glücklich auf den Rücken des Tieres und dort fühlte sich alles vertraut an, trotz des ungewohnten Sitzes. Dennoch war sie froh, nach der Abzweigung bereits die Lichter des großen Forsthauses schimmern zu sehen. Als sie näher kamen, schlugen mehrere Hunde an und kurz darauf erschien der Hausbesitzer persönlich an der Tür, um die späten Gäste in Augenschein zu nehmen.

Ida Sunesun rutschte vom Rücken ihres Pferdes und trat in den Lichtkreis der Eingangslaterne. „Guten Abend, Herr Pape", sagte sie, „wie geht es der Gemahlin und den Kindern?"

Ein Lächeln breitete sich über sein Gesicht. „Denen geht es so gut, dass meine Frau mit den beiden Jüngsten gestern nach Stralsund gefahren ist, um für ein paar Tage die glücklichen Großeltern zu besuchen." Er schüttelte den Kopf. „Aber ich vergesse meine Manieren. Bitte kommen Sie doch ins Haus!"

Gustav folgte mit den drei Pferden dem Burschen, der ihm den Weg zum Stall zeigte.

„Wir möchten Ihre Gastfreundschaft nur kurz beanspruchen", sagte Justo, nachdem sie sich in die gute Stube begeben und Franziska und der Herr von Veldhain sich vorgestellt hatten.

„Meine Schwägerin liegt in den Wehen und wir sollten so schnell wie möglich mit Frau Sunesun nach Polkvitz kommen. Unglücklicherweise wurde unser Wagen bei der Fahrt durch den Wald beschädigt."

Während die Haushälterin des Försters heißen Kaffee und belegte Brote brachte, dachte dieser über das Problem nach. „So gern ich Ihnen unsere Kutsche geben würde – es geht nicht, da meine Frau damit in Stralsund ist und sie wird wohl erst nächste Woche zurückkommen."

Franziska konnte ein verzweifeltes Stöhnen nicht unterdrücken und Herr Pape fuhr schnell fort: „Aber es gäbe noch eine andere Möglichkeit, um Sie zumindest bis nach Lietzow zu bekommen."

Justo stellte seine Kaffeetasse ab. „Damit wäre uns schon sehr geholfen. Dort habe ich genug Bekannte, die uns eine Beförderungsmöglichkeit zur Verfügung stellen würden."

Pape nickte. „Dann werde ich den alten Harms rufen lassen."

„Ist das ein Fuhrunternehmer?", wollte Franziska wissen. Die Bezeichnung ‚alter Harms' ließ nicht darauf schließen, dass es sich um einen Angehörigen der Gesellschaftsschicht handelte, deren Mitglieder private Kutschen besaßen.

„Nein, er hat keinen Wagen", meinte Pape, „er hat ein Boot. Er ist Fischer und er wohnt in einer Kate neben unserem Landungssteg."

„Das ist eine sehr gute Idee." Justo nahm sich noch eines der belegten Brote. „Bei diesem Südostwind wären wir damit sogar schneller als mit der Kutsche und Gustav kann sich hier um die Pferde kümmern und auf die Leute aus Polkvitz warten, die ihm helfen, den Landauer wieder flottzumachen."

Franziskas Gesicht war grau geworden. Sie starrte Justo mit unnatürlich großen Augen an. „Wenn es nicht anders geht", sagte sie leise. „Wir müssen so schnell wie möglich nach Polkvitz. Alles andere ist unwichtig."

„Zuerst müssen wir Harms natürlich fragen." Pape war so froh darüber, dass er seinen Gästen behilflich sein konnte, dass er Franziskas Panik nicht bemerkte. „Aber in spätestens einer halben Stunde ist der Mond aufgegangen und dann dürfte die Sicht auf dem Wasser gut genug sein." Er winkte die Haushälterin heran und trug ihr auf, den alten Harms zu holen.

Obwohl Franziska seit ihrem zeitigen Frühstück in Putbus nichts mehr gegessen hatte, hatte sie keinen Hunger mehr. Sie schob ihren Teller mit dem kaum angebissenen Brot von sich.

„Frau Sunesun", begann Pape, „könnten Sie vielleicht etwas Zeit erübrigen, bis der alte Harms hier ist? Mein ältester Sohn hatte gestern eine Auseinandersetzung mit einem Schwan. Keine große Sache, aber seine Mutter ist nicht da …"

„Ich mache mir Sorgen um Luise", sagte Franziska, als sie und Justo allein waren.

Er sah sie ernst an. „Ich mache mir Sorgen um Sie."

„Das ist nicht nötig, mit mir ist alles in Ordnung."

„Abgesehen davon, dass Sie grauenhafte Angst haben. Hängt das mit der Aussicht auf die Bootsfahrt zusammen?"

Franziska senkte den Blick auf den Tisch. Irgendjemand hatte die Leinendecke mit einem hübschen Blumenmuster bestickt.

„Hören Sie", sagte Justo, „Angst ist nichts, weswegen man sich schämen muss. Damit kenne ich mich zur Genüge aus."

Seine Stimme klang anders als sonst, der scherzhafte Unterton war verschwunden.

„Als Kind fürchtete ich mich nicht vor dem Bootfahren", begann Franziska.

„Aber dann ist etwas passiert?"

Sie nickte stumm. Sie hatte Justo nie von dem Bootsunglück auf der Havel erzählt.

„Wenn Sie es vorziehen, heute Nacht hierzubleiben, lässt sich das sicher arrangieren. Herr Pape kann Ihnen ein Gästezimmer zur Verfügung stellen und morgen schicke ich eine Kutsche aus Polkvitz."

„Nein", sagte Franziska, „das geht nicht, Luise braucht mich. Ich muss mitkommen."

„Niemand wird schlecht von Ihnen denken, wenn Sie erst morgen kommen", meinte Justo.

„Doch", entgegnete Franziska, „ich selbst werde das tun."

Als sie eine halbe Stunde später hinter der Hebamme über den schmalen Landungssteg wanderte, bereute Franziska ihre Entschlossenheit. Der Steg reichte weit in den Bodden hinaus und das Boot lag ganz am Ende eines langen Marsches über das schwarze kabbelige Wasser, das um die Stützpfähle gluckste.

Glücklicherweise gab die schmale Mondsichel so viel Licht, dass man sehen konnte, wohin man trat.

„So lang wie dieser Steg ist, kommen wir zu Fuß nach Lietzow", sagte Justo hinter Franziska.

„Das liegt nur daran, dass der Bodden so flach ist", erklärte der alte Harms. „Da gibt es erst sehr weit draußen genug Wasser unter dem Kiel." Der tonnenförmige Fischer, dessen rotes Gesicht verriet, dass er sich die Zeit zwischen seinen Fangzügen gerne mit der Schnapsflasche vertrieb, blieb stehen, bückte sich und hob einen Bootshaken auf. Damit zog er das kleine Boot näher an den Steg und forderte seine Passagiere zum Einsteigen auf.

Ida Sunesun raffte ihre Röcke und mit einem sicheren Schritt stand sie im Boot. Justo reichte der Hebamme ihre Tasche und stieg ein, sobald sie Platz gemacht hatte. Dann streckte er die Hand aus, um Franziska behilflich zu sein.

Sie zögerte. Noch konnte sie hierbleiben. Pape war mit ihnen auf den Landungssteg hinausgekommen, um die Gäste, die nur so kurz geblieben waren, wenigstens formvollendet zu verabschieden. Wenn sie jetzt zurücktreten und erklären würde, dass sie es sich anders überlegt hätte, dann würde der Förster das höchstens als Beispiel weiblichen Wankelmuts betrachten. Trotzdem griff sie nach Justos Hand und kletterte mit halb geschlossenen Augen ins Boot. Der Fischer sprang hinterher und machte die Leinen los, die das kleine Fahrzeug am Steg festhielten. Justo geleitete Franziska zu einer Sitzbank im Bug und nahm dort ebenfalls Platz.

Der alte Harms setzte mit routinierten Bewegungen das Segel und griff nach der Ruderpinne. Nachdem das Boot den breiten Schilfgürtel hinter sich gelassen hatte, wurde der Seegang spürbar und das Fahrzeug legte sich unter dem Druck des Windes zur Seite. Franziska schrie erschrocken auf.

„Ganz ruhig", sagte Justo neben ihr, „Ihnen kann gar nichts passieren. Das Wasser ist hier so flach, dass ich Sie auf den Arm nehmen und mit Ihnen nach Lietzow spazieren könnte." Franziska kicherte nervös. Als ein Felsen leicht den Boden des Bootes schrammte, zuckte sie wieder zusammen. Plötzlich spürte sie, wie Justo den Arm um sie legte und sie an sich zog. Sie wusste nicht genau, ob dies noch in die Kategorie der alltäglichen Berührungen fiel, die zwischen einem Herrn und einer Dame erlaubt waren, wie beispielsweise Hilfestellungen beim Pferde- und Kutschenbesteigen oder Handreichungen beim Erklettern schmaler Treppen oder Leitern. Trotzdem lehnte sie sich an ihn und fühlte sich geborgen. Justo zog sie noch etwas näher und beim nächsten stärkeren Schwanken des Bootes stellte Franziska fest, dass sie ihren Kopf wunderbar an seine Schulter legen konnte. Dann schloss sie einfach die Augen und überließ sich der Wärme, die sie umgab. Im Heck des Bootes unterhielten sich die Hebamme und der Fischer. Ihr Stimmengemurmel bildete eine Barriere gegen das Sausen des Windes und das Rauschen des Wassers.

Als plötzlich das Ruder laut knarrte, öffnete Franziska alarmiert die Augen. Der alte Harms holte das Segel etwas dichter und jetzt klatschten die Wellen gegen den Rumpf des Bootes, statt darunter hindurchzurollen.

„Was ist nun wieder los?"

„Er hat nur den Kurs korrigiert", sagte Justo.

Das Land auf der linken Seite war plötzlich bedrohlich nahe und ein Kratzen am Boden verkündete, dass es auch hinsichtlich der Wassertiefe eng wurde.

„Niedrigwasser", verkündete der alte Harms und zog nochmals an seinem Segeltau. „Da schrammt man hier und da mal ein bisschen an. Kein Grund zur Besorgnis."

Die Landzunge verschwand und die Wellen wurden höher. Franziska sah nur noch schwarzes Wasser und das Boot legte sich weiter auf die Seite. Die Panik fuhr wieder ihre Krallen aus.

„Bitte lenken Sie mich irgendwie ab", flüsterte sie verzweifelt.

Justo umfasste zärtlich ihr Kinn und küsste sie auf den Mund. Boot, Wind und Wellen verschwanden. In Franziskas Kopf gab es nur noch Chaos und dieses wunderbar kribbelige Gefühl, das sich nicht nur auf ihre Lippen beschränkte, sondern sich im ganzen Körper ausbreitete. Ohne nachzudenken erwiderte sie den Kuss. Sie hörte Justo leise stöhnen und die Umarmung wurde fester.

Das Flattern und Knallen, mit dem der alte Harms das Segel fallen ließ, schreckte beide auf. Ein Poltern ertönte, als die Wellen das Boot gegen den Steg warfen. Sie waren in Lietzow.

Franziska hatte das Gefühl, als habe sie die letzten Minuten – oder waren es Stunden? – in einer anderen Dimension verbracht. Ihre Lippen pochten. Sie spürte wie Justo sie widerstrebend losließ und aufstand. Mit einem Mal nahm sie wahr, wie der Wind an ihrem Hut zerrte und wie das Boot schwankte. Sie hielt sich an ihrem Sitz fest. Justo hatte sich zu dem alten Harms gesellt, der das Boot am Steg vertäute, und drückte ihm einige Münzen in die Hand. Der Fischer setzte ein erfreutes Grinsen auf und half der Hebamme mit ihrer Tasche an Land. Franziska stand vorsichtig auf und mit einigen schwankenden Schritten war sie bei Justo, der sie auf den Steg zog und dann vergaß, ihre Hand loszulassen.

20. Kapitel

Die Nacht neigte sich schon ihrem Ende zu, als Franziska und Justo mit der Hebamme in Polkvitz eintrafen. Trotzdem war Karl-Friedrich immer noch vollständig bekleidet, als er sie vor dem Haus empfing. Die zerzausten Haare und die schwarzen Ringe unter seinen Augen deuteten darauf hin, dass er sich keineswegs in seinem ausgeglichenen Normalzustand befand.

„Gestern Morgen hatte sie plötzlich Schmerzen", informierte er die Ankömmlinge, kaum dass der Wagen zum Stillstand gekommen war, „ich habe sofort Doktor Schönborn holen lassen, aber der hat Luise einfach ins Bett geschickt! Er sagte tatsächlich, es bestünde keine unmittelbare Gefahr und sie solle sich schonen." Der Gutsherr sah aus, als hätte er sich am liebsten die Haare gerauft, und wahrscheinlich war es nur seine gute Erziehung, die ihn davon abhielt, das in der Öffentlichkeit zu tun.

„Dann werde ich mir die werdende Mutter einmal ansehen." Ida Sunesun hob ihre Tasche von der Ladefläche des Pritschenwagens, der sie von Lietzow nach Polkvitz gebracht hatte. Karl-Friedrichs Miene hellte sich auf, als er erkannte, dass er es endlich mit der von Luise gewünschten Hebamme zu tun hatte. Gehorsam führte er sie ins Haus und Justo entlohnte den Fuhrmann, der an seine Mütze tippte und dann wieder heimwärts rumpelte.

Jetzt standen sie allein auf dem Hof. Franziska sah Justo an und schaute wieder zu Boden. Sie fühlte sich außerstande, einen klaren Gedanken zu fassen. Justo hatte einen Schritt auf sie zugemacht, blieb aber dann unsicher stehen.

„Ich ...“, Franziska schüttelte den Kopf, „ich sollte nach Luise sehen.“ Sie raffte die Röcke und eilte ohne sich umzusehen ins Haus.

„Diese ganze Aufregung war vollkommen überflüssig“, sagte Ida Sunesun. „Das Kind kommt noch lange nicht.“

„Aber was ist mit den Schmerzen?“ Franziska hatte mit Karl-Friedrich vor Luises Schlafzimmer gewartet, während die Hebamme die Schwangere befragt und untersucht hatte. Als Ida die Tür öffnete, war der Gutsherr sofort zu seiner Frau hineingestürmt und überließ es Franziska, sich mit der Hebamme zu unterhalten.

„Es waren wohl hauptsächlich Kreislaufprobleme, das hat mir Frau von Veldhain bestätigt. Vorgestern war es hier sehr schwül und ich nehme an, Ihre Cousine hat sich einfach zu viel zugemutet.“

„Sie hatte bisher überhaupt keine Beschwerden.“

„Eben“, sagte Ida, „deshalb hat sie wohl geglaubt, sie bräuchte sich nicht zu schonen.“

„Ich werde darauf achten, dass sie im Bett bleibt.“

„Das ist nicht nötig“, meinte die Hebamme. „Sie kann durchaus aufstehen und etwas herumgehen – dazu rate ich sogar –, aber sie soll Eile und Aufregung vermeiden.“ Sie bückte sich und hob ihre Tasche auf. „Ich werde in zwei Wochen wiederkommen. Wenn in der Zwischenzeit etwas sein sollte, dann wissen Sie ja, wo Sie mich finden.“

Ein sehr verwirrter Karl-Friedrich befahl schließlich, einen Wagen anzuspannen und die Hebamme zurück nach Lauterbach zu bringen. Jetzt erst konnte Franziska in Ruhe Luise begrüßen. „Du hast uns allen einen gehörigen Schrecken eingejagt", sagte sie, als sie sich umarmten.

„Ich bin selbst erschrocken", Luise angelte nach ihrem Morgenmantel. „Deshalb habe ich Karl-Friedrich nicht gebremst, als er Gustav mit der Kutsche losschickte. „Jetzt tut es mir leid, dass ich dir den Ausflug verdorben habe." Sie stellte die Beine auf den Bettvorleger. „Aber es gibt Neuigkeiten: Dölström hat geschrieben, dass er am Montag kommen will. Anscheinend haben sie Rieke Krüger, geborene Meistersinger, gefunden."

Franziska setzte sich neben Luise auf die Bettkante und die Cousine schaute sie alarmiert an. „Mit dir ist doch etwas los. Bist du böse, weil du so schnell aus Putbus wegmusstest? Du kannst auch wieder hinfahren, wenn du möchtest. Dann verschiebe ich den Pfarrer."

Franziska lachte hysterisch auf. „Bloß nicht!" Sie erzählte der Cousine von Botho und seinem Verhalten.

„Ein unmöglicher Patron", Luise schüttelte den Kopf. „Aber du bist doch nicht nur wegen seines widerlichen Benehmens so komisch?"

Einen Moment lang war Franziska versucht, Luise von den Geschehnissen auf dem nächtlichen Bodden zu erzählen. Aber bei Tageslicht betrachtet erschien ihr das Erlebnis so irreal, dass sie es lieber für sich behielt. Ein Moment der Geistesverwirrtheit, hervorgerufen durch ihre Angst und die Dunkelheit. Wahrscheinlich war Justo die ganze Situation inzwischen genauso peinlich wie ihr selbst.

21. Kapitel

Beim Sonntagsfrühstück verkündete Justo, dass er nach Glowe hinüberreiten würde. „Die Soldaten, die ich angefordert habe, sind inzwischen dort eingetroffen. Zehn Mann und ein Feldwebel, das dürfte fürs Erste reichen."

„Muss das sein?", fragte Luise.

„Die Soldaten werden das Areal bewachen, auf dem wir unsere Arbeiten durchführen, und sie sollen auf Ludolf Mühlbachs Messinstrumente aufpassen. Da sind uns in letzter Zeit immer wieder Dinge abhandengekommen. Messpfosten wurden mutwillig herausgezogen oder versetzt, Grenzsteine sind verschwunden. Nicht zu vergessen der tätliche Angriff auf Moritz Adler."

„Dann muss es wohl sein", Karl-Friedrich strich sich ein Leberwurstbrot.

„Da ich so gut wie gar nichts unternehmen darf", sagte Luise und seufzte, „werde ich mich in den Lehnstuhl setzen und einen langen Brief an Mutter schreiben."

Franziska erbot sich sofort, ihr dabei Gesellschaft zu leisten, aber Luise schüttelte den Kopf. „Es ist so schönes Wetter, schau, dass du nach draußen kommst."

„Ich würde empfehlen, dass Sie ausreiten", sagte der Gutsherr und leckte sich verstohlen die Leberwurstreste vom Finger.

„Herzbube würde die Bewegung sicher guttun. Gustav kann Sie begleiten. Er kennt schöne Reitwege."

Franziska nickte. „Das klingt verlockend." Der frische Wind würde hoffentlich die krausen Gedanken verscheuchen, mit denen sie sich in den Nächten seit ihrer Rückkehr aus Putbus herumschlug.

„Sie könnten sich mir anschließen", meinte Justo, „dann hätte Gustav frei."

Franziska hoffte, dass ihr Kopfschütteln nicht allzu viel von der Panik verriet, die sie befiel, wenn sie daran dachte, mit Justo zusammen zu sein. „Ich weiß, dass meine Künste auf dem Pferd nicht ausreichen, um mit einem Husarenoffizier mitzuhalten."

Justo wollte höflich widersprechen, doch nach einem Blick in ihr Gesicht ließ er es.

„Es gibt einen schönen Weg an der Steilküste entlang", sagte Karl-Friedrich. „Man hat von dort einen prächtigen Ausblick auf die Ostsee. Bei solch einem klaren Wetter wie heute kann man sogar die dänische Insel Mön sehen."

„Dann kannst du gleich nachschauen, ob die Flotte der Dänen schon im Anmarsch ist. Das scheinen ja viele hier zu befürchten", Luise warf Justo einen anzüglichen Blick zu und ihr Ehemann lachte. „Wenn sie ihre Mitmenschen neckt, dann geht es ihr wirklich wieder gut."

Luise erhob sich, die beiden Männer sprangen von ihren Stühlen auf und verbeugten sich. Der Gutsherr murmelte etwas von „Bürokram" und verschwand zusammen mit seiner Frau. Justo und Franziska blieben allein im Zimmer zurück.

„Ich wünsche Ihnen einen schönen Tag." Justo verbeugte sich nochmals und ging.

Franziska blieb am Tisch sitzen, bis sich ihr Herzschlag normalisiert hatte, und fragte sich, warum Justos Lächeln und seine Stimme solche Auswirkungen hatten. Als Agathe hereinkam und begann, das Frühstücksgeschirr abzuräumen, verließ sie ebenfalls den Raum.

Eine Stunde später brachen Franziska und Gustav auf. Der Kutscher saß auf einem behäbigen Schimmel, den man nur mit gutem Willen als Reitpferd bezeichnen konnte, und Herzbube bewegte sich schon aufgrund seines Alters langsam. Kurz vor Neddesitz bogen sie von der befestigten Straße auf den Fahrweg nach Nardevitz ab. Sie überquerten eine Anhöhe und als die Hügelkuppe hinter ihnen lag, sahen sie die Ostsee in der Sonne glitzern. Der Weg führte zwischen den schilfgedeckten Bauernhäusern des Dorfes hindurch, die so niedrig waren, dass sich die Köpfe der Reiter auf gleicher Höhe mit den winzigen Fenstern der Dachgauben befanden. Enten und Gänse brachten sich vor den Hufen der Pferde in Sicherheit und stürzten sich schnatternd in den trüben Weiher in der Ortsmitte. Ein alter Mann saß auf einer Bank vor seinem Haus und ließ sich bei seinem Sonnenbad nicht stören.

Hinter Nardevitz wurde der Weg zu einem sandigen Pfad, auf dem Gustavs Schimmel die Führung übernahm. Durch den schmalen Waldstreifen hindurch, der die steil zum Meer abfallenden Klippen einfasste, sah man immer wieder hinaus auf die schimmernde See. Der Pfad hatte bisher stetig bergauf geführt und als sie die höchste Stelle erreicht hatten, hielt Gustav seinen Schimmel an. Herzbube blieb von selbst stehen.

Von hier aus überblickten sie eine weite Bucht, die von einem weißen Sandstrand eingerahmt wurde. Am gegenüberliegenden Ende stieg die Küste wieder zu schroffen Klippen an. „Dort liegt Kap Arkona", sagte Gustav.

Jenseits des Aussichtspunktes führte der Pfad wieder abwärts. Auf der Seeseite wurden die Bäume abgelöst durch Gebüsch aus Sanddorn und Holunder. Auf der anderen Seite des Pfades gab es statt der Felder jetzt Viehweiden. Ein Teil dieser Wiesen schien nicht mehr genutzt zu werden, denn das Gras war verfilzt und von Brennnesseln und Brombeeren durchsetzt, Eschen-, Weiden- und Birkenschösslinge wuchsen dazwischen.

Immer wieder kamen sie an Stellen vorbei, an denen bunt gestrichene Pfähle und Stangen in den Boden gerammt waren und viereckige Löcher davon kündeten, dass man den Untergrund untersucht hatte. Etwas weiter entfernt sah Franziska auf einer Anhöhe einen Soldaten stehen und wenig später trat ein weiterer Uniformierter hinter einem Busch hervor und beobachtete die Reiter misstrauisch.

Als das Land zu einer Art Klippe anstieg, bog der Pfad plötzlich Richtung Meer ab und nach einigen Schritten standen die Pferde im groben Sand des Strandes, der durchsetzt war mit Feuersteinen und Granitkieseln. Nur wenige Schritte entfernt plätscherten die Wellen der Ostsee.

„Dieser Küstenvorsprung heißt Königshörn", sagte Gustav, während die Pferde wieder nebeneinander hertrotteten. „Wenn wir die Landspitze hinter uns haben, sind wir am Strand von Glowe."

Nachdem sie um einen Haufen großer Granitfindlinge gebogen waren, sahen sie Justos Fuchsstute. Ihr Reiter hatte sie an der Wurzel eines angeschwemmten Baumes festgebunden und auf dem Stamm lagen verschiedene Kleidungsstücke. Franziska spürte, wie ihr das Blut ins Gesicht stieg. Gustav hielt verwirrt seinen Schimmel an.

„Hallooo", ertönte Justos Stimme vom Meer, „reiten Sie doch bitte einfach weiter – das Wasser ist ziemlich kalt auf die Dauer."

„Wird gemacht, Herr von Veldhain!" Gustav gab dem Schimmel die Fersen und der setzte sich daraufhin in einen holprigen Trab. Herzbube folgte ihm etwas eleganter. Vor ihnen lagen die Boote der Glower Fischer auf dem flachen Sandstrand. Zwischen den Fahrzeugen trockneten Reusen und aufgespannte Netze. Um diesen Hindernissen auszuweichen, ritt Gustav in das flache Wasser, was den Pferden zu gefallen schien, denn Herzbube machte ein paar vorsichtige Galoppsprünge. Franziska ließ ihn gewähren und hielt sich an seiner Mähne fest. Sie vermied es, nach rechts oder links zu blicken und versuchte sich einzureden, dass die Bewegung an der frischen Luft, der Wind und die Spritzer kalten Seewassers, die sie abbekam, die einzigen Gründe dafür wären, dass sie sich so erhitzt fühlte.

Als sie die Boote hinter sich gelassen hatten, fielen die Pferde wieder in eine langsamere Gangart und Gustav hielt einen Vortrag darüber, wie segensreich kaltes Salzwasser für die Beine der Tiere sei. Nachdem er mit seinem Monolog fertig war, brachte er den Schimmel zum Stehen und drehte sich im Sattel um. „Scheint mir, dass der Herr jetzt wieder präsentabel ist", murmelte er. Dann wendete er sein Pferd und trabte, gefolgt von Herzbube mit Franziska, zurück.

Justo kam ihnen zu Fuß entgegen und führte die Fuchsstute am Zügel. Den Hut hatte er am Sattel befestigt und seine feuchten Haare ringelten sich in alle Richtungen. Franziska musste unwillkürlich lächeln. Dann dachte sie aber wieder daran, wer und was sie war und sagte zu Gustav: „Wir machen uns jetzt besser auf den Rückweg."

„Erstaunlicherweise muss ich in die gleiche Richtung", sagte Justo. „Allerdings will ich vorher noch einen Blick auf den Küstenabbruch werfen, der sich kürzlich hier ereignet hat."

„Fossilien oder Altertümer?", fragte Franziska unwillkürlich.

„Weder noch. An dieser Stelle interessiert es mich hauptsächlich, wie die einzelnen Gesteinsschichten angeordnet sind."

„Aha", sagte Franziska, „dienstlich und geheim."

„Aber Sie dürfen trotzdem gucken!"

Der Sand ging erst in feinen und dann in groben Kies über. Klumpen von Kreide und große Granitfindlinge mischten sich unter die Feuersteine. Franziska betrachtete die Klippen, denen man deutlich ansah, wie das Meer an ihnen nagte. Ablagerungen von Lehm und Kreide wechselten sich ab wie die Cremeschichten in einer Torte. Viele der Büsche an der Abbruchkante streckten ihre Wurzeln ins Freie oder waren schon auf das Geröll des Strandes hinuntergestürzt. Franziska sah, dass sich im oberen Drittel der Lehmwand eine Ansammlung von Löchern befand. Wohnten da etwa Mäuse? Noch während sie hinschaute, klärte sich diese Frage. Ein Vogel streckte den Kopf aus seiner Höhle und gesellte sich zu den übrigen Seeschwalben, die im Brandungssaum nach kleinen Fischen jagten. Im Wasser lagen Granitfindlinge mit den unterschiedlichsten Ausmaßen.

Auf den größten von ihnen zeigte Gustav. „Dieser hat sogar einen Namen, man nennt ihn Svantekahs."

Der Kutscher stieg von seinem Schimmel ab und klaubte einen Stein aus dem Kies, den er Franziska reichte. „Das ist ein Hühnergott." Ein grauer Feuerstein, die Kanten abgeschliffen von den Meeresströmungen, mit einem Loch, das aussah, als sei es eigens hineingebohrt worden. Als Franziska den Stein zurückgab, verstaute ihn Gustav in einer seiner Satteltaschen. „Der bringt Glück, das kann man immer brauchen."

Sie näherten sich nun einer Geröllhalde aus Lehmklumpen und Kreideschutt. Franziska stellte fest, dass sie hier nicht alleine waren. Ein einsamer Wanderer schien etwas am Fuße der Klippen zu suchen. Als er die drei Ankömmlinge erblickte, richtete er sich auf und ging ihnen entgegen.

„Doktor Schönborn, machen Sie auch einen Sonntagsausflug?" Franziska war überrascht, ihn in diesem Aufzug zu sehen. Der Doktor war wie ein Bauer gekleidet, mit einer groben braunen, dreckverschmierten Hose und einer weiten ausgeblichenen Jacke. Der Schlapphut verdeckte seine wohlfrisierten Haare, und die runde Gelehrtenbrille nahm sich im Zusammenhang mit der schmutzbedeckten Kleidung eigentümlich aus. Auf dem Rücken trug der Arzt einen großen Jägerrucksack. Erstaunt schaute er von einem zum anderen. Offensichtlich hatte er nicht damit gerechnet, die Herrschaften von Gut Polkvitz hier zu treffen.

„Wieder auf der Jagd nach Altertümern?", fragte Justo.

„In der Tat", erwiderte Schönborn, „an solch einem schönen Sonntag muss man seinen Liebhabereien nachgehen."

„Haben Sie schon etwas entdeckt?", fragte Franziska.

„Wenig", der Arzt fischte aus seiner Jackentasche einige Tonscherben. „Alles was hier unten zu finden ist, sind Dinge, die von dort oben heruntergefallen und entsprechend zerbrochen sind." Er wies auf die lehmige Klippe neben ihnen.

„Und woher wissen Sie, dass die Scherben alt sind?"

„Sehen Sie sich die Stücke genau an." Schönborn trat neben Herzbube und streckte die flache Hand so nach oben, dass

Franziska die Scherben genau vor sich hatte. Die Frau zuckte zusammen. Dann besann sie sich jedoch, zog ihren rechten Reithandschuh aus und nahm eines der Teile, um es genauer zu betrachten. „Da ist so etwas wie ein Muster", rief sie erstaunt, „eingekratzte Linien und Punkte."

„Das sagt dem Fachmann, dass er es mit steinzeitlicher Keramik zu tun hat."

„Haben Sie auch schon Gefäße gefunden, die weniger kaputt sind?", erkundigte sich Franziska.

„Aber natürlich!" Schönborn verstaute die Scherben wieder in seiner Tasche. „Sie sollten wirklich noch einmal meine Sammlung besichtigen."

Während sich Franziska mit dem Doktor unterhielt, hatte Justo die Zügel seiner Stute an Gustav übergeben und war näher an die Klippen herangetreten. Er nahm die Felsen und die Schutthalde sehr genau in Augenschein. Als er auf einige Geröllbrocken kletterte, wurde Schönborn auf sein Tun aufmerksam. „Was machen Sie da?", rief er und Franziska war erstaunt über seinen scharfen Ton.

Justo würdigte ihn keiner Antwort. Er sah sich die Wand sowie die großen Granitfindlinge, die an ihrem Fuß aufgetürmt waren, eingehend an, zog ein Klappmesser aus der Tasche und kratzte an dem Lehm herum. Schließlich sprang er von dem Kreideklumpen, auf dem er zuletzt gestanden hatte, herab und gesellte sich wieder zu dem Grüppchen am Strand. „Ich werde mir die Felsen nächste Woche gemeinsam mit Adler genauer ansehen", sagte er mehr zu sich selbst als zu den anderen. Dann schwang er sich in den Sattel seiner Fuchsstute. Offensichtlich betrachtete er das Gespräch mit dem Arzt als beendet.

„Ich wünsche Ihnen noch einen schönen Tag", sagte Franziska zu Schönborn, der sie jedoch gar nicht beachtete, sondern Justo mit wütendem Gesichtsausdruck hinterherstarrte. Franziska konnte sich nicht erklären, was den Doktor so aufgebracht hatte, aber auch sie hatte eine Entdeckung gemacht, die sie Justo mitteilen wollte. Also trieb sie Herzbube an. Gustav trabte auf dem Schimmel hinterher.

An der Einmündung des Pfades auf den Strand erwartete Justo die beiden. Neben ihm stand einer der Soldaten, die Franziska auf dem Hinweg gesehen hatte. „Es tut mir leid", sagte Justo zu ihr, „ich kann Sie doch nicht bis zum Gut begleiten, ich muss hier noch etwas erledigen."

Franziska neigte den Kopf und hoffte, dass er ihr nicht anmerkte, wie erleichtert sie darüber war. Je weniger Zeit sie mit ihm verbrachte, desto besser. Was sie ihm zu erzählen hatte, konnte bis heute Abend warten. Dann würde auch Luise dabei sein.

Für den Heimweg wählte Gustav den Pfad, der über Ruschvitz und Baldereck direkt nach Polkvitz führte. Von dem Gut, auf dem der Sage nach Klaus Störtebeker geboren worden war, sah Franziska nur die Dächer. Oberhalb des kleinen Dorfes Baldereck querte der Reitweg einen Bach, den alte Weidenbäume säumten. Es gab einen Fußgängersteg aus Holz, aber die Reiter mussten ihre Tiere durch das Wasser waten lassen. Da die Bäume den Wind abhielten, waren hier Schwärme von Mücken unterwegs, die nicht nur Franziska dazu brachten, mit der Hand vor ihrem Gesicht herumzuwedeln, sondern die auch Herzbube tänzeln, mit dem Schweif schlagen und schnauben ließen. Es herrschte eine schwüle, spannungsgeladene Atmosphäre.

„Könnte heute noch gewittern", brummte Gustav und trieb seinen Schimmel an, damit sie möglichst schnell aus diesem Sumpf herauskamen. Trotz der Mücken lungerten auf dem Steg und dem Weg müßig einige Knechte und Fischer herum und musterten die Reiter. Einige von ihnen grüßten, andere wandten sich einfach ab. Einer hob lässig die Hand und Franziska sah, dass er nur drei Finger hatte. Sie schauderte und konzentrierte sich darauf, sich an Herzbubes Mähne festzuhalten, da das Pferd jetzt mit einem kräftigen Satz die steile Böschung auf der anderen Seite des Gewässers bewältigte.

Danach führte der Weg durch offenes, hügeliges Gelände und bald erkannte Franziska auch die Stelle wieder, wo sie neulich zusammen mit Justo den Knopf gefunden hatte. Inzwischen wusste sie, woher er stammte.

„Es ist gut, dass wir uns beizeiten auf den Heimweg gemacht haben", sagte Gustav, als sie Polkvitz fast erreicht hatten. Er deutete nach Süden. Über dem Bodden sah Franziska dicke graue Wolken heranziehen. „Da kommt was."

Bis sie am Gutshaus angekommen waren, hatten sich die dunklen Wolken schon so weit ausgebreitet, dass die Sonne dahinter verschwand. Der Wind wurde feuchter und frischte auf. Franziska war froh, wieder zu Hause zu sein. Ihr Bedarf an frischer Luft war für heute gedeckt. Johanna half ihr aus dem Reitkleid und Franziska erzählte ihr, dass sie herausgefunden hatte, wer der Mann mit dem Huckopp war. „Ich bin ihm heute am Strand in Glowe begegnet und er trug einen Rucksack. Der hat ihm zwar nicht den Atem abgedrückt, aber schwer sah er schon aus."

„Sie sollten darüber keine Scherze machen, Frau Franziska." Johanna schüttelte missbilligend das Reitkleid aus. Franziska griff nach dem Schwarzwollenen, das auf dem Bett schon bereitlag. „Aber Johanna, ich versuche dir doch gerade klarzumachen, dass es keine Gespenster gibt. Du hast Doktor Schönborn mit seinem Rucksack gesehen."

„Wenn das wirklich der Doktor war, was hat er mitten in der Nacht da draußen gemacht?"

„Wer weiß das schon, vielleicht war er ja bei einem Patienten." Franziska zog die Taille des Kleides zurecht und begann, das Oberteil zuzuknöpfen.

„Dann hätte er doch seinen Wagen genommen." Johanna bürstete einige Pferdehaare vom Rock des Reitkleides und legte es dann über einen Stuhl. Sie würde es nachher zum Auslüften an die frische Luft hängen.

22. Kapitel

Den Nachmittag verbrachte Franziska mit ihrer Schreibmappe in der Bibliothek. Sie schrieb an Tante Regina. Bei dem Gedanken, dass die Baronin von Oberbach mit der gleichen Post einen Brief von ihrer Tochter und von ihrer Nichte bekommen würde, musste sie lächeln. Sie schilderte ihren Besuch in Putbus und richtete Grüße von Ottilie von der Sulenburg aus. Nachdem sie den Brief adressiert hatte, stellte sie fest, dass der Nachmittag schon weit fortgeschritten war. Franziska hörte ein leises Prasseln und schaute sich zum Fenster um. Die ersten Regentropfen liefen an den Scheiben herunter. Erika, das zweite Hausmädchen, brachte eine Lampe. „Soll ich Feuer im Kamin machen?"

„Nicht nötig, ich bin hier fertig." Franziska verließ die Bibliothek und legte den Brief in den dafür vorgesehenen Korb in der Halle. Dann öffnete sie die Eingangstür des Gutshauses und streckte den Kopf hinaus. Ein Windstoß fuhr ihr entgegen und klatschte ihr kalte Regentropfen ins Gesicht. Schnell drückte sie die Tür wieder ins Schloss. Als sie sich umdrehte, entdeckte sie Frau Haase, die gerade neues Petroleum in die Lampe auf der Kommode füllte und sie dann anzündete. Durch das schlechte Wetter war es in der Halle bereits dämmrig geworden.

„Frau Luise schläft fest", die Mamsell lächelte, „ist auch am besten so."

Das Abendessen war eine einsame Angelegenheit. Nicht nur Luise fehlte, auch Karl-Friedrich und Justo waren nicht da. Nachdem Franziska ihr Mahl beendet hatte, ging sie auf ihr Zimmer. Schließlich brauchte sie nicht in den Gesellschaftsräumen herumzusitzen, wenn sie keine Gesellschaft hatte.

Der Schirm, den sie von Justo bekommen hatte, lag auf der Kommode. Franziska nahm ihn kurz in die Hand. Wenn das Wetter so blieb, dann würde sie ihn endlich benutzen können. Auf dem kleinen Tischchen neben dem Sessel wartete das Buch, in dem Franziska gerade las. Sie setzte sich und vertiefte sich in eine Geschichte, die nichts mit ihren eigenen Problemen zu tun hatte. Beim Lesen ertappte sie sich immer wieder dabei, dass sie den Handlungsfaden verloren hatte und stattdessen lauschte, ob sich im Haus etwas regte.

Am nächsten Morgen traf Franziska Luise und Karl-Friedrich am Frühstückstisch. Justo war nicht da. „Wahrscheinlich ist er schon wieder unterwegs", meinte der Gutsherr, während er sich genüsslich sein Rührei einverleibte.

„Wir sehen ihn normalerweise eher selten bei den Mahlzeiten", sagte Luise, „dass er in der letzten Zeit immer mit am Tisch saß, lag wahrscheinlich daran, dass du da bist." Sie lächelte unschuldig und rührte in ihrem Kaffee. „Du hast einen guten Einfluss auf ihn."

Franziska wurde prompt rot und verschluckte sich an ihrem Marmeladenbrot.

Nach dem Frühstück trat sie vor die Tür. Der Regen hatte aufgehört und es war zwar bewölkt, aber schon wieder erstaunlich warm. Das Laub der Bäume leuchtete in einem intensiven Grün und das Zwitschern der Vögel klang lauter als sonst. Johanna und Erika starrten sie an. Die beiden Dienstmädchen saßen nebeneinander auf der obersten Treppenstufe und gönnten sich ohne Wissen der Mamsell eine kleine Pause. Johanna aß einen Apfel und Erika nagte an einem Brotkanten. Ab und zu warf sie einen Bissen zu Leander hinunter, der es sich am Fuß der Treppe bequem gemacht hatte. Die Mädchen standen sofort auf, als Franziska näher trat.

„Tut uns leid, Frau Franziska." Erika ließ das Brot in ihrer Schürzentasche verschwinden und Johanna verschränkte die Hände mit dem halb gegessenen Apfel hinter dem Rücken.

Franziska war viel zu erstaunt über die Zutraulichkeit des Schwans, als dass sie sich dafür interessiert hätte, was sie hier machten. „Habt ihr keine Angst, dass er euch angreift?"

Erika schüttelte den Kopf und Johanna sagte: „Wenn man nett zu ihm ist, dann tut er einem nichts."

„Außerdem bringen Schwäne Glück", fügte Erika hinzu, „gerade für schwangere Frauen." Sie warf einen vielsagenden Blick hinauf zu den Fenstern von Luises Schlafzimmer.

„Jetzt gehen wir wieder an unsere Arbeit." Johanna fasste Erika bei der Hand und zog sie ins Haus. Leander entfernte sich gemessenen Schritts.

Moritz Adler kam auf seinem kleinen braunen Wallach aus der Richtung der Pferdeställe angeritten. Als er Franziska oben auf der Freitreppe sah, trabte er zu ihr und warf einen misstrauischen Blick auf den Schwan, der inzwischen auf dem Rondell Gras rupfte. „Haben Sie den jungen Herrn heute schon gesehen? Er ist nicht im Büro aufgetaucht."

Franziska verneinte und Adler meinte: „Dann wird er wohl auf der Baustelle sein. Er weiß ja, dass ich heute frei habe." Nach einer Verbeugung ritt er davon.

23. Kapitel

Luise und Franziska hatten geglaubt, Pfarrer Dölström würde die Suche nach Ferdinands Schwester seinem Sassnitzer Amtskollegen überlassen. Dabei hatten sie jedoch nicht mit der Neugier seiner Frau und seinem eigenen Drang, sich in alles einzumischen, gerechnet.

Die beiden Cousinen standen am Fenster des Salons und sahen zu, wie Wilhelm einer massiv gebauten Dame mit weißer Rüschenhaube und aschgrauem Seidenkleid aus der Pfarrerskutsche half. Danach reichte Asta Dölström dem Kammerdiener den strampelnden Mops. Wilhelm bückte sich und wollte Pummi auf den Boden setzen, aber ein Schrei seiner Besitzerin hinderte ihn daran. Der Kammerdiener klemmte daraufhin den Mops unter den Arm, um Frau Dölström beim Aussteigen wenigstens den Kutschenschlag offenhalten zu können. Als sie wieder festen Boden unter den Füßen hatte, streckte sie sofort die Arme nach Pummi aus und Wilhelm reichte ihn ihr mit unbewegtem Gesicht.

Die fremde Dame segelte zielstrebig in Richtung der Freitreppe, dicht gefolgt von der Pfarrersgattin. Bevor sie den Fuß der Treppe erreichten, kam etwas Weißes in hohem Tempo die Auffahrt heraufgesaust. Leander hätte die Besucher fast verpasst. Flatternd und mit vorgestrecktem Hals raste er direkt auf die Damen zu. Asta Dölström stieß einen Schrei aus, ließ den

Mops fallen und raffte ihre schwarzen Röcke fast bis über die Knie, um in erstaunlichem Tempo die rettende Eingangstür zu erreichen. Pummi war noch schneller und überholte sie auf halber Strecke.

Die andere Dame betrachtete es als unter ihrer Würde, vor einem Angriff davonzulaufen. Sie blieb stehen und hob ihren Sonnenschirm, sodass die stahlverstärkte Spitze auf den wütenden Schwan zeigte. Dann öffnete sie den Schirm mit einem Ruck. Leander erschrak und bremste so abrupt, dass er fast das Gleichgewicht verloren hätte. Allerdings hielt seine Verblüffung nicht lange an. Sein Hals schnellte vor und sein Zischen klang bedrohlich. Dass der Schwan nicht geflüchtet war, hatte die beherzte Dame so überrascht, dass sie einige Schritte rückwärts tat. Leander rückte sofort zischend nach und Asta Dölström kreischte lauthals an ihrem sicheren Zufluchtsort vor der Haustür. Glücklicherweise warf sich nun Wilhelm dazwischen. Er hatte dem ratlosen Pfarrer die lange Peitsche aus der Hand gerissen und ging damit auf den Schwan los. Der große Vogel ließ von seinem Opfer ab, schenkte Wilhelm ein besonders eindrucksvolles Zischen und zog sich unter die Rhododendronbüsche zurück.

Die mutige Unbekannte hatte ihre stoische Ruhe wiedergefunden. Sie schloss ihren Sonnenschirm, legte ohne Eile die letzten Schritte bis zur Treppe zurück und stieg hinauf, ohne auch nur eine Fußspitze zu entblößen.

Dölström eilte hinterdrein.

Agathe begrüßte die Besucher an der Haustür. Kurz darauf kamen auch die Gutsherrin und Franziska in die Halle, um ihre Bestürzung darüber auszudrücken, dass die Damen und der Pfarrer so ungastlich empfangen worden waren.

„Es ist mir unglaublich peinlich", Luise rang die Hände, „ich hoffe, Sie haben keinen allzu großen Schrecken davongetragen."

Aus der Nähe betrachtet kam Franziska die fremde Dame plötzlich gar nicht mehr so unbekannt vor. Sie war sich sicher, dass sie das bleiche Gesicht mit der spitzen Nase und die akkurat gebundene weiße Schleife unter dem energischen Kinn schon einmal gesehen hatte.

„Sie sollten etwas gegen dieses gemeingefährliche Tier unternehmen. Ich bin sicher, der Gutsherr kann mit einem Gewehr umgehen." Die Dame fegte ein unsichtbares Stäubchen von ihrem Ärmel. „Es ist einfach lächerlich, wie die Einheimischen diese Tiere gewähren lassen. Sie sollten diesen heidnischen Aberglauben nicht unterstützen."

„Unbedingt", Asta Dölström schnaufte immer noch schwer. „Nicht auszudenken, was passieren könnte, wenn jemand schwache Nerven hat." Sie schaute sich plötzlich suchend um. „Wo ist Pummi?"

Luise warf Agathe einen fragenden Blick zu.

„Als ich die Tür öffnete, drängte sich der Mops sofort herein", sagte das Hausmädchen. „Aber ich musste mich doch um die Damen kümmern."

Da die Pfarrersgattin einen panischen Blick bekam, befahl Luise, dass die Dienstboten den Hund suchen und unverzüglich in den Salon bringen sollten. Dort wartete schon die übliche Kaffeetafel auf die Besucher. Während die fremde Dame ihre Umgebung herablassend durch das Lorgnon musterte, besann sich der Pfarrer auf seine Umgangsformen. „Iphigenie von Liesegang, eine unserer fleißigsten Wohltäterinnen."

„Wir haben uns bereits auf der Landpartie kennengelernt", sagte Franziska.

Ein kurzes Lächeln leuchtete auf dem Gesicht der Dame auf, ohne die farblosen Augen zu erreichen. „In der Tat. Soweit ich mich erinnere, habe ich Sie damals schon auf Ihre Verwandte angesprochen."

Franziska errötete leicht. „Zu dem Zeitpunkt war mir nicht klar, dass es sich um die Schwester meines verstorbenen Gatten handelt."

„Gottes Mühlen mahlen langsam", sagte Fräulein von Liesegang hoheitsvoll.

Luise bat die Besucher, Platz zu nehmen und die Dame setzte sich mit stocksteifem Rücken mitten auf das Sofa, das für zwei

Personen gedacht war. Asta Dölström musste daraufhin mit einer kleinen Ecke vorliebnehmen. Aber sie schaute immer noch so beunruhigt um sich, dass ihr das nicht aufzufallen schien. Agathe und Erika servierten Kaffee und Kuchen.

„Ihre Mamsell, meine gute Frau von Veldhain, hat sich wieder einmal selbst übertroffen", sagte der Pfarrer zu Luise und hieb mit der Gabel in den Streuselkuchen auf seinem Teller.

„Ich hoffe, Ihr Amtskollege in Sassnitz ist bei guter Gesundheit", Luise stellte ihren Kuchenteller unangerührt auf den Tisch.

„Oh ja, natürlich." Der Pfarrer ließ einige Krümel auf seine Hose fallen. Dann verstand er die Anspielung. „Ich war schon drauf und dran, ihm einen Brief zu schreiben, aber dann erzählte ich meiner lieben Frau von Ihrem Anliegen."

Asta Dölström lächelte zerstreut.

„Sie brachte mich auf den Gedanken, zuerst einmal mit Fräulein von Liesegang zu reden." Der Pfarrer deutete eine Verbeugung in ihre Richtung an, welche die Dame mit einem leichten Neigen des Kopfes quittierte. „Sie gehört zu unseren fleißigsten Samariterinnen, wenn es darum geht, den Bedürftigen der ganzen Umgebung zu helfen. Sie verrichtet ihre guten Werke nicht nur in Sagard und den umliegenden Dörfern, sondern auch in Sassnitz und Crampas. Und tatsächlich kann sie uns die gewünschten Auskünfte über Ihre Verwandte geben."

„Rieke Krüger ist also auch in der Wohlfahrt tätig?", rief Luise. „Dann hat sie sicher ein gutes Herz!"

In diesem Augenblick hörte man in einiger Entfernung das laute, schmerzliche Aufheulen eines Hundes. Wie von der Tarantel gestochen sprang Asta Dölström auf. „Das war Pummi! Um Himmels willen, es ist bestimmt etwas Schreckliches passiert!"

„Keine Angst, meine Liebe", sagte der Pfarrer begütigend zwischen zwei Kuchenbissen, „das wird sich sicher aufklären."

Fräulein von Liesegang schaute mit einem verächtlichen Gesichtsausdruck aus dem Fenster.

Wilhelm trat ein, den Mops auf dem Arm. „Er hatte in der Küche eine unerfreuliche Begegnung mit unserer Katze." Der Kammerdiener überreichte den beleidigt dreinschauenden Hund seiner Besitzerin. Als die aufkreischte, ließ Pummi die Ohren noch weiter hängen. „Er ist verletzt!"

Ein kaum sichtbarer Kratzer zog sich quer über die lackschwarze Nase des dicken Mopses.

„Ich bin sicher, er wird es überleben", sagte der Pfarrer. Seine Frau schaute Luise vorwurfsvoll an. „Die Tiere auf Ihrem Gut sind allesamt eine Gefahr."

Fräulein von Liesegang stellte ihre Kaffeetasse klirrend auf den Tisch, sodass alle Anwesenden sich ihr zuwandten. „Rieke Krüger ist keine meiner Helferinnen", erklärte sie nachdrücklich, „sie ist eine der Bedürftigen."

„Ach du lieber Himmel", die Gutsherrin war erschüttert. „Wie ist sie denn in Not geraten?"

„Die übliche Geschichte." Fräulein von Liesegang seufzte, aber ihre Augen funkelten. „Riekes Ehemann, ein gewisser Hans Krüger, war ein Schiffer, der mit seinem Fahrzeug auf eigene Rechnung Handel trieb. Leider war er dem Alkohol verfallen – wie so viele Seeleute dieser Insel." Sie schüttelte traurig den Kopf. „Als Krüger noch lebte, verprügelte er regelmäßig seine Frau und die beiden Kinder, brachte aber auch genügend Geld mit nach Hause, um ihnen ein halbwegs auskömmliches Leben zu sichern." Sie machte eine Pause und genoss Luises erschrockenen Ausruf.

„So ist das leider oft bei diesen Leuten", warf der Pfarrer ein. Fräulein von Liesegang strich den Rock über ihren Knien glatt und lächelte tapfer. „Trotzdem ist es unsere Pflicht, uns um diese verlorenen Seelen zu kümmern."

„Wie nobel von Ihnen", sagte Luise.

Die wohltätige Dame neigte wieder die Rüschenhaube. „Nach Krügers Tod – sein Schiff lief bei einem Sturm auf Grund, irgendwo vor der lettischen Küste – fehlte natürlich das gesamte Haushaltseinkommen."

„Aber es ist Ihnen gelungen zu helfen", sagte der Pfarrer.

„Wir haben dem Sohn Arbeit im Kreidebruch verschafft und die Tochter hat jetzt eine Stellung in einem guten Haushalt." Der Pfarrer warf Iphigenie von Liesegang einen befriedigten Blick zu. „Praktische Hilfe. Das ist am besten."

„Wo finde ich sie?" Das ganze Hin-und-her-Gerede hatte Franziska ungeduldig gemacht. Schließlich war es doch das Wichtigste, erst einmal Kontakt zu der bisher unbekannten Schwägerin aufzunehmen. Der Rest würde sich hoffentlich finden, wenn sie Rieke Krüger kennengelernt hatte.

„Meine gute Frau Meistersinger", Fräulein von Liesegang zog die schmalen Augenbrauen hoch, „denken Sie nicht, es wäre besser, wenn der Pfarrer oder ich diese Rieke erst einmal auf die Begegnung mit Ihnen und die Nachricht, die Sie ihr bringen, vorbereiten?" Sie strich wieder über ihren Rock. „Wenn Sie ihr überhaupt begegnen wollen. Eine Unterstützung können Sie der Familie Krüger schließlich auch zukommen lassen, ohne sich den Unannehmlichkeiten einer persönlichen Begegnung auszusetzen."

Franziska schaute überrascht von einem zum anderen. „Warum sollte ich ihr nicht begegnen wollen? So wie Sie es schildern, ist sie unverschuldet in Not geraten."

„Sicherlich", begann Fräulein von Liesegang, „aber …"

„Bitte haben Sie Verständnis dafür, dass wir momentan keine endgültigen Entscheidungen treffen möchten", unterbrach Luise sie, „unser Vorgehen sollte schließlich auch mit meinem Gatten abgesprochen werden. Immerhin war Karl-Friedrich mit dem Verblichenen befreundet und ich verlasse mich vollständig auf seinen Rat."

„Selbstverständlich", sagte Dölström sofort, „das ist sehr löblich."

„So sollte eine Ehefrau handeln", sagte Fräulein von Liesegang.

Franziska bestand trotzdem darauf zu erfahren, wo Rieke Krüger wohnte und Iphigenie von Liesegang erklärte den Cousinen sichtlich widerstrebend den Weg zum Haus von Franziskas Schwägerin. „Das ist nicht die beste Gegend", fügte sie hinzu.

„Wenn sie wenig Geld hat, dann wäre es eher verwunderlich, wenn sie in einer eleganten Gegend leben würde", sagte Luise mit einem sonnigen Lächeln. „Wir sind Ihnen für Ihre Hilfe wirklich sehr zu Dank verpflichtet."

Fräulein von Liesegang wollte noch etwas anmerken, aber die Gutsherrin erhob sich aus ihrem Sessel zum Zeichen, dass sie den Besuch als beendet betrachtete. Ihre Gäste standen gezwungenermaßen ebenfalls auf.

„Wir würden uns sehr freuen, wenn Sie gelegentlich unsere Samariterinnen-Treffen mit Ihrer Gegenwart beehren würden", sagte Fräulein von Liesegang und musterte Luise mit einem durchdringenden Blick.

„Oh ja, das wäre eine schöne Sache." Luise schwankte plötzlich und legte mit dramatischer Geste eine Hand auf die Stirn und eine auf ihren Bauch. „Mein Kreislauf. Ich fürchte, ich muss mich gleich hinlegen."

Franziska begleitete die Besucher hinaus. Der Pfarrer und seine Gattin schauten sich immer wieder nervös um, aber Leander hatte für heute seinen Auftritt gehabt.

„Sollen wir gleich anspannen lassen?" Luise empfing Franziska voller Tatendrang, als diese wieder den Salon betrat.

„Ich dachte, du wolltest dich hinlegen und die Entscheidung deinem Ehemann überlassen."

„Du weißt doch, wie Frauen sind – besonders Schwangere –, die ändern dauernd ihre Meinung."

Franziska konnte sich der ausgelassenen Stimmung ihrer Cousine nicht anpassen. Sie setzte sich und vergrub das Gesicht in den Händen. Warum hatte Ferdinand nie etwas von seiner Schwester erzählt? Sie waren zwar nicht reich gewesen, aber sie hätten Rieke trotzdem unterstützen können.

„So wie es aussieht, hast du jetzt nicht nur eine Schwägerin, sondern auch noch eine Nichte und einen Neffen", sagte Luise, „ich bin wirklich gespannt, wie sie so sind."

„Wie wer ist?", Karl-Friedrich kam ins Zimmer spaziert und hatte den Schluss von Luises Satz gehört. Seine beiden Hunde folgten ihm wie üblich auf Schritt und Tritt. Der Besuch des Pfarrers und der beiden Damen war ihm natürlich nicht verborgen geblieben, aber er hatte es vorgezogen, sich dem nicht auszusetzen.

„Stell dir vor, Franziska hat einen Neffen, der im Kreidebruch arbeitet", sagte Luise.

Karl-Friedrich setzte sich zu ihnen. Er musterte mit einem verlangenden Blick den Streuselkuchen, der noch auf dem Tisch stand, und Luise schob ihm ihren eigenen Teller hin, auf dem noch der größte Teil des Kuchenstücks lag. Dann erzählte sie ihrem Mann, was sie gerade erfahren hatten.

„Ferdinands Familie", sagte er nachdenklich, während er das Kuchenstück verputzte. „Ich habe immer geglaubt, sie lebten in guten Verhältnissen. Der Vater war Kaufmann in Stralsund, soweit ich mich erinnere."

„Er ist schon seit Jahren tot", meinte Franziska, „ich weiß noch, dass Ferdinand erwähnte, dass sie sich im Streit getrennt hätten. Sein Vater betrachtete es als persönliche Beleidigung, dass der einzige Sohn nicht in seine Fußstapfen getreten ist."

Karl-Friedrich legte seine Gabel auf den leer gegessenen Teller und streichelte Gordon hinter den Ohren. „Bevor wir uns in Spekulationen über die Familie ergehen, dürfte es sinnvoller sein, wenn sich Franziska ihre Verwandten anschaut."

„Das sage ich schon die ganze Zeit", rief Luise. „Ich lasse Gustav sofort den Landauer anspannen!"

„Nicht so hastig, meine Liebe", sagte der Gutsherr. „Es handelt sich um Franziskas Verwandte und da sollten wir erst einmal im Hintergrund bleiben."

Luise zog einen Flunsch, aber Franziska nickte.

24. Kapitel

Die Häuser sahen aus, als würden sie demnächst ins Meer rutschen. Sie drängten sich in einen Einschnitt des steilen Ufers neben einem Bach, der zwischen Booten und Netzen Richtung Ostsee sickerte. Die abschüssige Gasse war sicherlich noch nie von einer Kutsche befahren worden. Aus diesem Grund hatte Franziska Gustav gebeten, mit dem Landauer auf der Hauptstraße zu warten. Sie glaubte, dass sie mit Johanna zu Fuß weniger Aufsehen erregen würde. In dieser Hinsicht hatte sie sich jedoch getäuscht. Die beiden wurden sofort als Fremdlinge erkannt und entsprechend begafft. Allein schon die Tatsache, dass ihre Kleider sauber und ohne geflickte oder fadenscheinige Stellen waren, stempelte sie zu Exoten. Außerdem trug keine der Frauen, denen sie begegneten, Hut oder Handschuhe. Johanna drängte sich immer näher an ihre Herrin heran, die wieder einmal ihr Hinken verfluchte, denn das sicherte ihr nicht nur eine Extraportion Aufmerksamkeit, es zwang sie auch, sich auf dem glitschigen, von Unrat bedeckten Boden langsam zu bewegen.

„Gleich sind wir da", flüsterte Franziska, „das Haus dort vorne mit dem eingesunkenen Dach dürfte es sein."
Sie fühlte, wie ihr Kammermädchen erschauerte und war ebenfalls schon im Voraus abgestoßen von dem, was sie hinter der niedrigen Holztür mit dem abgeblätterten Anstrich erwartete.

Bevor sie die Hand heben konnte, um anzuklopfen, wurde die Tür geöffnet. Die Frau, die ihr misstrauisch entgegenblickte, hätte Ferdinands Mutter sein können. Eine gewisse Familienähnlichkeit war unverkennbar, aber sie wirkte wie ein zusammengefallenes Omelett – faltig und teigig. „Was wollen Sie?" Die Frau strich die Zipfel ihres dunkelblauen Kopftuches, das sie wie einen Turban um den Kopf geschlungen hatte, zurück. Beim Sprechen sah Franziska, dass ihr mindestens ein Vorderzahn fehlte.

„Sind Sie Rieke Krüger?" Insgeheim hegte sie immer noch die Hoffnung, dass es sich bei dieser Frau entweder um eine alte Tante oder eine Angestellte handelte.

„Wer will das wissen?" Die Frau musterte die beiden Besucherinnen misstrauisch.

„Können wir ins Haus gehen?" Franziska wollte nicht auf offener Straße erklären, was sie herführte.

„Erst will ich wissen, worum es geht."

„Es geht um Ferdinand Meistersinger, Ihren Bruder – und meinen Ehemann."

Die Frau war so verblüfft, dass sie einige Schritte rückwärts ging und Franziska nutzte die Gelegenheit, um einzutreten. Sie wollte endlich weg von diesen schmutzigen und zerlumpten Leuten, die sie schweigend begafften. Auf der Straße vor Riekes Haus hatte sich bereits ein ganzes Grüppchen Schaulustiger angesammelt.

Im Inneren des Hauses war es dunkel, trotzdem sah Franziska das Funkeln in den Augen Riekes. „Dann hat er Sie also tatsächlich geheiratet."

Franziska war viel zu entsetzt, um nachzufragen, was die Frau damit meinte. Der Hausflur wurde nur von dem Licht erhellt, das durch eine halb geöffnete Tür am Ende des Ganges fiel, und die Decke war so niedrig, dass Franziska kaum wagte, sich aufzurichten. Sie sah schimmelige Wände um sich herum und unter ihren Schuhsohlen fühlte sie weder Dielen noch Fliesen, sondern lediglich unebene festgetretene Erde. Der Kontakt zwischen Ferdinand und seiner Schwester musste schon lange abgebrochen sein, denn er hätte doch niemals zugelassen, dass Rieke in solchen Verhältnissen lebte!

Ohne Anstalten zu machen, ihren Besucherinnen einen Platz oder eine Erfrischung anzubieten, blieb Rieke einfach stehen. „Was wollen Sie?", wiederholte sie. „Ist Ferdinand etwa gestorben?"

Franziska erkannte, dass sie sich völlig unnötig Gedanken darüber gemacht hatte, wie sie der Schwester die Nachricht vom Tod des Bruders schonend beibringen konnte.

„Ja", sagte sie tonlos.

„Was hat er mir vererbt?"

Franziska streckte haltsuchend die Hand nach der ekligen Wand aus. Solch eine herzlose Frage hatte sie nun wirklich nicht erwartet. Auch Johanna blieb der Mund offen stehen.

„Es ist nicht so, dass ich darauf gelauert hätte", sagte Rieke, der die Reaktion ihrer Besucherinnen nicht entgangen war. „Aber brauchen könnte ich es schon. Und so wie Sie aussehen", sie maß Franziska mit einem berechnenden Blick, von der schwarz lackierten Strohschute mit den Seidenbändern bis hin zum Saum des perfekt sitzenden Trauerkleides, „scheint es meinem Bruder ja gut gegangen zu sein."

Franziska schluckte. Sie hatte nur noch den Wunsch, diesen düsteren, nach Fisch und Moder riechenden Hausflur so schnell wie möglich zu verlassen, sich im Bett zu verkriechen und hemmungslos zu weinen.

„Also, was ist es?"

„Geld", würgte sie hervor.

„Dann geben Sie her!" Rieke streckte eine schwielige Hand aus.

„Ich habe es nicht dabei."

„Und warum sind Sie dann hier?"

„Ich wollte Sie kennenlernen." Jetzt, wo Franziska es aussprach, fühlte sie, wie verrückt der Satz in dieser Umgebung klang.

Rieke stemmte die Hände in die Hüften. „Sie wollten sich mal anschauen, wie arme Leute leben, oder was?"

Franziska schüttelte heftig den Kopf. „Sie sind meine Schwägerin."

„Ja, und?", Rieke trat einen Schritt auf Franziska zu, die ihrerseits erschrocken zurückwich, „kann ich mir was dafür kaufen?"

„Was ist denn hier los?" Ein Schatten verdunkelte den Eingang und ein junger Mann streckte den Kopf zur Tür hinein. Ins Haus kommen konnte er nicht, da der enge Flur von den beiden Besucherinnen blockiert wurde.

„Das ist mein Sohn Thies." Rieke zog sich in Richtung der halb offenen Tür am hinteren Ende des Flures zurück. „Der kommt gerade von der Arbeit und muss jetzt sein Essen haben."

Da der Ausgang durch den Mann versperrt war, folgten Franziska und Johanna Rieke in die Küche. Dieser Raum war ebenfalls niedrig und schmutzig, hatte aber einen Fußboden aus abgetretenen Steinplatten, ein winziges Fenster und einen Herd, auf dem ein großer verkrusteter Topf brodelte. Der Schornstein schien nicht in Ordnung zu sein, denn es roch nicht nur nach zerkochtem Essen, sondern es herrschte auch so ein dichter Qualm, dass Franziska glaubte, im Nebel zu stehen. Rieke wickelte einen Zipfel ihrer Schürze um die Hand, nahm den Deckel des Kochtopfes ab und rührte mit einem abgebrochenen Holzlöffel im Inhalt.

„Darf ich jetzt erfahren, was Sie hier wollen?" Franziska fuhr herum, als sie die Frage des Mannes hörte. Johanna wollte zurückweichen, um nicht im Wege zu sein, und stolperte über den kleinen schmutzigweißen Hund, der sich an Thies Krüger vorbei in die Küche gedrängt hatte. Sie wäre hingefallen, wenn sie der Mann nicht festgehalten hätte.

„Ich bin – war Ferdinands Frau. Ich wollte Ihre Mutter von seinem Tod benachrichtigen."

„Wer ist Ferdinand?"

Franziska starrte ihn an. Der junge Mann, fast noch ein Bursche, war groß und kräftig, die rötlichen Haare schauten wirr unter der Mütze hervor. Weiße Streifen und Spritzer bedeckten das sonnengebräunte Gesicht ebenso wie seine Kleidung. Kreide, dachte Franziska, als ihr einfiel, wo er arbeitete.

Seine Verblüffung schien echt zu sein.

„Ferdinand war mein Bruder", mischte sich Rieke vom Herd her in das Gespräch. „Er ist nach Berlin gegangen und ein Gelehrter geworden. Dann glaubte er auch noch, dass er unbedingt die da", sie zeigte mit dem tropfenden Kochlöffel auf Franziska, „heiraten müsste. Er hat sich für was Besseres gehalten und wollte nichts mehr von uns wissen."

Um zu zeigen, dass sie dieses Thema als abgeschlossen betrachtete, schnauzte sie ihren Sohn an: „Wie oft habe ich dir schon gesagt, dass du den Köter nicht hier hereinbringen sollst?"

Thies hob den Hund hoch und setzte ihn behutsam hinter sich in den Flur. „Jetzt ist er nicht mehr in der Küche." Franziska sah, wie er Johanna verstohlen zulächelte.

Rieke stieß wütend ihren Kochlöffel in den Topf und wandte sich um. „Sie verschwinden jetzt am besten. Ohne das Geld brauchen Sie sich hier auch nicht mehr blicken lassen."

Thies drückte sich an die feuchte Wand, damit die beiden Frauen sich vorbeidrängen konnten, und Franziska stolperte zum Ausgang. Johanna sah sich noch einmal kurz nach dem Mann um, dann folgte sie ihrer Herrin.

„Es war einfach schrecklich", sagte Franziska mit erstickter Stimme. „Dieses kleine modrige Haus und diese furchtbare Frau." Sie hatte sich bäuchlings auf das Bett geworfen und verbarg ihr Gesicht im Kopfkissen. Auf der Bettkante saß Luise, streichelte ihrer Cousine sanft den Rücken und reichte ihr ein Taschentuch, als sie sich endlich zu ihr umwandte.

„Ich kann verstehen, warum Ferdinand nichts mit ihr zu tun haben wollte", sagte Franziska und tupfte sich die Augen ab. „Mit so einer Schwester ist man erledigt."

„Andererseits hätte er vielleicht verhindern können, dass sie so geworden ist", meinte Luise, „wenn er sich beizeiten gekümmert hätte."

„Möglich." Man hörte Franziska ihre Zweifel an.

„Du sagst ja selbst, dass der Sohn gar keinen schlechten Eindruck auf dich gemacht hat."

Franziska setzte sich auf. „Er hat Ferdinands Augen. Und er war völlig überrascht, dass er einen Onkel hatte."

„Seine Mutter hat ihm nie von Ferdinand erzählt?"

Franziska schüttelte den Kopf.

„Ruh dich aus", sagte Luise. „Das werde ich jetzt auch tun und später beratschlagen wir mit Karl-Friedrich, was wir weiter unternehmen."

25. Kapitel

Als Franziska gegen Abend die Treppe hinunterging, traf sie Reinhard Delbrück in der Halle. „Ich bin auf der Suche nach dem Gutsherrn, aber anscheinend weiß niemand, wo er ist, und die Dame möchte ich nicht beunruhigen!"

„Was ist denn passiert?" Franziska sah, wie aufgeregt der Mann war.

„Gerade kam ein Tagelöhner aus Spyker, der uns die Fuchsstute des jungen Herrn brachte. Sie haben das Pferd eingefangen, als es bei einer ihrer Weiden herumirrte. Ohne Sattel und Zaumzeug."

„Wie das?" Franziska verstand nicht. Mit der Stute war Justo doch unterwegs. Warum sollte sie sich in Spyker herumtreiben? „Was sagt denn ihr Besitzer dazu?"

Delbrück warf die Hände in die Höhe. „Das ist es ja! Wir können ihn nirgends finden!"

„Das ist unmöglich." Franziska suchte Halt an der Wand. „Vielleicht ist er heute Morgen mit einem anderen Pferd nach Glowe geritten und die Stute ist aus dem Stall entlaufen."

„Es fehlt keines. Ich habe schon seinen Burschen gefragt, wo der Herr sein könnte, aber der hat ihn seit dem gestrigen Morgen nicht mehr gesehen."

„Meine Güte!"

„Fritz, der Bursche, sagte, er habe keine Veranlassung gehabt, Lärm zu schlagen, weil der Herr schon öfter in einem Gasthof in Glowe übernachtet hätte, wenn es abends spät wurde. Aber er wusste natürlich nichts davon, dass Justus-Ottos Pferd herrenlos herumlief."

Franziska hatte das Gefühl, als ob man ihr den Boden unter den Füßen wegzöge. Was Delbrück da erzählte, bedeutete nichts anderes, als dass niemand wusste, wo Justo geblieben war, seit sie und Gustav sich gestern am Strand von ihm getrennt hatten.

„Sie müssen ihn sofort suchen lassen!", rief sie.

„Aus diesem Grund wollte ich ja mit dem Gutsherrn reden."

Delbrück sah sich gehetzt um. „Wenn ich nur wüsste, wo er ist."

„Das ist jetzt unwichtig", sagte Franziska mit einer Bestimmtheit, die sie selbst überraschte. „Stellen Sie sofort einen Trupp zusammen, der die Gegend von hier bis Glowe absucht."

„Das will ich gerne tun, Frau Franziska", versicherte der alte Verwalter, „aber ich bezweifle, dass wir heute noch weit kommen mit der Suche."

„Je länger wir hier stehen und reden, desto später wird es", rief Franziska verzweifelt. „Gehen Sie und beginnen Sie!"

Delbrück machte eine hilflose Geste zum Fenster im Treppenaufgang. „Sehen Sie doch selbst."

Franziska war so konfus, dass sie eine Weile brauchte, um zu begreifen, was der Verwalter meinte. Draußen dämmerte es bereits und bis die Leute zusammengerufen wären, würde es stockdunkel sein.

„Ich werde einige Knechte mit Laternen losschicken", sagte Delbrück, „die können schon einmal die Straßen und Wege um das Gut herum abgehen. Vielleicht finden sie etwas. Morgen früh werde ich dann beim ersten Tageslicht alle Leute losschicken, die ich entbehren kann."

„Tun Sie das!"

Delbrück wollte zur Tür hinauseilen und prallte dort mit dem Gutsherrn zusammen, der gerade hereinkam. „Gott sei Dank!

Franziska hörte noch, wie der Verwalter begann, Karl-Friedrich das Gleiche zu erzählen wie ihr. Dann fiel die Tür zu. Sie lehnte sich an die Wand und schloss die Augen. Einen Moment lang glaubte sie, ihre Knie würden nachgeben.

Im Hof versammelten sich die Knechte mit Fackeln und Laternen und tauschten lauthals ihre Vermutungen aus.

„Was passiert da?" Luise betrat im Morgenmantel den Salon, wo Franziska am Fenster stand und das Geschehen vor dem Haus verfolgte. Der Lärm hatte die Gutsherrin aus dem Bett getrieben. Sie trat neben ihre Cousine und schaute ebenfalls hinaus. Gerade wurden Pferde für den Herrn von Veldhain und seinen Verwalter gebracht. Die Männer stiegen auf und ließen sich Fackeln reichen. „Eine Suchaktion? Wer ist verschwunden?"

„Justo", Franziska brachte nur ein Flüstern heraus, „schon seit gestern Vormittag."

Luise sank in einen Sessel und Franziska eilte zu ihr, da sie befürchtete, dass die Cousine ohnmächtig werden könnte.

„Wir müssen etwas tun!" Luise hatte ihre Schwäche überwunden und versuchte aufzustehen. Franziska drückte sie zurück in die Polster. „Die Männer suchen ihn. Das Einzige, was du tun kannst, ist ruhig zu bleiben."

Die Mamsell brachte einen Tee aus Hopfenblüten und Honig. Auf ihrem Tablett standen zwei Tassen des Gebräus. „Sie bekommen auch etwas davon", sagte sie zu Franziska. Frau Haase blieb im Zimmer, bis beide Tassen leer waren. Nachdem Luise schließlich eingeschlafen war, nickte auch Franziska auf dem Sessel neben ihrer Cousine ein. Frau Haase deckte beide mit einer Wolldecke zu.

Einige Stunden später schreckte Franziska wieder hoch, als sie schwere Schritte auf der Treppe hörte. Der Gutsherr war zurück. Als er Franziska in der Tür des Salons erblickte, schüttelte er den Kopf.

26. Kapitel

Der nächste Morgen glich keinem anderen, den Franziska bisher auf Polkvitz erlebt hatte. Die nächtliche Suche nach Justo war ohne Ergebnis geblieben und inzwischen regnete es wieder. Vom Fenster des Esszimmers aus konnte man zusehen, wie sich trotz des Wetters nahezu alle Bediensteten des Gutes im Hof versammelten und von Reinhard Delbrück in Gruppen eingeteilt wurden. Wenig später erschienen Knechte und Tagelöhner aus Sagard und von den umliegenden Gütern, um sich ihnen anzuschließen. Auch Karl-Friedrich saß schon wieder im Sattel und führte einen der Suchtrupps an.

Geistesabwesend trank Franziska eine Tasse Kaffee. Essen konnte sie nichts.

„Du brauchst nicht hierzubleiben", sagte Luise, die beobachtet hatte, wie der unruhige Blick ihrer Cousine immer wieder zum Fenster wanderte. „Ich weiß, dass Justo dir wichtig ist." Franziska war so angespannt, dass sie Luises Unterstellung weder abstritt noch deswegen errötete. „Danke", sie eilte die Treppe zu ihrem Zimmer hinauf. Unterstützt von einer unwilligen Johanna legte sie das Reitkleid an.

„Denken Sie wirklich, dass es notwendig ist, dass Sie auch noch nach draußen gehen? Das ist doch nichts für eine Dame", sagte das Kammermädchen. „Es laufen schon so viele Leute herum und suchen nach dem jungen Herrn."

Franziska antwortete nicht.

„Und wer wird Sie begleiten? Ich habe gesehen, dass Gustav sich dem Suchtrupp heute in aller Frühe angeschlossen hat. Er ist noch nicht zurück!"

Daran hatte Franziska gar nicht gedacht. Einen Moment lang blieb sie unentschlossen stehen. „Ich werde schon jemanden finden." Johanna warf einen Blick Richtung Fenster und schob das Halstuch ihrer Herrin etwas höher. „Erkälten Sie sich nicht."

Als Franziska hinüber zum Wirtschaftshof ging, hoffte sie, dass wenigstens noch ein Stallknecht dageblieben war, der ihr Herzbube satteln könnte. Auf ihr Rufen reagierte schließlich ein grauhaariger Invalide, der noch mehr hinkte als Franziska und der bisher mit Lederputzen beschäftigt gewesen war.

„Will die Dame ausreiten?", murmelte er, während er den schweren Sattel auf Herzbubes Rücken wuchtete und die Gurte befestigte. „Kein schönes Wetter heute. Mein Reißen sagt mir, dass es noch mehr Regen gibt. Kein guter Tag." Er humpelte wieder in die Sattelkammer, um das Zaumzeug zu holen. Franziska steckte Herzbube inzwischen den Apfel zu, den sie vom Frühstückstisch mitgenommen hatte.

Da sie befürchtete, dass sich der Knecht noch etwas zerren oder verrenken würde, wenn er versuchte, ihr in den Sattel zu helfen, führte sie Herzbube selbst hinaus und stieg mit Hilfe der hölzernen Aufsitztreppe vor dem Stall auf das Pferd. Nachdem sie ihren Rock gerichtet hatte, setzte sich Herzbube in seinem üblichen gemächlichen Tempo in Bewegung.

Dort, wo der Weg nach Glowe von der Straße abzweigte, waren Gras und Sandboden von vielen Füßen zertrampelt. Franziska zupfte trotzdem am linken Zügel, um Herzbube auf diesen Weg zu steuern. Sie wusste, dass es im Grunde gleichgültig war, wohin sie ritt, denn um das Gut herum hatte man sicher schon jeden Stein dreimal umgedreht. Aber zu Hause bleiben, das hätte sie nicht ausgehalten. Wenn es Justo auch nichts nutzte, dass sie sich hier draußen vom Nieselregen durchfeuchten ließ, so hatte sie doch das Gefühl, ihm auf diese Weise näher zu sein, als wenn sie bei Luise säße.

Auf der Kuppe des Hügels hielt sie ihr Pferd an und schaute sich um. Heute erschien die Landschaft, die sonst so lieblich wirkte, fast feindlich. Der Himmel war grau und die Luft so dunstig, dass man nicht einmal die große Wasserfläche des Boddens sehen konnte. Die sparrigen Äste der Büsche griffen in den Nebel und an jedem einzelnen Grashalm hingen dicke Wassertropfen.

Oberhalb des Dörfchens Baldereck überquerte Franziska die Landstraße, die in respektvoller Entfernung zur Steilküste westwärts Richtung Stubbenkammer führte. Nun befand sie sich bereits auf dem künftigen Baugelände. Sie hielt Ausschau nach den Soldaten, aber die schienen verschwunden zu sein.

Dort, wo der Pfad die jähe Wendung zur Küste hin vollzog, hatte sich ein Auflauf von durcheinander redenden und gestikulierenden Menschen gebildet. Franziska erkannte Knechte und Mägde aus Polkvitz und dann entdeckte sie auch Reinhard Delbrück und Moritz Adler im Mittelpunkt der Versammlung. Mit einem flauen Gefühl im Magen trieb sie Herzbube an. Die Menschen machten ihr Platz und jetzt sah sie den Grund für die Aufregung: Der Gutsverwalter und der Wasserbauingenieur betrachteten ein feuchtes, sand- und lehmverschmiertes Kleidungsstück, das sie auf dem Boden ausgebreitet hatten. Eine Herrenjacke. Franziskas Herz setzte einen Schlag aus. Sie brachte ihr Pferd zum Stehen und Delbrück schaute zu ihr auf. Es war ihm anzusehen, dass er sich nicht darüber freute, dass sie hier war. „Diese Jacke haben wir am Strand gefunden, halb unter den Steinen begraben."

„Wie das?"

„Ein Küstenabbruch, der sich in der Nacht zwischen Sonntag und Montag ereignet haben muss. Direkt neben der Stelle, an der schon vor ein paar Tagen Geröll herunterkam."

Moritz Adler senkte den Kopf. „Wir nehmen an, dass die Jacke dem jungen Herrn von Veldhain gehört hat."

Franziska wurde es schwarz vor Augen und das Letzte, was sie spürte, war, dass sie seitwärts aus dem Sattel kippte.

Als sie wieder zu sich kam, lag sie auf dem Boden auf einigen eilends ausgebreiteten Pferdedecken. Adler kniete neben ihr und fächelte ihr mit seinem Hut frische Luft zu. Franziska setzte sich vorsichtig auf. „Was ist passiert?"

„Sie sind ohnmächtig geworden", meinte Adler. „Glücklicherweise hat Herr Delbrück schnell reagiert und Sie aufgefangen, als Sie vom Pferd fielen."

„Die Jacke, zeigen Sie sie mir!"

Adler brachte ihr das mit Seewasser durchtränkte Kleidungsstück. Dicker dunkelbrauner Wollstoff, die Innenseite des Kragens und die Aufschläge mit schwarzem Samt abgesetzt, grün gefüttert, angelaufene Messingknöpfe. Diese Jacke gehörte zweifellos Justo. Das Futter aus dicker grasgrüner Seide hatte Franziska schon heimlich bewundert. Einen Augenblick lang glaubte sie sogar, seinen Geruch wahrzunehmen. Ihr wurde schwindlig.

„Sie erkennen sie?", fragte Adler überflüssigerweise. Franziska nickte.

„Vielleicht hat er die Jacke aus irgendeinem Grund ausgezogen und dann am Strand vergessen", sagte Adler. Franziska spürte, dass er daran selbst nicht glaubte. Da sah sie die braunen Flecke auf der Vorderseite des Kleidungsstücks. Das war nicht nur Lehm, das war Blut.

Zusammen mit dem Vermessungsingenieur Ludolf Mühlbach kamen drei Soldaten vom Strand herauf. Sie trugen Schaufeln auf den Schultern und wirkten erschöpft. Franziska sah, wie Delbrück zu ihnen trat. Mühlbach schüttelte den Kopf.

„Die Männer haben die Erde und das Geröll des Uferabbruchs an der Stelle weggeschaufelt, wo die Jacke lag", sagte Adler zu Franziska, „aber sie haben nichts gefunden."

Nachdem feststand, dass sie hier nichts mehr tun konnten, trat Delbrück zu Franziska: „Wir müssen auf dem Gut Bescheid sagen, was wir entdeckt haben."

Hinterher wusste sie nicht mehr, wie sie die Freitreppe zur Tür des Gutshauses hinaufgekommen war. Agathe öffnete und Franziska fiel ihr in die Arme.

Wie Luise später erzählte, war das Hausmädchen so entsetzt über Franziskas Zustand gewesen, dass es laut geschrien hatte, was natürlich sofort die Mamsell und wenig später auch die Gutsherrin im Morgenrock auf den Plan gerufen hatte. Agathe und Frau Haase schleppten Franziska auf das kleine Sofa, das in der Halle stand, und stopften ihr ein Kissen unter den Kopf. Franziska nahm dies alles nur wie durch eine dicke Glasscheibe hindurch wahr.

Ihre Cousine schüttelte sie sanft. „Nicht ohnmächtig werden!"

Frau Haase reichte Luise ein Glas mit einer goldbraunen Flüssigkeit und diese hielt es Franziska an die Lippen. Der Cognac rann brennend ihre Kehle hinunter und brannte auch im Magen weiter, aber Franziska betraf das alles nicht. Luise streichelte ihre Haare, aber auch das berührte nur die Außenseite. Eigentlich war sie ganz woanders. An einem Ort, wo es weder Freude noch Leid noch Nachdenken gab, einfach nur Existenz, ein- und ausatmen. Aber die Leute um sie herum schienen nicht zu wollen, dass sie sich an diesem Ort aufhielt. Luise verabreichte ihr Klapse auf die Wangen und die Mamsell schickte Wilhelm los, um den Doktor zu holen.

Als Franziska nach Stunden kurz aus ihrer Betäubung auftauchte, stellte sie fest, dass sie im Bett lag. Aber sie war nicht allein. Luise war zu ihr unter die Decke gekrochen und hatte den Arm um sie gelegt. Das hatte sie nicht mehr getan, seit sie Backfische gewesen waren und Franziska erfahren hatte, dass Luise zusammen mit anderen jungen Mädchen Tanzstunden bekommen würde und sie nicht. Tante Regina hatte zum Trost nur für sie einen Zeichenlehrer angestellt – aber dennoch hatte sie sich damals schrecklich gefühlt.

„Was machst du hier?", murmelte Franziska.

„Ich wollte nicht, dass du dich alleine fühlst."

Franziska zog ihre Cousine noch näher zu sich, drückte das Gesicht in die Rüschen ihres Morgenrocks und ließ den Tränen freien Lauf.

Viel später erwachte sie erneut. Luise saß nun vollständig angezogen im Sessel neben ihrem Bett. „Du hast uns einen ziemlichen Schrecken eingejagt", sagte sie. „Schönborn musste dir eine Portion Laudanum einflößen und dann hast du einen ganzen Tag und eine Nacht durchgeschlafen."

„Was ist passiert?" Franziska war zwar wach, aber sie fühlte sich desorientiert, so, als hätte sie etwas vergessen. Etwas, das wichtig war.

Luises Augen umwölkten sich. „Du bist richtiggehend zusammengeklappt. Delbrück macht sich große Vorwürfe, obwohl er ja nichts dafür kann, dass du dort aufgetaucht bist. Daran bin ich schuld, weil ich dich hier weggelassen habe."

Jetzt brach alles wieder über Franziska herein, die Erinnerung an den Küstenabbruch und an den Fund. „Justo", murmelte sie. „Was ist mit ihm?"

„Willst du das jetzt wirklich hören?"

Franziska stemmte sich hoch. „Wenn du es mir nicht erzählst, dann stehe ich auf und suche mir jemanden, der das tut." Sie spürte, wie ihr schwindlig wurde, aber sie versuchte, es sich nicht anmerken zu lassen.

Mit sanfter Gewalt drückte Luise sie in die Kissen zurück. „Ich sage dir alles, aber nur, wenn du liegen bleibst und diesen Baldriantee trinkst." Sie hielt Franziska eine Tasse unter die Nase. „Wir wissen bisher nur vom Fund der Jacke, aber wir müssen vom Schlimmsten ausgehen."

Während sie trank, begann Franziska wieder zu weinen. Irgendwann schlief sie ein.

Später erschien die Mamsell mit einer kräftigen Hühnersuppe.

„Sie und die Frau Luise haben sich wohl abgesprochen, mich abwechselnd auf Trab zu halten." Sie half Franziska, sich aufzusetzen und schüttelte ihr das Kopfkissen zurecht, damit sie sich anlehnen konnte. Dann setzte Frau Haase das Tablett so auf Franziskas Schoß, dass sie essen konnte.

„Ich glaube nicht, dass ich etwas hinunterbekomme."

Die Mamsell setzte sich auf die Bettkante und nahm ihre Hand.

„Jemanden zu verlieren, das ist hart. Aber bedenken Sie, dass Justo auch einen Bruder hatte. Die Herrin macht sich große Sorgen um ihren Ehemann. Und das ist natürlich auch nicht gut für sie selbst."

„Und ich bin ihr keine Stütze", murmelte Franziska.

„Versuchen Sie es wenigstens", die Mamsell drückte Franziska den Suppenlöffel in die Hand. „Wenn sie sich nicht auch noch um Sie Sorgen machen muss, dann ist schon etwas gewonnen."

Franziska rührte vorsichtig die heiße Hühnersuppe um. Als ihr der Duft in die Nase stieg, bekam sie tatsächlich Appetit und begann langsam zu essen.

„Das mit dem jungen Herrn tut mir so leid", sagte die Mamsell, „ich kann mir Polkvitz gar nicht vorstellen ohne ihn."

Franziska nickte. Sagen konnte sie nichts.

„Er war zwar auch in der Vergangenheit oft und lange fort von hier, schließlich war er in Berlin stationiert, aber immer wenn er ein paar Tage erübrigen konnte, kam er her. Das ist jedenfalls jetzt mein Eindruck." Sie schluckte und Franziska begriff, dass auch die unerschütterliche Frau Haase von den Ereignissen mitgenommen war. „In der letzten Zeit hat sich der junge Herr verändert. Früher war er ein Draufgänger und flirtete mit jedem weiblichen Wesen, das nur einigermaßen ansehnlich war. Aber seit zwei Jahren hat er sich so in seine Arbeit gestürzt, dass er kaum noch für etwas anderes Zeit hatte."

„Sie sind schon lange hier?", fragte Franziska.

„Kann man sagen. Der Vater des jetzigen Herrn hat mich eingestellt. Die damalige Frau von Veldhain interessierte sich überhaupt nicht für die Wirtschaft. Daher war ihr Tod zwar eine traurige Angelegenheit, aber ich hatte danach genauso viel oder wenig Unterstützung wie zu ihren Lebzeiten. Damals hatte ich genug damit zu tun, hier alles am Laufen zu halten und dafür zu sorgen, dass Haus und Garten gepflegt wurden und die jungen Herren regelmäßig ihr Essen bekamen." Sie blickte auf ihre Hände. „Das hat sich erst geändert, als der Herr die Frau Luise heiratete. Zuerst hat es mich gestört, dass sie sich überall einmischte, aber nach und nach wurde mir klar, dass sie sich wirklich für die Dinge interessiert, und mit der Zeit wurde unser Verhältnis immer besser."

Nachdem die Mamsell gegangen war, hielt es Franziska im Bett nicht mehr aus. Die Sorge um Luise nagte an ihr. Als sie aufstand, fiel ihr Blick auf den Regenschirm, der immer noch auf der Kommode lag. Jetzt konnte sie seinen Anblick und die Erinnerungen, die er weckte, nicht ertragen. Franziska nahm ihren grauen Wollschal und legte ihn über den Schirm. Dann schlurfte sie mit müden Schritten zum Kleiderschrank und zog sich an.

Johanna kam ins Zimmer und sah, wie ihre Herrin am Frisiertischchen mit den Haaren kämpfte. Ohne etwas zu sagen nahm ihr das Kammermädchen die Bürste aus der Hand. Es flocht Franziskas Haar zu einem Zopf und steckte ihn als Knoten auf. „Die Frau Luise sitzt im Salon und trinkt Tee."

„Danke."

Luise hatte sich in eine Wolldecke eingewickelt und hielt eine dampfende Tasse in der Hand. „Ich habe mir gedacht, dass wenigstens ein Familienmitglied die Stellung halten sollte."

„Dann kannst du dich wieder hinlegen. Ich bin jetzt da."

„Später", Luise beugte sich ächzend zum Tisch. „Der Bauch ist überall im Weg", sie goss Franziska Tee ein. „Das ist Lindenblütentee. Frau Haase ist glücklich, dass sie endlich ihre Kräuter zum Einsatz bringen kann!"

Agathe kam in den Salon. „Doktor Schönborn ist da."

Luise winkte ihr, den Doktor hereinzubitten.

„Wieder auf den Beinen?" Schönborn schaute Franziska durchdringend an. „Ich hoffe, Sie haben inzwischen etwas gegessen! Sie sind zwar nicht der Typ dafür, aber mit diesen nervösen Geschichten ist trotzdem nicht zu spaßen."

„Ich hatte gerade einen Imbiss, vielen Dank!" Franziska bemühte sich, ruhig zu bleiben.

Schönborn nahm die Kaffeetasse entgegen, die ihm Agathe brachte. „Ich habe das über den jungen Herrn gehört." Er stellte die Tasse unangerührt auf den Tisch. „Mein Beileid." Die Frauen schwiegen.

„Vielleicht gibt es ja noch Hoffnung ...", sagte er.

„Wie denn?", Luise schrie fast. „Damit macht man sich doch nur etwas vor!" Aus den Tiefen der Decke, die sie um sich herumgewickelt hatte, grub sie ein Taschentuch hervor und wischte sich über die Augen.

„Es tut mir leid, das so hart zu sagen", meinte der Arzt und trotz seines steifen Benehmens schien so etwas wie Mitleid in seinen Augen zu schimmern, „aber ich bin es gewohnt, einen Patienten erst dann aufzugeben, wenn ich seine Leiche untersucht habe." Er trank einen großen Schluck Kaffee.

Luise schluchzte auf und Franziska nahm ihre Cousine in den Arm. „Das war nicht sehr pietätvoll", sagte sie zu Schönborn.

„Die Pietät heben wir Mediziner uns auf, bis sie angebracht ist."

Franziska hätte am liebsten ebenfalls geweint oder geschrien, aber der Gedanke daran, dass sie einen klaren Kopf behalten musste, um Luise beizustehen, hielt sie davon ab.

„Ich glaube, ich gehe jetzt besser", sagte der Doktor und erhob sich. Franziska wollte ihn hinausbegleiten, aber er winkte ab. „Kümmern Sie sich um ihre Cousine", sagte er, „sie soll sich nicht aufregen."

Franziska überredete Luise, zu Bett zu gehen. Daran, dass sie nicht allzu heftig widersprach, konnte Franziska ablesen, dass sie sich wirklich nicht gut fühlte.

Nachdem sie Luise nach oben begleitet hatte und wieder langsam die Treppe hinunterging, kam Agathe auf sie zu: „Doktor Schönborn hat mir noch diesen Brief für Sie gegeben, Frau Franziska." Damit zog sie ein Billett aus der Tasche ihrer weißen Schürze und überreichte es Franziska.

Ich möchte das Thema in der momentanen Situation nicht mündlich erwähnen, aber wenn Sie das Bedürfnis haben, zur Ablenkung oder zur Entspannung Ihre Besichtigung meiner Sammlung fortzusetzen, dann stehe ich Ihnen jederzeit zur Verfügung.

Franziskas erster Impuls war, den Brief zusammenzuknüllen und wegzuwerfen. Aber sie besann sich und steckte ihn in die Tasche.

Am nächsten Tag erschienen Adler und Mühlbach nach dem Frühstück bei den Damen im Salon. Der wolkenverhangene Himmel und die immer wiederkehrenden Regenschauer spiegelten genau die Stimmung wider, die im Gutshaus herrschte. Luise hatte sich angezogen und sich die schon ewig herumliegende Babydecke wieder vorgenommen. Sie versuchte, sich keine Schwäche mehr anmerken zu lassen. Franziska hatte einen ähnlichen Entschluss gefasst. Sie stickte und fühlte es kaum, wenn sie sich mit der Nadel in die Finger stach.

„Wir wollen uns verabschieden", erklärte Adler. „Wir kehren nach Berlin zurück."

Mühlbach war mit einem schwarzen Anzug für seine Verhältnisse geradezu elegant gekleidet. „Unsere Arbeit hier ist getan. Ich werde die letzten Messergebnisse persönlich an Oberbaurat Gotthilf Hagen übergeben. Er entscheidet, ob man auf dieser Basis die endgültigen Pläne erstellen kann oder ob weitere Vermessungen nötig sind."

Adler verbeugte sich. „Nochmals unser tief empfundenes Beileid."

Er folgte Mühlbach in die Halle. Franziska begleitete die beiden Männer bis zur Tür und sah zu, wie sie in den Wagen stiegen, der sie nach Stralsund bringen sollte.

„Es gibt übrigens eine Überraschung", sagte Luise, als Franziska in den Salon zurückkehrte, „Mutter kommt!"

Franziska konnte ihre Cousine nur anstarren.

„Nach Justos Verschwinden wusste ich einfach nicht mehr weiter. Karl-Friedrich war nicht ansprechbar, du auch nicht, da habe ich ihr eine Depesche geschickt."

Luise senkte den Kopf und Franziska wurde wieder einmal von Schuldgefühlen gebeutelt. Sie war ja wirklich eine hervorragende Unterstützung für ihre schwangere Cousine!

27. Kapitel

Vier Tage nach Justos Verschwinden war das Leben auf Polkvitz weitgehend in seine üblichen Bahnen zurückgekehrt. Auch wenn Appetit und Heiterkeit fehlten, so musste die Arbeit auf dem Gut doch weitergehen.

Franziska sah sich vorerst nicht imstande, sich mit Rieke und ihren neu gefundenen Verwandten zu beschäftigen. Auf Luises Zureden hin war sie jedoch bereit, die Einladung Doktor Schönborns zur Besichtigung seiner Sammlung anzunehmen.

Johanna weigerte sich allerdings standhaft, ihre Herrin zu begleiten. „Wirklich, Frau Franziska, es ist besser, wenn ich nicht mitkomme, sonst wird es am Ende wieder peinlich!" Das Kammermädchen wirkte so verzagt, dass Franziska davon absah, ihr einfach zu befehlen, mitzukommen. Nach einigem Hin-und-her-Überlegen beschloss sie, den Besuch bei Schönborn mit einem Ausritt zu verbinden. Auf diese Art hatte sie Gustav unterwegs dabei und beim Doktor konnte er auf die Pferde aufpassen. Das entsprach zwar streng genommen nicht dem Verhaltenskodex einer Dame von Stand, die immer eine weibliche Begleitung dabeihaben sollte, wenn sie das Haus verließ. Aber zu Hause in Berlin, während ihrer Ehe mit dem meist abwesenden Ferdinand, hatte sich Franziska darum auch nicht gekümmert.

„Ich freue mich, dass Sie es ermöglichen konnten!", diesmal empfing Schönborn seine Besucherin persönlich an der Tür und nahm ihr galant die Reitgerte ab. Dann führte er sie in das Empfangszimmer, wo der Kaffeetisch gedeckt war und im Gegensatz zu ihrem ersten Besuch sogar ein einfacher Kuchen auf dem Tisch stand. „Ich habe zwar keine so gute und erfahrene Köchin wie Sie auf Polkvitz, aber mein Küchenmädchen gibt sich redlich Mühe."

„Das wäre wirklich nicht nötig gewesen." Franziska erinnerte sich flüchtig an das schüchterne flachsblonde Mädchen, das sie bei ihrem ersten Besuch gesehen hatte.

Schönborn schenkte ihr persönlich den Kaffee ein und schaute zu, wie sie an dem etwas trocken geratenen Kuchen knabberte. Franziska hatte den Eindruck, dass der Arzt noch abgezehrter und nervöser war als früher. Die Ereignisse um Justos Verschwinden waren wohl an ihnen allen nicht spurlos vorübergegangen. „Haben Sie sich schon entschieden, ob Sie die Zeichnungen für mich machen werden?", fragte er.

Franziska stellte den Teller wieder auf den Tisch. Nicht vorschnell zustimmen, befahl sie sich selbst. „Ich möchte mir erst die infrage kommenden Stücke ansehen."

„Sie werden begeistert sein, davon bin ich überzeugt." Der Doktor leerte mit einem Zug seine Kaffeetasse. Einen Kuchen hatte er sich gar nicht erst genommen. Jetzt wartete er ungeduldig, bis Franziska so weit war. Sein erwartungsvoller Blick machte sie richtiggehend nervös. Sie trank ebenfalls schnell ihre Tasse aus, schob den Teller mit dem Rest des Gebäcks von sich und betupfte die Lippen mit der Serviette. „Ich bin gespannt, was Sie mir heute zeigen werden."

Schönborn führte sie in den Raum, den sie schon kannte. „Wir waren in der Steinzeit, als wir das letzte Mal so plötzlich unterbrochen wurden." Er wies auf die Messer und Speerspitzen aus Feuerstein. Daneben standen die Vitrinen mit den Keramikgefäßen.

„Zu solchen Töpfen gehörten also die Scherben, die Sie mir neulich am Strand gezeigt haben", sagte Franziska, die die aus Punkten und Linien bestehenden Verzierungen wiedererkannte. Schönborn zuckte zuerst zusammen, als ob die Erinnerung für ihn schmerzlich wäre, dann nickte er heftig. „Sie haben es sich also gemerkt!"

„Aber wozu dienten diese Gefäße? Zum Essenkochen?"

„Das konnte die Forschung bisher noch nicht eindeutig beantworten. Bei den Töpfen, die hier stehen, handelt es sich um Grabbeigaben und in einigen wurden Getreidekörner gefunden, aber die meisten lagen in Scherben, als ich sie geborgen habe. Ich habe sie wieder zusammengesetzt."

„Faszinierend!" Franziska stieß mit der Nase fast gegen die Glasscheibe, während sie versuchte auszumachen, wo und wie die Töpfe geflickt waren.

„Ich habe eine Art Kitt benutzt, den ich mit Lehmstaub eingefärbt habe." Schönborn strich mit den Fingern zärtlich über das Glas der Vitrine, die seine restaurierten Töpfe enthielt. „Aber noch schöner wäre es, wenn ich das gar nicht hätte tun müssen. Manche dieser Gefäße haben die vielen Jahrhunderte bis heute unzerbrochen überstanden und wurden erst kürzlich zerstört, weil irgendwelche Zeitgenossen das Grab einebneten, in dem sie sich befanden."

„Warum das denn?"

„Wenn heute so ein Hünengrab im Weg ist, sei es, weil man an dieser Stelle bauen oder einen Acker anlegen will, dann wird es einfach zerstört. Die Steine sind ja ein gutes Baumaterial und man sieht ihnen nicht an, woher sie stammen. Es ist schon ein großer Gewinn, wenn am Ende ein Wissenschaftler herbeigerufen wird, der die Scherben aufklaubt und in einer Karte ein Kreuzchen macht, damit spätere Generationen erfahren, wo einst eine Grabstätte gewesen ist. Falls sie es überhaupt wissen wollen."

Schönborns Stimme war bitter geworden und Franziska verstand ihn. „Das ist traurig. Aber es ist tröstlich, dass es Leute wie Sie gibt, die diese Dinge vor der endgültigen Vergessenheit retten."

Der Doktor nickte heftig. „So ist es! Und es sollte viel mehr Unterstützung für unsere Bestrebungen geben."

„In der Tat", sagte Franziska und dachte dabei an Ferdinand, der oft genug bei wohlhabenden Privatleuten und bei Handelsunternehmen darum betteln musste, dass sie seine Expeditionen unterstützten, und die dann meist eine Gegenleistung in Form von wertvollen Fundstücken oder von Informationen über lukrative Geschäftsgelegenheiten erwarteten. Schönborn befand sich in einer noch schlechteren Stellung, weil er weder das eine noch das andere anzubieten hatte.

Der Doktor geleitete Franziska feierlich zur nächsten Vitrine. Sie enthielt lediglich ein Stück, ein gerades bronzenes Schwert, dessen Klinge nur noch teilweise vorhanden war. „Einer der wenigen Funde aus der Bronzezeit", bemerkte er. „Aus der Eisenzeit habe ich gar nichts hier." Er zwinkerte Franziska zu: „Fundamente von Schmelzöfen und Schlackenreste waren sogar mir zu wenig dekorativ."

Die nächste Vitrine war leer. Schönborn schmunzelte, als ihn Franziska fragend ansah.

„Zweifellos etwas platzintensiv", bemerkte er, „aber den Fakten entsprechend. Aus dem Zeitraum zwischen dem dritten und sechsten Jahrhundert nach Christus, der sogenannten Völkerwanderungszeit, gibt es keine Funde. So wie es aussieht, sind die germanischen Stämme fortgezogen und erst Jahrhunderte später haben nach und nach die slawischen Ranen das Land besiedelt."

Franziska runzelte die Stirn. „Weshalb sind sie weggegangen?"

„Das weiß keiner."

Schönborn trat nun einige Schritte zurück und gab dann mit einer weit ausholenden Geste Franziska den Blick frei auf die nächste Vitrine. „Die Slawenzeit!"

Es war offensichtlich, dass der Doktor diese Fundstücke als Höhepunkt des Rundgangs betrachtete. Hier fanden sich nicht nur Bronze und Eisen, sondern auch edlere Metalle wie Gold und Silber. Es gab Ringe, Ketten und Anhänger aus Glas, Bernstein und Edelsteinen.

„Und das ist nur ein Teil meiner Sammlung! Ich habe kürzlich einen wirklich aufsehenerregenden Fund gemacht." Schönborn sah aus, als würde er vor Stolz gleich platzen.

In der Stille nach dieser Eröffnung hörte man im unteren Teil des Hauses Türenklappen, Schritte und aufgeregte Stimmen. Der Doktor lauschte. Franziska lag schon eine Frage nach diesem neuen Fund auf der Zunge, da wurde die Tür von außen geöffnet und Schönborns bleicher Kammerdiener schaute herein. „Es sind zwei Männer gekommen, die sich nicht vertrösten lassen. Im Gummanzer Kreidebruch hat es einen Unfall gegeben und sie benötigen dringend einen Arzt."

„Lass meinen Wagen anspannen!" Schönborn schaute Franziska entschuldigend an. „Und wieder wird unsere Besichtigung unterbrochen. Ich hoffe, Sie geben mir sobald wie möglich die Gelegenheit, endlich meine kostbarsten Funde vorzuführen."

Als Franziska und der Kutscher zurück nach Polkvitz ritten, hielt Gustav mitten auf der Eschenallee plötzlich seinen Schimmel an und wartete, bis Franziska mit Herzbube neben ihm angekommen war. „Entschuldigen Sie bitte, dass ich Sie damit behellige, Frau Franziska, aber ich habe vorhin etwas Eigenartiges gesehen." Er zog die Stirn unter seiner zerknautschten Mütze in Falten. „Als Sie zu Doktor Schönborn hineingegangen sind, habe ich Herzbube und den Schimmel in den Hof hinter dem Haus geführt. Der Doktor hat einen Jungen, der sich um sein Pferd kümmert, und der hat mir Wasser und Heu angeboten. Als ich das Heu aus dem Stall holte, habe ich mich noch etwas umgeschaut", er schluckte und versuchte ein Grinsen. „Ist ja immer interessant, wie die Pferdeställe anderer Leute eingerichtet sind."

„Erzähl weiter!"

„An der Wand neben der Tür steht ein Regal mit Putzzeug und Bandagen." Gustav verstummte wieder und Franziska war drauf und dran, die Geduld zu verlieren. Sie trieb Herzbube an und der alte Wallach setzte sich wieder gemächlich in Bewegung. Der Kutscher blieb neben ihr.

„Gab es denn etwas Besonderes, was du dort gesehen hast?", fragte sie ihn.

„Auf dem Regal lag der kleine Hufräumer, den der junge Herr immer in der Tasche hat."

Franziska zog an den Zügeln und blickte Gustav verblüfft an. „Dieser Metallhaken?"

Gustav hatte sein Pferd ebenfalls angehalten und nickte.

„Aber die gibt es doch sicher häufiger? Pferde treten sich dauernd etwas in die Hufe." Franziska hatte auch schon gesehen, wie Gustav mit solch einem Ding hantiert hatte.

„Sicher." Der Kutscher griff in die Tasche seiner ausgebeulten Jacke und zog einen Hufräumer heraus. „Jeder, der mit Pferden umgeht, hat einen dabei. Aber der von dem jungen Herrn war besonders."

Er hielt Franziska das Werkzeug vor die Nase. „Sehen Sie, dies hier ist einfach ein geschmiedetes Stück Eisen mit einem Haken an der einen Seite und einem Griff an der anderen. Ist ziemlich sperrig in der Tasche. Aber der von dem jungen Herrn, der hatte in der Mitte ein Scharnier, sodass man ihn zusammenklappen konnte."

„Klingt praktisch", meinte Franziska, „so etwas besitzen sicherlich viele Leute."

Gustav schüttelte den Kopf. „Nicht hier. Als ich versuchte, mir selbst so einen Hufräumer zum Zusammenklappen zu kaufen, da habe ich ihn nirgends bekommen können. Der junge Herr sagte mir dann, er hätte seinen aus Berlin mitgebracht."

Herzbube setzte sich wieder in Bewegung.

„Aber warum soll im Stall von Doktor Schönborn der Hufräumer des Herrn von Veldhain herumliegen?"

„Ich habe es Ihnen ja gesagt", brummelte Gustav, „es klingt verrückt."

„Wenn du den Jungen wiedersiehst, dann frag ihn doch einfach, woher der Hufräumer kommt."

„Das habe ich schon."

„Und?"

„Er wusste nicht, wie er dorthin geraten ist. Ich glaube, er hat ihn bisher noch nie gesehen. Er sagte, dass der Doktor ihn auf das Regal gelegt haben müsste."

„Vielleicht hat der ihn ebenfalls von irgendwoher mitgebracht oder geschenkt bekommen."

„Möglich", sagte Gustav, aber Franziska spürte genau, dass er damit nicht zufrieden war.

Sie versuchte, so gut es ging, alle Gedanken an Justo zu verdrängen, aber wie sollte sie das schaffen, wenn sie immer wieder an ihn erinnert wurde? Sie war fast böse auf Gustav.

Als Franziska den Salon von Gut Polkvitz betrat, fand sie dort Luise am Schreibtisch mit einem Berg Post vor. Mechanisch schlitzte die Cousine Umschläge auf, las die ersten Zeilen der Briefe und verteilte sie dann auf verschiedene Stapel. „Das meiste sind Beileidsbekundungen. Niemand hat mehr Hoffnung auf ein glückliches Ende", sie stützte müde den Kopf in die Hände, „und das ist erst der Anfang der Lawine!"

„Musst du die wirklich alle beantworten?", Franziska zog sich einen Stuhl heran.

„Es sind hauptsächlich Nachbarn und Bekannte hier aus der Gegend. Der richtig große Berg kommt noch, wenn die Nachricht von Justos Unfall bis Berlin vorgedrungen ist."

„Kann ich dir helfen?"

„Du könntest die Briefe öffnen und vorsortieren. Kondolenzschreiben kommen hierhin und die andere Post dorthin." Sie zeigte auf zwei unterschiedlich hohe Papierstapel. „Ich muss die Beileidsbriefe dann noch ordnen in Verwandte und enge Freunde, die eine schnelle Antwort erhalten müssen, und diejenigen, die etwas warten können."

Schweigend begannen sie zu arbeiten.

„Der ist vom Detziw", sagte Franziska und hielt einen Brief hoch.

Ihre Cousine griff sofort nach dem Schreiben und überflog es.

Im Namen meiner gesamten Familie möchte ich unser tief empfunde-
nes Beileid ausdrücken und der Hoffnung Ausdruck verleihen, dass
unsere Differenzen durch diesen bedauerlichen Verlust beigelegt sind.

„Was will er damit sagen?", fragte Franziska. „Glaubt er
denn, dass die preußische Admiralität von ihren Plänen ab-
rückt, nur weil Justo nicht mehr da ist?"

„Detziw ist erleichtert, weil die Sache mit dem Duell vom
Tisch ist", meinte Luise. „Immerhin spart sich sein Sohn jetzt
die Entschuldigungsarie bei Justo." Ihr Blick wurde hart. „Aber
nicht bei mir!" Sie klopfte auf eine Stelle der Tischplatte, die
noch nicht von Papier bedeckt war: „Leg den Brief hierhin, den
werde ich besonders ausführlich beantworten. Den bekommt
auch Karl-Friedrich nicht in die Hände. Da würde er sich nur
aufregen!"

Als sie den Postberg abgetragen hatten, gönnten sich die beiden Frauen einen Nachmittagskaffee. Luise wartete, bis Agathe
den Raum verlassen hatte. Es war ihr nicht ganz wohl dabei,
der Cousine von der Entdeckung zu erzählen, die Karl-Friedrich heute Morgen gemacht hatte, aber Franziska würde über
kurz oder lang sowieso davon erfahren, da jeder auf dem Gut
davon redete.

„Gordon und Scott haben Justos Sattel gefunden!", berichtete
sie. „Karl-Friedrich ist ausgeritten und als er hinter Baldereck in
den Reitweg nach Polkvitz einbog, da schlugen die beiden
Hunde plötzlich an, verschwanden in einem Gebüsch und kamen nicht mehr zum Vorschein."

Als Luise Justo erwähnt hatte, war Franziska bleich geworden.

„Karl-Friedrich ist natürlich hinterhergekrochen und du
kannst dir sein Erstaunen vorstellen, als er mitten zwischen

Unkraut und Gestrüpp den Sattel und das Zaumzeug der Fuchsstute liegen sah."

Bei dieser erneuten Erinnerung an Justo fühlte sich Franziska wie jemand, der einen kranken Zahn hat: Eine winzige zarte Berührung genügt und der Schmerz schießt durch den ganzen Körper. Sie bemühte sich um einen neutralen Tonfall. „Wie kamen die Sachen dorthin?"

„Das ist die Frage", sagte Luise, „wir sind immer davon ausgegangen, dass die Stute ihr Sattelzeug irgendwo abgestreift hat. Aber Karl-Friedrich sagt, das Gebüsch sei viel zu dicht für ein Pferd und er hat auch keine Hufabdrücke gesehen. Der Sattelgurt ist nicht gerissen, es wurde ordnungsgemäß die Schnalle geöffnet. Und das bekommt auch ein noch so geschicktes Pferd nicht hin."

„Es ist wirklich eigenartig", sagte Franziska und flüchtig streifte sie der Gedanke an ein anderes Objekt, das an einer unvermuteten Stelle aufgetaucht war.

28. Kapitel

Regina von Oberbach kam am späten Abend an. Sämtliche Bewohner des Gutes hatten sich bereits zur Ruhe begeben, als die vierspännige Kutsche über die Auffahrt rollte. Das Gerassel und Gepolter in der nächtlichen Stille scheuchte schnell ein Empfangskomitee vor die Tür. Wilhelm hatte es in Rekordzeit geschafft, sich wieder in seinen Anzug zu werfen, und der Gutsherr sah mit Hose und Hausjacke ebenfalls präsentabel aus. Luise und Franziska umarmten in Morgenröcken ihre Mutter und Tante.

„Meine Täubchen!", Regina von Oberbach drückte beide gleichzeitig an sich. „Wie schön, euch endlich wiederzusehen!" Die Baronin hatte die Reise gut überstanden. Ihre Augen leuchteten, die Garnierung des Hutes war so frisch wie direkt aus der Hand der Putzmacherin und das weinrote Seidenkleid schimmerte nahezu faltenfrei. „Prächtig siehst du aus, mein Kleines", sagte sie zu Luise und Franziska wurde nach einem scharfen Blick nochmals umarmt. „Alles wird gut", flüsterte sie ihr ins Ohr.

Dann schaute sie die Umstehenden genauer an und brach in ihr bekanntes – und in manchen Salons gefürchtetes – Lachen aus. „Ihr hattet euch schon schlafen gelegt! Das ist ja nicht zu fassen. Um diese Zeit!"

Karl-Friedrich küsste ihr mit großer Geste die Hand. „Willkommen auf dem Land, gnädige Frau!"

Die Hausburschen luden das Gepäck aus und zwei gähnende Stallknechte nahmen sich des fremden Kutschers und der Pferde an.

„Was für ein prächtiges Gespann", sagte Karl-Friedrich, als die Rappen an ihm vorbeigeführt wurden.

„Ein Leihgabe von Fürst Bredon", meinte Tante Regina, „er sagte, wenn ich Berlin schon verlassen müsse, dann solle es wenigstens stilvoll vonstattengehen."

Luise lachte. „Hat der alte Schwerenöter immer noch nicht aufgegeben?"

„Der Waldemar ist doch kein Schwerenöter", sagte die Baronin mit gespieltem Entsetzen, „er macht mir inzwischen nur noch einmal pro Jahr einen Antrag."

„Wie beruhigend."

Die Mamsell, die selbst in Morgenrock und Nachthaube die Würde ausstrahlte, die sie ihrer Stellung schuldig war, erschien mit einer Petroleumlampe und führte Regina von Oberbach und ihr Kammermädchen zu ihren Zimmern. Luise und Franziska folgten. Als die Damen allein waren, gab es noch eine Umarmungsrunde.

„Ich habe euch beide so vermisst", Regina von Oberbach wischte eine kleine Träne aus dem Augenwinkel. Dann warf sie ihre Handschuhe auf die Kommode und nahm vorsichtig den Hut ab. Franziska wurde plötzlich klar, dass ihre Tante älter sein musste als Rieke Meistersinger. Das dunkle Haar der Baronin wurde von grauen Strähnen durchzogen und man sah inzwischen deutlich die Fältchen um ihre Augen. Auch ihre Taille war nicht mehr ganz so schmal wie früher. Dennoch, verglichen mit Regina von Oberbach war Rieke eine verbitterte Greisin. Lag das wirklich nur daran, dass ihr Leben so unterschiedlich vom Glück begünstigt gewesen war? Franziska wusste es nicht zu sagen.

Am nächsten Morgen saßen sie nach einem späten Frühstück noch beisammen und Tante Regina legte einen dicken Umschlag auf den Tisch. „Vor einigen Tagen erlaubte ich mir, unseren Familienanwalt aufzusuchen." Sie schob den Umschlag zu Franziska hinüber.

„Ich habe mir gedacht, dass es dich interessieren könnte, wie es um Ferdinands Vermögensverhältnisse bestellt war. Der Anwalt hat einen ausführlichen Brief für dich geschrieben, in dem er alles erklärt. Zusammenfassend sagte er mir, dass Ferdinand verfügt habe, dass sein gesamtes Vermögen an dich geht. Inklusive der Rente, die unser geschätzter König für ihn festgesetzt hat."

Franziska runzelte die Stirn. „Dann bekommt Rieke also nichts außer den Goldmünzen?"

„Karl-Friedrich hat vorgeschlagen, die Münzen in Stralsund zu verkaufen", sagte Luise. „Sicherlich kann Rieke mit Geld mehr anfangen als mit den Münzen – sonst wird sie am Ende noch übers Ohr gehauen."

„Dann soll er es so machen!"

„Wir müssen noch überlegen, wie wir ihr das Geld übermitteln. Wenn du ihr nicht mehr begegnen willst, dann kannst du ja auf den Vorschlag des Fräuleins von Liesegang zurückgreifen und sie das übernehmen lassen", meinte Luise.

Franziska war unschlüssig. Einerseits hatte sie nicht das geringste Bedürfnis, ihre Schwägerin wiederzusehen, andererseits wollte sie sich aber nicht die Möglichkeit nehmen, ihren Neffen und ihre Nichte genauer kennenzulernen. Und das ging nur, wenn sie sich erneut mit Rieke traf.

Da die Gutsherrin mit der Mamsell noch weitere Besorgungen in Stralsund zu besprechen hatte, schlug Regina ihrer Nichte vor, einen kleinen Spaziergang zu machen. Als die beiden die Freitreppe vor dem Gutshaus hinuntergingen, tauchte plötzlich Leander zwischen den Büschen des Rondells auf. Regina blieb stehen. „Gehört der auch zu den Tieren des Gutshofes?"

„Ich würde sagen, es ist eher ein übellauniger Hausgast."
Franziska fasste den Stock ihres Sonnenschirmes fester.

Leander watschelte gravitätisch durch die Tulpen und stellte sich Regina in den Weg.

„Nicht gerade zurückhaltend, euer Hausgast." Sie kramte in ihrem bestickten Beutel und förderte eine kleine Papiertüte mit vertrocknetem Biskuit zutage. „Meine Notration." Sie brach ein Stück des Gebäcks ab und warf es dem Schwan zu. Leander fing es in der Luft und schluckte es sofort hinunter. Erst als der gesamte Biskuit aus der Tüte in seinen Magen gewandert war, ließ der Schwan die beiden Frauen passieren.

Tante Regina sah sich verstohlen um, um sicherzugehen, dass Luise nicht in Hörweite war. „Jetzt will ich diese Schimmelstute sehen, von der du in deinem Brief geschwärmt hast!"

Gerade als sie den Stall betreten wollten, hörten sie, wie sich ein Wagen näherte. Es war Doktor Schönborn, der im langsamen Schritt mit seinem Einspänner angefahren kam und direkt vor der kleinen Schmiede des Gutes anhielt. Der Schmied und ein Knecht inspizierten den rechten Hinterhuf des Pferdes. Dann spannte der Knecht den Fuchs aus und führte ihn in die Werkstatt.

Schönborn trat zu den beiden Damen. „Heute bin ich es, der Hilfe braucht. Ich war gerade zu einem Patienten unterwegs, da verlor mein Pferd ein Hufeisen."

Trotz des strahlenden Sonnenscheins hatte Franziska den Eindruck, über dem Doktor würde eine dunkle Wolke schweben. Er wirkte so überarbeitet und übernächtigt, als habe er, seit sie sich das letzte Mal gesehen hatten, überhaupt nicht geschlafen.

„Sie sind also der ärztliche Beistand meiner Tochter", sagte Tante Regina, „Luises Wohlbefinden spricht eindeutig für Ihr Können."

Der Doktor lächelte schwach. „Das ist nicht mein Verdienst. Ihre Tochter erfreut sich von Natur aus einer beneidenswerten Gesundheit."

Nachdem sie noch ein paar belanglose Höflichkeiten ausgetauscht hatten, brachte der Knecht das Pferd zurück und spannte es an den Wagen. Schönborn verbeugte sich vor den beiden Damen, dann warf er Franziska einen fast flehenden Blick zu.

„Wenn es Ihnen nicht unpassend erscheint ... ich würde mich wirklich über Ihren Besuch freuen."

29. Kapitel

Karl-Friedrich war es gelungen, die Goldstücke in Stralsund an einen Sammler zu verkaufen und Franziska staunte über den Geldbetrag, den er dafür erlöst hatte. Da der nächste Tag ein Sonntag war, zögerte sie den Besuch bei ihrer Schwägerin nicht länger hinaus.

Rieke saß auf der Holzbank vor ihrem Häuschen und schälte Kartoffeln. Das helle Sonnenlicht zeigte gnadenlos jede Falte in ihrem Gesicht und jede Unreinheit ihrer Haut. Einige Haarsträhnen hatten sich aus dem Kopftuch befreit und hingen ihr vor die Augen. Als Franziska, begleitet von einer nicht sonderlich begeisterten Johanna, näher trat, schaute sie auf. „Wie hübsch, eine feine Dame kommt zu Besuch. Soll ich nun einen Sherry servieren oder doch lieber einen Madeirawein?", sagte sie mit gekünstelter Stimme.

Sie machte keinerlei Anstalten, Franziska einen Platz anzubieten. Ihrem Bein zuliebe setzte sich die Besucherin schließlich unaufgefordert auf die wacklige Bank.

„Ich habe doch das letzte Mal gesagt, dass ich Sie nicht mehr sehen will", sagte Rieke und warf eine schmuddelige Kartoffel in den Kochtopf, der vor ihr auf dem Boden stand. „Haben Sie was mit den Ohren?"

„Ich bringe das Geld, das Ihnen Ferdinand hinterlassen hat."

„Geben Sie her!" Rieke ließ das Messer in den Korb zu den ungeschälten Kartoffeln fallen und beugte sich vor. Franziska stiegen Schweißdunst und der Geruch ungelüfteter Kleider entgegen. Sie rückte etwas zurück. Riekes begehrlicher Blick heftete sich auf den Beutel, der auf Franziskas Schoß lag.

„Wo sind Ihre Kinder?"

„Was geht die das an?"

„Ferdinand hat das Geld Ihrer gesamten Familie vererbt."

Das hatte zwar nicht direkt im Brief gestanden, aber Franziska war sich sicher, dass sie damit in Ferdinands Sinne handelte.

Rieke verzog das Gesicht und meinte: „Thies ist irgendwo am Strand und hilft dem Nachbarn, sein Boot abzudichten, und Grete muss arbeiten. Unsereins kann sich am Sonntag nicht einfach hinsetzen und nichts tun oder lästige Besuche machen, so wie gewisse andere Leute." Sie warf ihrer Schwägerin einen gehässigen Blick zu.

„Johanna", Franziska sah sich zu ihrem Kammermädchen um, „könntest du Thies am Strand suchen und ihm sagen, dass er herkommen soll."

Da man von hier aus die Boote am Ende der Straße auf dem grauen Kies liegen sah, setzte sich Johanna bereitwillig in Bewegung. Sie hatte Thies schon erspäht. Seine Gestalt überragte alle anderen, die das Boot umstanden.

„Schön, wenn man jemanden zum Rumkommandieren hat", sagte Rieke und griff nach einer neuen Kartoffel.

„Johanna ist nicht meine Angestellte", sagte Franziska, „das kann ich mir gar nicht leisten!"

Man sah Rieke an, dass sie das nicht glaubte. Sie zog das Messer aus dem Korb und begann wieder zu schälen. Franziska lehnte sich zurück und bemühte sich, ihr Bein zu entspannen. Bevor Thies hier war, würde sie nichts mehr sagen. Eine schnelle Bewegung auf der Straße zog ihre Aufmerksamkeit auf sich. Ein barhäuptiges Mädchen in grauer Dienstbotenkleidung und mit flachsblonden Zöpfen eilte zwischen den Katen hindurch. Als es die Besucherin sah, blieb es abrupt stehen. Auch Franziska erkannte es sofort: Das Küchenmädchen von Doktor Schönborn!

„Grete, was machst du hier?", Rieke schaute von ihrer Kartoffel auf, „heute ist nicht dein freier Tag."

Langsam trat Grete näher und warf einen unsicheren Blick auf Franziska.

„Jetzt sag schon. Warum bist du nicht beim Doktor?"

„Ich kann nicht mehr", stieß Grete hervor.

„Papperlapapp, erzähl keinen Unsinn, das ist eine gute Stellung."

Grete schwieg. Sie blickte wieder zu Franziska hinüber.

Rieke lachte. „Wegen der brauchst du dir keine Gedanken zu machen. Die sieht zwar aus wie eine feine Dame, aber sie behauptet, dass sie eine Verwandte von uns ist!"

„Wirklich?"

„Ich war mit Riekes Bruder Ferdinand verheiratet", erklärte Franziska, „er ist vor Kurzem verstorben."

„Sie waren bei Doktor Schönborn zu Besuch, er hat Ihnen seine Altertümer gezeigt und ich musste einen Kuchen backen."

Grete zögerte. „Aber einen Ferdinand kenne ich nicht."

Rieke verdrehte die Augen. „Du hast ihn nie kennengelernt, weil er nichts mit uns zu tun haben wollte." Mit einer wütenden Handbewegung schleuderte sie die Kartoffel in den Topf. „Also, was stimmt nicht mit dem Doktor?"

„Es ist ja nicht wirklich der Doktor. Es ist der Kammerdiener, er will mich anfassen und er redet so komisch daher." Grete wurde rot.

Rieke zuckte mit den Schultern. „Dann hau ihm halt auf die Finger und hör ihm nicht zu."

„Das traue ich mich nicht", Grete flüsterte fast.

„Weiß denn Doktor Schönborn davon?", Franziska konnte dazu nicht schweigen. Sie war entsetzt, mit wie wenig Verständnis Rieke ihre Tochter behandelte.

„Der Kammerdiener sagt, der Doktor wird mir ohnehin nicht glauben und wenn ich es ihm erzähle, dann wirft er mich raus." Grete schniefte. „Deswegen will ich da gar nicht mehr hin."

„Blödsinn", meinte Rieke, „wir brauchen das Geld. Du läufst sofort zurück und behelligst mich nicht mehr mit solchen Lappalien."

„Aber das geht doch nicht", sagte Franziska aufgebracht. „Sie können nicht einfach tatenlos zusehen, wie Ihre Tochter von einem Kammerdiener belästigt wird!"

Rieke sah sie ironisch an. „Und was schlägt die Dame vor? Soll Grete etwa ihre gute Stellung sausen lassen?"

„Ich werde mit dem Doktor reden", sagte Franziska, obwohl es ihr vor der Vorstellung grauste, dass sie sich dann zu ihrer Verwandtschaft bekennen musste.

„Nein!", riefen Mutter und Tochter einstimmig.

„Unsereinem glaubt doch sowieso niemand und neue Küchenmädchen findet man an jeder Ecke", sagte Rieke. Grete weinte fast. „Ich will den Doktor nicht mit so etwas belästigen."

Franziska gab sich geschlagen, aber sie war fest entschlossen, mit Luise und Tante Regina über Grete zu reden. Vielleicht fanden die beiden eine Lösung. Das Mädchen war ihr sympathisch und tat ihr unendlich leid.

Johanna und Thies kamen die Straße vom Strand herauf. Sie unterhielten sich angeregt und der kleine Hund hüpfte hinter ihnen her.

„Und dass du ja nicht deinem Bruder die Ohren vollheulst", zischte Rieke ihrer Tochter zu. „Du läufst jetzt so schnell wie möglich nach Sagard zurück und betest, dass noch niemand gemerkt hat, dass du weg warst!"

Franziska schüttelte den Kopf. „Sie muss auch über die Erbschaft Bescheid wissen. Wenn ich sie nachher in der Kutsche mitnehme, dann kommt sie schnell genug zum Doktor."

„Was für eine Erbschaft?" Thies stand inzwischen neben ihnen.

Rieke warf Franziska einen wütenden Blick zu. „Ferdinand hat mir ein bisschen Geld hinterlassen", sagte sie zu ihren Kindern.

„Ferdinand hat das Geld seiner Familie vererbt", betonte Franziska.

Rieke warf einen misstrauischen Blick in die Runde. „Lasst uns hineingehen. Schließlich brauchen die Nachbarn nicht alles zu erfahren." Ihrer Ansicht nach hatten schon viel zu viele Leute Kenntnis von dem unverhofften Geldsegen.

Auf dem Rückweg fuhr Grete bei Franziska und Johanna in der Kutsche mit. Als sie einstiegen, wollte das Mädchen zu Gustav auf den Kutschbock klettern, aber das ließ Franziska nicht zu. Also saß Grete nun in einer Ecke der gegenüberliegenden Sitzbank neben Johanna und machte sich so klein wie nur möglich. Franziska musterte ihre Nichte. Mit dem glatten blonden Haar und den hellen graublauen Augen schien sie nach ihrem Vater zu schlagen. Im Gegensatz zu Rieke war sie groß und schlank und hatte feine Gesichtszüge. Franziska fragte sich unwillkürlich, was Grete zurzeit tun würde, wenn sie die gleiche Erziehung genossen hätte wie sie selbst. Wahrscheinlich würde sie dann gerade Tanzstunden nehmen, für den Hauslehrer schwärmen und gelegentlich die Oper besuchen dürfen.

„Sie erzählen dem Doktor wirklich nichts?"

Franziska schreckte aus ihren Tagträumen auf. Grete hatte mit dieser Frage ihren ganzen Mut aufgebraucht und nun sackte ihr Blick wieder zu Boden.

„Wenn du es nicht willst, dann werde ich Schönborn nichts sagen", beeilte sich Franziska zu versichern. „Auch wenn ich mir nicht vorstellen kann, dass er dich deswegen hinauswirft."

„Er ist so eigenartig geworden", flüsterte Grete, „früher fragte er mich ab und zu, wie ich zurechtkomme und ob ich etwas für die Küche brauche. Jetzt ist er immer geistesabwesend und wenn ich ihm sein Essen bringe und später das Geschirr abräume, dann sehe ich, wie wenig er gegessen hat. Gestern wollte er, dass ich ihm einen Kaffee mache, und zwei Stunden später schimpfte er mit mir, dass er kalt wäre. Aber wenn er die Tasse auch die ganze Zeit auf seinem Schreibtisch stehen lässt …" Sie verstummte und schien noch mehr zusammenzuschrumpfen.

Franziska beschloss, ihre Besuche bei Doktor Schönborn wieder aufzunehmen. Vielleicht konnte sie herausfinden, was ihn belastete. „Du wirst mich in Zukunft öfter sehen", sagte sie und Grete schaute so verschreckt drein, als sei das eine Drohung. „Wenn du darauf bestehst, dann erfährt der Doktor nichts von unserer Verwandtschaft."

Grete nickte. „Sie sind eine vornehme Dame."

„Ich bin deine Tante."

Grete starrte sie verständnislos an und Franziska seufzte innerlich. Sie musste unbedingt etwas für das Mädchen tun.

Bevor die Kutsche die ersten Häuser von Sagard erreichte, führte die Straße durch ein kleines Wäldchen. Grete bestand darauf, hier auszusteigen. „Ich kenne eine Abkürzung zum Haus des Doktors", flüsterte sie und Franziska sah ihr nach, wie sie zwischen den Büschen verschwand. Am liebsten hätte sie das Mädchen zurückgeholt und mit nach Polkvitz genommen. Aber Grete war minderjährig, deshalb mussten sie die Befehle ihrer Mutter respektieren.

Als Franziska vor dem Gutshaus aus der Kutsche stieg, sah sie, wie Regina von Oberbach und Luise auf der Freitreppe standen und sich unterhielten. „Ich habe Mutter gerade die Rosen gezeigt, die der Gärtner an der Hauswand gepflanzt hat", erzählte Luise. „Dabei ist mir eingefallen, dass sich für heute Abend Rufus von Detziw angekündigt hat. Er wird mit seinem Sohn vorbeikommen, um unsere ‚leidigen Streitigkeiten endlich aus dem Weg zu schaffen', wie er sich ausgedrückt hat."

Im Salon erzählte Franziska den beiden Frauen von ihrem Besuch bei der Familie Meistersinger.

„Schönborns Küchenmädchen ist deine Nichte?" Luise konnte ihre Verblüffung nicht verbergen.

„Sie tut mir so leid", sagte Franziska, „ich muss fortwährend daran denken, was wohl mit mir geschehen wäre, wenn sich Tante Regina nach dem Tod meiner Mutter nicht um mich gekümmert hätte."

Die Baronin legte ihr die Hand auf den Arm. „Das war eine ganz andere Situation. Deine Mutter und ich standen uns sehr nahe und haben uns nie aus den Augen verloren."

„Das mit Grete ist trotzdem traurig", sagte Luise, „wir müssen uns unbedingt etwas einfallen lassen." Dann stützte sie die Hände in den Rücken und stöhnte. „Ich werde mich jetzt etwas hinlegen, damit ich heute Abend ausgeruht bin. Und dann lasse ich mich von meinem Kammermädchen so aufdonnern, dass dieser Detziw genau sieht, dass er seinen Besuch nicht als informelles Treffen unter Nachbarn, sondern als offizielle Angelegenheit betrachte."

30. Kapitel

Am Abend waren alle Damen gekleidet, als wollten sie einem Duell oder einer Gerichtsverhandlung beiwohnen. Franziska hatte das eleganteste ihrer Trauerkleider gewählt, die Gutsherrin und ihre Mutter erschienen in strenger dunkelblauer und schokoladenbrauner Seide. Auch Karl-Friedrich war zu einem dunklen Anzug überredet worden.

Rufus von Detziw und sein Sohn sahen sich einer Wand aus Kritik und Trauer gegenüber, als sie in den Salon geführt wurden. Der Vater räusperte sich. „Wir sind hier, um unsere Differenzen beizulegen." Er blickte von einem zum anderen. An Regina von Oberbach blieben seine Augen etwas länger haften und seine Pupillen weiteten sich. Die Baronin musterte ihn mit unbewegtem Gesicht. Die Diamanten an ihren Ohrringen funkelten eisig.

„Ich möchte mich für mein ungebührliches Verhalten bei unserer letzten Begegnung entschuldigen", murmelte Bernhard von Detziw, den Blick zu Boden gerichtet.

„Tatsächlich?", sagte Luise.

„Dieser Auftritt in meiner Abwesenheit hat meine Gattin sehr erschreckt und beunruhigt!", polterte Karl-Friedrich los, „nicht auszudenken, was da hätte geschehen können in ihrem Zustand!"

„Ich habe Bernhard nachdrücklich klargemacht, dass sein Verhalten nicht akzeptabel ist." Rufus von Detziw warf seinem Sprössling einen strengen Blick zu.

Bernhard verbeugte sich erneut: „Ich kann nur in aller Form um Verzeihung bitten."

„Sie können von Glück sagen, dass Ihnen das Duell erspart bleibt", sagte Luise und sah ihren Mann an. Franziska bemerkte das kurze Aufblitzen eines Lächelns auf seinem versteinerten Gesicht, dann grollte er: „Ich hätte wirklich große Lust, Justos Forderung …"

„Aber mein guter Herr von Veldhain", Detziw legte sich sofort ins Mittel, „wir wollen einen Dummejungenstreich doch nicht überbewerten."

„Ein sehr unschöner und gefährlicher Dummejungenstreich", sagte Karl-Friedrich.

Rufus von Detziw machte eine besonders tiefe Verbeugung. „Ich kann nur nochmals um Nachsicht bitten – im Interesse des nachbarschaftlichen Friedens."

„Im Interesse des nachbarschaftlichen Friedens", wiederholte der Herr von Veldhain langsam.

Luise warf den beiden Detziwens einen Blick zu, der dem ähnelte, mit dem sie neulich eine Nacktschnecke an ihren Bohnenranken bedacht hatte. „Im Interesse eines friedlichen Zusammenlebens werden wir wohl Ihre Entschuldigung annehmen müssen."

Man sah Rufus von Detziw an, dass ihm ein Stein vom Herzen gefallen war.

Karl-Friedrich klingelte nach Agathe, die kurz darauf ein Tablett brachte, auf dem Gläser und eine Flasche standen. „Trinken wir einen Sekt und begraben die ganze leidige Geschichte."

Rufus von Detziw stimmte ihm erleichtert zu. „Wir sind Ihnen sehr zu Dank verpflichtet."

„Allerdings", murmelte Luise halblaut. Dann hob sie ihr Glas und sagte: „Auf gute Nachbarschaft." Ein Trinkspruch, der von allen Anwesenden wiederholt wurde.

Jetzt hatte Karl-Friedrich Gelegenheit, den Detziwens Regina von Oberbach vorzustellen und Franziska beobachtete amüsiert, dass Handkuss und Verbeugung des alten Herrn geradezu enthusiastisch ausfielen. So wie es aussah, war ihre Tante auf dem Wege zu einer neuen Eroberung.

„Wir haben uns bereits getroffen", sagte Franziska, als sich der Herr von Detziw über ihre Hand beugte. Er sah sie erstaunt an. Vages Erkennen schimmerte in seinen Augen auf.

„Bei meiner Ankunft, an der Fähre in Lietzow. Sie haben mein Mädchen fast umgeritten."

Rufus von Detziw errötete und entschuldigte sich hastig. Dann wurde er von Karl-Friedrich in Beschlag genommen und wenige Minuten später waren die beiden Gutsherren in ein angeregtes Gespräch über Grünlanddüngung, Beweidungspläne und das trockene Frühjahr verstrickt.

Bernhard von Detziw stand verloren in der Ecke. Luise hatte zwar seine Entschuldigung akzeptiert, aber er war trotzdem Luft für sie. Regina von Oberbach erbarmte sich seiner und begann eine oberflächliche Plauderei über das kulturelle Leben auf der Insel. Franziska wurde durch einige Bemerkungen ihrer Cousine abgelenkt, und als sie wieder ihre Aufmerksamkeit auf das schwerfällige Gespräch zwischen ihrer Tante und Bernhard von Detziw richten konnte, waren die beiden beim Wetter gelandet. Die Baronin drehte ungeduldig ihr Glas zwischen den Fingern, wie stets wenn sie feststellte, dass ein Gesprächspartner ihren Ansprüchen nicht gerecht wurde. „In Berlin sagte man mir, ich hätte um diese Jahreszeit auf Rügen hauptsächlich mit Regen zu rechnen. Ich bin froh, dass diese Warnung nicht zutrifft."

„Dieses Jahr haben Sie Glück."

Franziska sah die kleinen Schweißperlen, die sich auf Bernhard von Detziw' Stirn bildeten. Offensichtlich strengte ihn diese Unterhaltung sehr an. Er tat ihr überhaupt nicht leid. „Seit ich hier bin, habe ich schon ein übles Unwetter erlebt", warf sie ein, „ich bin gerade noch rechtzeitig vom Ausritt nach Hause gekommen." Das war an dem Tag gewesen, als sie Justo das letzte Mal gesehen hatte. Der Sekt schmeckte plötzlich schal.

Bernhard von Detziw nickte angestrengt. „Ich erinnere mich. Das war vor einer Woche." Er schien froh zu sein, dass sich das Gespräch Dingen zuwandte, bei denen er mitreden konnte. „Ich hatte weniger Glück, mich hat das Wetter erwischt, als ich am Bodden entlangritt. Hinter Polchow ist eine meilenweite offene Strecke, da bekommt man den ganzen Sturm ab, der über das Wasser heranbraust."

„Sie waren am heiligen Sonntag in Besorgungen unterwegs?", rief Regina von Oberbach, „als Landwirt führt man wirklich ein hartes Leben."

„Nun ja, es waren weniger landwirtschaftliche Geschäfte", räumte er ein.

Tante Regina lächelte schelmisch. „Sieh an, eine Liebschaft, da tut eine kalte Dusche manchmal ganz gut."

Bernhard von Detziw errötete und die Schweißtropfen auf seiner Stirn wurden dicker.

Franziska überlegte, was der junge Mann an diesem Tag wirklich auf ihrer Seite des Boddens zu suchen gehabt hatte. An die Geschichte mit der Geliebten konnte sie nicht glauben.

Luise war der Unterhaltung bisher schweigend gefolgt, aber anscheinend hatte sie die gleichen Überlegungen angestellt wie ihre Cousine. Ihr Lächeln bekam etwas Lauerndes. „Ich habe gehört, Sie würden sich gelegentlich mit den Unruhestiftern von Glowe sehen lassen. Diejenigen, die meinem Schwager bei seiner Arbeit so viel Ärger und Verdruss bereitet haben."

Bernhard von Detziw' Gesicht verfärbte sich grau. Gehetzt sah er sich nach seinem Vater um, aber der war mit Karl-Friedrich gegangen, um im Raucherzimmer Zigarren zu verkosten.

Er schüttelte panisch den Kopf. „Ich gebe es zu: Eine Magd auf Schloss Spyker ... Aber ich habe strengstes Stillschweigen gelobt."

„Welche kommt da wohl infrage?", Luise schaute in die Luft, als ließe sie die möglichen Kandidatinnen vor ihrem geistigen Auge vorbeiparadieren. Franziska wusste, dass ihre Cousine mit der Verwalterin von Spyker gut befreundet war. Aus diesem Grunde kannte sie die meisten der dortigen Mägde. „Lore? Nein, die ist zu alt. Hanna hat einen Schatz unter den Knechten. Rose ebenso. Lottchen ist zu hässlich, Friedel redet nur mit ihren Kühen, Klara ist weggezogen …" Sie setzte ein ratloses Gesicht auf. „Ich wüsste wirklich nicht, wer da infrage käme."

Bernhard von Detziw war inzwischen so nassgeschwitzt, als sei er in den Regen gekommen. „Nun gut", rief er mit einem gezwungenen Lachen. „Sie haben mich überführt, ich war in Glowe und habe mit einigen Leuten zusammengesessen und getrunken. Wie Frau von Oberbach so treffend bemerkt hat: Es war Sonntag. Wir haben den Geburtstag von Drei-Finger-Fiet gefeiert. Da trinkt man schon das eine oder andere Gläschen in der Gesellschaft von Leuten, von denen der eigene Vater nicht unbedingt erfahren sollte."

Franziska runzelte die Stirn. An einen Mann mit drei Fingern erinnerte sie sich, aber da konnte etwas nicht stimmen. Sie kämpfte darum, ihre Stimme beiläufig klingen zu lassen. „Drei-Finger-Fiet. Was für ein komischer Name. Von dem habe ich schon einmal gehört, hat der Mann nicht einen buschigen roten Bart?"

„Ja, richtig", Bernhard von Detziw hoffte, dass das Gespräch jetzt in ein weniger gefährliches Fahrwasser überwechselte, „er ist Fischer, die fehlenden beiden Finger hat er bei einem Bootsunfall verloren."

Franziska stellte ihr Sektglas, das sie so fest umklammert hatte, dass ihr die Hand schmerzte, auf einen Tisch. „Das wird immer rätselhafter. Drei-Finger-Fiet habe ich an dem betreffenden Tag gesehen, kurz vor dem Unwetter. Zusammen mit einigen anderen Männern lungerte er am Bach bei Baldereck herum – sollte er seine eigene Geburtstagsfeier verpasst haben?"

„Was soll das heißen? Gab es den Geburtstag etwa genauso wenig wie die verliebte Magd?", Luises Stimme war jetzt scharf. Das Kätzchen, dem sie meistens ähnelte, konnte schneller zu einer Tigerin werden, als es die meisten für möglich hielten.

Bernhard von Detziw wischte mit einem Taschentuch über die Stirn. Er wollte sich in Richtung auf die Zimmertür zurückziehen, aber da stand bereits Regina von Oberbach, die ihn aufmerksam beobachtete.

Franziska beschlich ein schrecklicher Verdacht. „Der Reitweg nach Polkvitz führt dort vorbei", sagte sie tonlos. „Die Männer haben auf jemanden gewartet." Sie erinnerte sich an die eigentümliche Atmosphäre, die damals geherrscht hatte. Die Spannung und die unterschwellige Aggression. Das war nicht nur dem nahenden Gewitter zuzuschreiben.

Karl-Friedrich von Veldhain und Rufus von Detziw kamen ins Zimmer.

„Liebling", der Gutsherr gab Luise einen Kuss auf die Wange, „wir gehen hinüber in den Kuhstall. Rufus will unbedingt das neue Kalb sehen. Dürfen wir Bernhard entführen?"

„Oh, bitte nicht!", mischte sich Regina von Oberbach ein. „Er und Luise müssen sich immer noch über diesen Auftritt von neulich aussprechen. Sie hat ihm zwar verziehen, weil es die Vernunft gebietet, aber wir Frauen bestehen nicht nur aus Vernunft." Sie schenkte ihm ein bezauberndes Lächeln. „Ich dagegen würde mir sehr gerne dieses Kälbchen anschauen, von dem ich schon so viel gehört habe. Vielleicht würde der Herr von Detziw meine Wenigkeit als Vertretung für seinen Sohn akzeptieren." Sie warf Rufus von Detziw quer durch das Zimmer einen auffordernden Blick zu und der erklärte sofort, dass er sich über ihre Begleitung überaus freuen würde.

„Nachdem Sie solch ein Geheimnis darum machen, was dort am Bach passiert ist, denke ich, wir sollten es erfahren", sagte Luise, nachdem sich die Tür hinter ihrem Mann geschlossen hatte. Sie war inzwischen fast ebenso bleich wie Bernhard von Detziw. „Ihrem Vater würde es gar nicht gefallen, wenn sich zwischen unseren Familien neue Unstimmigkeiten entwickelten."

Bernhard von Detziw fuhr sich mit der Hand durch das verschwitzte Haar. „Die Männer haben auf Justus-Otto von Veldhain gewartet." Er sprach so leise, dass man ihn kaum verstand.

„Warum?", Franziska fürchtete sich vor dem, was nun kommen würde. Sie stützte sich auf eine Ecke des Kaminsimses.

Bernhard von Detziw schluckte. „Sie wollten ihm einen Denkzettel geben dafür, dass er uns neulich auf Polkvitz so dumm aussehen ließ."

Als er Luises abgrundtief entsetzten Blick sah, fügte er schnell hinzu: „Aber sie haben ihn nicht getötet."

„Sie waren also dabei?", fragte Luise mit flacher Stimme.

Sein Schweigen sagte genug. Franziska war es schlecht.

„Als wir weggingen, lebte er noch", wiederholte Bernhard von Detziw verzweifelt. „Wir sind keine Mörder!"

„Aber Sie haben ihn einfach liegen gelassen! Obwohl ein Unwetter heraufzog!" Franziska schrie fast.

„Was wurde aus meinem Schwager?", fragte Luise. Ihre Hände krampften sich um die Armlehnen des Stuhles, auf dem sie saß. Es ging fast über ihre Kräfte, in dieser Situation einen klaren Kopf zu behalten.

„Ich weiß es nicht!", rief Bernhard von Detziw verzweifelt. „Ich habe später die Männer gefragt, ob jemand zu ihm zurückgegangen ist, aber keiner will es gewesen sein."

„Die Jacke!" Alle sahen sich nach Franziska um. „Wie ist seine Jacke an die Steilküste gekommen?"

Der junge Detziw wirkte ehrlich erstaunt. „Er hatte die Jacke an."

„Hat sie einer der Männer weggenommen?"

Bernhard schüttelte heftig den Kopf. „Nein, keinesfalls, es ging doch um Rache, nicht um Diebstahl!"

Offenbar konnte er es eher mit seinem Gewissen vereinbaren, jemanden durch Handlanger verprügeln zu lassen, als ihn zu bestehlen. „Ich habe keine Ahnung, wie diese Jacke unter den Erdrutsch kam. Wirklich." Er nahm einen hastigen Schluck aus seinem Sektglas, bekam das Getränk in die falsche Kehle und hustete. Luise betrachtete ihn angeekelt.

Bernhard von Detziw wagte es nicht, den Blick zu heben. „Sein Pferd haben wir freigelassen. Hannes hat die Stute abgesattelt und dann fortgejagt."

Die Tür zum Salon wurde geöffnet und die beiden Gutsherren nebst der Baronin von Oberbach kamen zurück und brachten einen Schwall kräftigen Stallduft mit.

„Es ist nun schon spät und wir sollten nicht länger Ihre Zeit in Anspruch nehmen." Rufus von Detziw klopfte seinem schon wieder hustenden Sohn auf den Rücken, als handle es sich um ein Pferd. Dann verbeugte er sich vor den Damen und verabschiedete sich formvollendet.

Die Abschiedsworte Bernhards fielen unzusammenhängender aus. Als er sich vor Luise verbeugte, hörte Franziska, wie ihm die Cousine zuflüsterte: „Danken Sie Ihrem Schöpfer, dass ich kein Mann bin, sonst würden Sie doch noch das Duell bekommen, vor dem Sie sich so fürchten!"

Der junge Detziw lief dunkelrot an.

Vom Fenster aus beobachteten die drei Frauen, wie er in den Sattel seines Pferdes kletterte. Der Wallach war aus irgendeinem Grunde unruhig und wollte nicht stehen bleiben. Als der junge Detziw schließlich im Sattel saß, brach Leander mit seinem üblichen durchdringenden Zischen aus dem Gebüsch des Rondells und schnappte nach den Hinterbeinen des Pferdes. Dieses keilte empört aus, bäumte sich auf und galoppierte die Auffahrt hinunter, gefolgt von dem flügelschlagenden und fauchenden Schwan. Bernhard von Detziw hatte alle Hände voll zu tun, sich festzuhalten.

Franziska sah, wie Rufus von Detziw lachte, Karl-Friedrich auf die Schulter klopfte, sich auf sein Pferd schwang, den Damen am Fenster zuwinkte und ohne Eile davontrabte.

„Geht es dir nicht gut?" Regina von Oberbach hatte sich ihrer Tochter zugewandt.

Luise schüttelte den Kopf und lehnte sich vorsichtig im Sessel zurück. „Der Abend war anstrengend."

31. Kapitel

Die Nacht wurde schlimm. Franziska durchlebte immer wieder aufs Neue die Szene, wie sie an jenem Sonntag an den Männern vorübergeritten war, die Justo auflauerten. Sie fragte sich verzweifelt, ob sie irgendetwas hätte tun können, um den Überfall zu verhindern. War sie wirklich nicht in der Lage gewesen vorauszusehen, was sich da anbahnte? Sie wälzte sich im Bett von einer Seite auf die andere und ihre Gedanken wurden immer verworrener.

Nach dem Abgang der Detziwens hatte Franziska noch mit Luise reden wollen, aber die Cousine sah so erschöpft aus, dass alle der Baronin von Oberbach beistimmten, als diese ihre Tochter in einem Tonfall, der keinen Widerspruch zuließ, ins Bett schickte.

Aus Verzweiflung und um endlich zur Ruhe zu kommen, nahm Franziska einen Löffel von der Laudanumtinktur, die Doktor Schönborn dagelassen hatte. Dadurch schlief sie bis weit in den folgenden Tag hinein. Als sie sich aufraffte, war die Frühstückszeit längst vorüber, aber Franziska verspürte ohnehin keinen Appetit. In der Nacht hatte sie kurz vor dem Wegdämmern den Entschluss gefasst, Luise zu überreden, die Dinge, die sie gestern erfahren hatten, ihrem Mann zu erzählen.

Sie fand die Gutsherrin auf der Terrasse, die an der Rückseite des Gutshauses den Garten überblickte. Luise saß in einem bequemen Lehnstuhl und die halbfertige Babydecke lag auf ihrem Schoß, aber sie strickte nicht. Sie hatte die Augen geschlossen und ihre Blässe sowie die eingefallenen Wangen weckten ein unbestimmtes Schuldgefühl in Franziska.

Als Luise die Schritte ihrer Cousine hörte, schreckte sie auf. „Ausgeschlafen?" Sie zwang sich zu einem Lächeln. „Du hast beim Frühstück gefehlt. Karl-Friedrich musste meiner Mutter unbedingt haarklein erzählen, dass ich heute Nacht im Traum gestöhnt und geredet habe. Dein Aussehen hätte sie vielleicht von mir abgelenkt."

Franziska setzte sich. „Wir können die ganze Geschichte nicht einfach auf sich beruhen lassen! Bernhard von Detziw muss zur Verantwortung gezogen werden."

Luise nickte erschöpft. „Du hast ja recht. Aber wie soll das gehen? Wenn wir es Karl-Friedrich sagen, dann fordert er Bernhard von Detziw zum Duell. So viel ist sicher." Sie legte die Hand auf den Bauch. „Und das werde ich keinesfalls riskieren."

Franziska ahnte, was Luise nicht aussprach. Bei einem Duell bestand durchaus die Möglichkeit, dass der Gutsherr verletzt wurde oder sogar zu Tode kam. Karl-Friedrich war wesentlich weniger geübt im Umgang mit Waffen als Justo.

„Nein", sagte Franziska, „das darf nicht passieren." Wie war sie nur auf den Gedanken verfallen, ihrer Cousine das zuzumuten? Beide schwiegen.

Im Gemüsegarten hackte der Gärtner in einem Beet und eine Amsel beschwerte sich lauthals darüber.

„In meinem tiefsten Innern glaubte ich bisher, der Doktor hätte etwas mit Justos Verschwinden zu tun", sagte Franziska. „Aber nach allem, was wir gestern hörten, war ich wohl im Unrecht."

Luise sah sie erstaunt an, und ihre Cousine erzählte von der Unterhaltung mit Gustav, der behauptet hatte, Justos Hufräumer im Stall des Doktors gesehen zu haben.

„Und das ist noch nicht alles", fuhr Franziska fort. In der Aufregung der letzten Tage hatte sie völlig vergessen, Luise zu erzählen, dass sie das Rätsel um den Zinnknopf gelöst hatte. „Der gehört auch dem Doktor."

„Wie hast du das denn herausbekommen?"

„Als mir Schönborn auf dem Ausritt die Keramikscherben aufs Pferd hinaufreichte, habe ich gesehen, dass an der Manschette seiner Jacke ein Knopf fehlte. Neben dieser Stelle war noch ein zweiter Knopf angenäht, der genauso aussah wie derjenige, den wir gefunden haben."

Luise zog die Stirn in Falten. „Das heißt, der Doktor ist Johannas Gespenst?"

„Möglicherweise. Aber selbst wenn er sich in den Nächten dort in den Feldern herumtrieb – das war vor Justos Verschwinden."

Die Gutsherrin schloss erschöpft die Augen.

Am Nachmittag schrieb Franziska einen Brief an Schönborn, in dem sie sich für ihr langes Schweigen entschuldigte, dies mit privaten Problemen erklärte, die sie in der letzten Zeit sehr in Anspruch genommen hatten, und dass sie hoffte, sein Angebot, ihr seine Sammlung zu zeigen, gelte noch.

„Das klingt, als ob du ihn ganz dringend sehen möchtest", meinte Luise, als sie ihr den Brief zeigte.

„Das will ich ja auch. Vielleicht kann ich irgendetwas für Grete tun."

Die Frauen sahen sich an.

„Es ist gut, wenn du uns alle auf andere Gedanken bringst", sagte Luise.

Regina von Oberbach kam mit einem dicken Rosenstrauß ins Zimmer, gefolgt von Agathe, die eine Kanne Wasser trug. „Du hast einen wunderschönen Blumengarten, mein Täubchen."

Sie wies das Mädchen an, die große Vase auf dem Kaminsims mit Wasser zu füllen und begann dann, die Rosen in dem Gefäß zu arrangieren.

Luise betrachtete kritisch die üppigen Blüten. „Ich hoffe, du hast noch ein paar Zweige an den Büschen drangelassen."

„Keine Sorge", sie strich ihrer Tochter über die Wange, „heute Nachmittag siehst du schon wieder etwas besser aus." Dann wandte sie sich zu Franziska, sah den Brief in ihrer Hand und lächelte. „Hast du hier etwa schon einen Verehrer gefunden?" Hektisch verneinte die Nichte. „Ich schreibe nur an den Doktor."

„Franziska hat sich bereiterklärt, für eine Veröffentlichung die Altertumsfunde des Doktors abzuzeichnen", sagte Luise. Regina wischte die Hände mit ihrem Taschentuch ab. „Ich hätte auch nicht übel Lust, mir diese Sammlung anzusehen."

32. Kapitel

Der Doktor schien von Tante Regina begeistert zu sein. Er sah zwar nach wie vor übernächtigt und gequält aus, aber die Beschäftigung mit seinen Altertümern ließ ihn aufblühen. Er präsentierte den beiden Besucherinnen seine gesamte Sammlung inklusive der Feuersteinwerkzeuge. Als er auch die Fundstücke aus der Slawenzeit wortreich erklärt hatte, schaute er Franziska zerknirscht an. „Jetzt haben Sie sich das alles noch einmal anhören müssen, aber ich verspreche, dass sich das Warten gelohnt hat."

Das nächste Schaustück befand sich in einer hohen Vitrine, die mit einem Samtvorhang verhängt war.

„Was erwartet uns wohl unter dieser Verhüllung?", fragte Regina von Oberbach, „das muss ja etwas Außergewöhnliches sein. Oder ist es am Ende gar nicht für die Augen von Damen geeignet?"

„Seien Sie ohne Sorge", meinte Schönborn, „ich bürge dafür, dass Sie keinerlei sittliche Bedenken zu haben brauchen!" Er trat neben die Frauen, um ihnen nicht den Blick zu versperren, und zog mit einem Ruck den Vorhang vom Vitrinenschrank.

Obwohl Franziska das Theater, das der Doktor um seine Fundstücke aufführte, abstoßend fand, entfuhr ihr ein Ausruf der Bewunderung. Das hier war wirklich außergewöhnlich – nicht nur nach den Maßstäben dessen, was sie bisher von den hiesigen Funden gesehen hatte. Auch für Mittel- oder Südamerika wäre so etwas eine aufsehenerregend wertvolle Entdeckung gewesen.

„Ich könnte mir vorstellen, dass Abstinenzler durchaus Anstoß daran nehmen", murmelte Tante Regina, während sie den Inhalt der Vitrine betrachtete.

Ein riesiges goldenes Trinkhorn schimmerte im Licht, das durch die großen Fenster hereinfiel. Das Stück war so groß wie ein sechsjähriges Kind. Im Abstand einer Handspanne umschlossen silberne Bänder das Gold, verziert mit Perlen und Edelsteinen. Abgesehen vom Materialwert war das Horn auch wunderschön.

„Du meine Güte", sagte Tante Regina überwältigt, „da haben Sie wahrlich den Pokal eines Königs gefunden."

„Noch besser", ein zufriedenes Lächeln zeigte sich auf Schönborns schmalen Lippen, „es ist das Trinkhorn eines Gottes."

„Swantovit", platzte Franziska heraus.

Beifällig nickte Schönborn ihr zu. „Sie haben also über die Mythologie der Slawen nachgelesen."

„Aber das Horn wurde doch von den Dänen mitgenommen und zerstört", wandte Franziska ein.

„Nicht dieses hier."

Regina von Oberbach konnte den beiden nicht folgen. Der Doktor wandte sich ihr zu: „Wie Ihre Nichte völlig richtig festgestellt hat, gehörte dieses Trinkhorn Swantovit, dem viergesichtigen Gott der Slawen, der in seinem Tempel auf Kap Arkona verehrt wurde. Einmal im Jahr füllte der Priester das Horn mit Met und sagte die kommende Ernte voraus."

„Also haben Sie das Horn in Arkona gefunden?", fragte Tante Regina.

Schönborn schaute Franziska an und lächelte, als diese stumm den Kopf schüttelte. „Dort gibt es nichts mehr zu finden", sagte er. „Nach der dänischen Eroberung wurde der Tempel komplett geplündert und die Reste sind im Laufe der Jahrhunderte ins Meer gestürzt."

„Aber wo kommt dieses Stück her?" Franziska war ehrfürchtig näher an die Vitrine getreten und betrachtete das Horn. Das blanke Gold wies leichte Kratzer und Dellen auf und die silbernen Bänder hatten sich an einigen Stellen abgelöst. Ansonsten war es unbeschädigt.

„Dieser Fund hat eine meiner privaten Theorien bestätigt", sagte Schönborn. „Der Schatz, der den Dänen in die Hände fiel, war bei Weitem nicht vollständig. Die wertvollsten Stücke wurden bereits vor dem Angriff von den Priestern beiseitegeschafft und versteckt. Ich stelle mir gerne vor, wie sie bei Nacht und Nebel das Gold in Boote schafften und so leise wie möglich davonruderten, während im Norden bereits die ersten Drachenschiffe auftauchten."

Tante Regina nickte beeindruckt und Schönborn sonnte sich in ihrer Bewunderung.

„Aber wo …?", setzte Franziska erneut an.

„Das kann ich Ihnen nicht sagen, schließlich habe ich die Grabungen noch längst nicht abgeschlossen. Möglicherweise kommen weitere wertvolle Funde ans Tageslicht." Schönborn lächelte, er schien die Neugier der Damen zu genießen. „Dabei ist es schon eigenartig, dass der Schatz so lange unentdeckt blieb, wenn man bedenkt, dass der Gott praktisch ein Türschild hat."

„Haben Sie noch andere wertvolle Dinge gefunden?", erkundigte sich die Baronin.

„Weil Sie es sind, zeige ich Ihnen mein Allerheiligstes." Schönborn schob die Portiere beiseite, die eine Türöffnung zum angrenzenden Zimmer verdeckte. Dieser Raum war etwas kleiner, besaß aber die gleichen Atelierfenster wie der nebenan gelegene. Hier hatte sich der Doktor sein Arbeitszimmer eingerichtet. In den Regalen standen Töpfe und Krüge mit Pinseln verschiedener Stärke, Bürstchen, Schabern und Skalpellen, Döschen mit Wachs und Kitt, Kleber und Ton sowie Flaschen mit Alkohol und anderen Chemikalien. Die Fensterbänke wurden von reparierten Keramikgefäßen eingenommen und auf dem Arbeitstisch glänzte es golden.

„Einige Münzen, die ich gerade säubere", sagte Schönborn.

„Die Aufschriften scheinen griechisch zu sein", Regina hatte sich über den Tisch gebeugt und betrachtete die Münzen, ohne sie zu berühren.

„Die Handelsbeziehungen der Slawen umfassten nahezu die gesamte damals bekannte Welt."

Schönborn ging durch das Zimmer und nahm ein Holzkästchen aus einem Regal. „Ich zeige Ihnen noch etwas."

Er stellte das Kästchen auf den Arbeitstisch und nahm den Deckel ab. Ein gebogener Dolch lag auf einem Polster aus rotem Samt. Der Griff und die Scheide glänzten von Gold und Edelsteinen.

„Das sieht orientalisch aus", sagte Tante Regina erstaunt, „einen ähnlichen Dolch hat mein Bekannter, Oberst von Strüsewitz, aus der Türkei mitgebracht. Allerdings weit weniger reich verziert."

„Und vermutlich auch nicht ganz so alt", bemerkte Schönborn, „dieses Exemplar stammt immerhin aus dem elften Jahrhundert."

Regina von Oberbach zog bewundernd die Augenbrauen hoch.

„Allerdings habe ich mir in diesem Fall ein kleines Sakrileg erlaubt." Schönborn nahm den Dolch aus dem Kästchen und zog ihn aus der Scheide. Die Klinge schimmerte und sah auffallend neu aus. „Der Stahl war völlig verrostet", erklärte der Doktor. „Da das Stück zwar schön und wertvoll ist, aber als archäologisches Fundstück keineswegs eine Sensation darstellt, habe ich die Klinge ersetzen lassen. Zu meinem Privatvergnügen."

„Ein kostbarer Brieföffner." Tante Regina nickte anerkennend. „Sie müssen ein sehr glücklicher Mann sein, wenn Sie erleben, wie Ihre Forschungen mit Erfolg gekrönt werden."

Schönborn lächelte, wurde dann aber wieder ernst. „Weniger glücklich, als Sie denken. Den Preis für diese Stücke zahle ich nicht in Geld, aber mit meiner Selbstachtung. Darauf kann ich nicht stolz sein."

Tante Regina wollte weiterfragen, aber Schönborn winkte ab. „Verderben wir uns die Bewunderung dieser schönen Dinge nicht mit philosophischen Erwägungen."

Er wandte sich an Franziska: „Nun haben Sie alles gesehen, was ich Ihnen zu diesem Zeitpunkt zeigen kann."

„Die Sachen sind wirklich wunderschön. Ich würde mich freuen, wenn ich Ihnen mit meinen Zeichnungen behilflich sein könnte."

Ein Strahlen breitete sich über Schönborns abgezehrtes Gesicht.

Der Besuch der beiden Damen fand ein Ende, als der geisterhafte Kammerdiener erschien und den Doktor daran erinnerte, dass die Patienten im Wartezimmer langsam unruhig würden. Franziska bedauerte, dass sich keine Möglichkeit ergeben hatte, einige Worte mit Grete zu wechseln, aber sie konnte nicht einfach nach dem Mädchen fragen. Schließlich hatte sie versprochen, so zu tun, als kenne sie Grete nicht.

„Sie sind jederzeit wieder in diesem Haus willkommen", sagte der Doktor zum Abschied. Dann zogen die beiden Pferde an und der Landauer rumpelte über das Pflaster davon. An der Brücke, die am Ortsrand von Sagard über den Marlower Bach führte, wartete eine schlanke Gestalt. Als die Kutsche näher kam, sah Franziska, dass es sich um Grete handelte, die ein Päckchen in der Hand hielt. Sie bat Gustav anzuhalten, aber als das Mädchen bemerkte, dass Franziska nicht allein war, trat es einige Schritte zurück.

„Keine Angst, Grete", Franziska beugte sich so weit es ging aus dem Landauer, „das ist meine Tante Regina. Sie weiß, wer du bist, und sie hat versprochen, nichts weiterzuerzählen."

Zögernd trat Grete wieder näher. „Ich wollte Ihnen das hier geben." Sie reichte Franziska das in ein Tuch eingeschlagene Päckchen. „Es sind Briefe, die Onkel Ferdinand vor vielen Jahren an Mutter geschrieben hat."

„Wo hast du die her?"

„Mutter hat sie nach Ihrem Besuch aus der Truhe hervorgekramt. Sie sagte: Wenn die reiche Pute wüsste …", Grete stockte und wurde rot. „Jedenfalls war Mutter der Ansicht, dass Sie eine Menge Geld bezahlen würden, um die Briefe zu bekommen, da etwas … Komprimierendes drinstehen würde."

Franziska verbiss sich das Lächeln über das falsch verwendete Wort und Tante Regina presste ihr Taschentuch vor den Mund. Grete fuhr fort: „Ich fand das nicht richtig, deshalb habe ich die Briefe genommen und beschlossen, sie Ihnen einfach so zu geben."

„Und deine Mutter?"

Grete schaute zu Boden. „Sie wird sich wohl aufregen. Aber ich habe doch das Richtige getan – oder?"

„Natürlich hast du richtig gehandelt." In Tante Reginas Stimme lag so viel Wärme, dass Franziska wusste, dass ihre Tante das Mädchen ins Herz geschlossen hatte. „Wenn wir etwas für dich tun können, dann sag es uns bitte."

„Deshalb habe ich das nicht gemacht", Grete blickte Franziska an, „ich möchte mich bedanken, dass Sie Ihr Versprechen gehalten haben, Schönborn nicht zu sagen, dass wir uns kennen."

33. Kapitel

Gleich nachdem sie wieder auf Gut Polkvitz angekommen waren, zog sich Franziska mit dem Päckchen, das ihr Grete gegeben hatte, in die Bibliothek zurück. Sie hatte nicht die mindeste Vorstellung, was in den Briefen stehen mochte und warum irgendetwas davon für sie kompromittierend sein sollte.

Bei dem Tuch, in dem die Briefe eingewickelt waren, handelte es sich offensichtlich um eines von Gretes Kopftüchern. Als Franziska es auseinanderschlug, bemerkte sie, dass der einfache blau gefärbte Stoff mit Kreuzstichstickereien in weißer Farbe verziert war. Man sah, dass die Hand, die diese Stickereien angefertigt hatte, in solchen Tätigkeiten nicht geübt war. Franziska faltete das Tuch ordentlich zusammen und strich darüber, bevor sie es beiseitelegte.

Die Briefe waren ausnahmslos vor fast fünfzehn Jahren geschrieben worden. Franziska stellte fest, dass Ferdinand schon damals so ordentlich gewesen war wie zu der Zeit, als sie ihn kennenlernte. Jedes Schreiben hatte er mit Ort und Datum versehen, sodass sie die Blätter bereits nach der ersten Durchsicht in eine Reihenfolge gebracht hatte. Dann begann sie zu lesen.

Zu jener Zeit war Ferdinand von seiner ersten Südamerikareise zurückgekommen. Obwohl er sich auf ein Leben in der Handelsschifffahrt vorbereitet hatte, entdeckte er in Venezuela seine Leidenschaft für die Völkerkunde. Professor Heimersheimer war bald nicht nur Vorgesetzter, sondern auch Mentor. Er förderte Ferdinand, wo er konnte, nahm ihn mit zu seinen Vorlesungen an der Berliner Universität und ermunterte ihn, so oft wie möglich weitere Lehrveranstaltungen zu besuchen.

Das Verhältnis zwischen Ferdinand und Rieke war zu dieser Zeit noch recht eng, es verging kaum ein Monat, in dem der Bruder nicht an seine Schwester schrieb. Er erzählte von den Gesellschaften und Veranstaltungen, die er besuchte, von den Ausflügen, die er unternahm, und von den Leuten, die er dabei kennenlernte.

Franziska musste mehrmals mit dem Lesen innehalten und sich die Augen abtupfen, da die Erinnerungen so schmerzhaft waren. Sie gewann ein genaues Bild seines Lebens zu einer Zeit lange bevor sie ihn kennenlernte. Aber es blieb ihr schleierhaft, was das mit ihr zu tun haben sollte. Bis zu einem der letzten Briefe. Ferdinand beschrieb, wie er mit Professor Heimersheimer und einigen anderen Universitätsangehörigen bei einem Bekannten eingeladen war.

Er hatte für uns eine Fahrt mit seiner neuesten Erwerbung arrangiert. Ein kleines, wendiges Dampfboot, von dem er glaubte, dass es bei Forschungsreisen auf den südamerikanischen Flüssen und Strömen von erheblichem Nutzen sein könnte. Da der übliche Helfer des Dampfboot-Enthusiasten mit Grippe zu Bett lag, verteilte er dessen Aufgaben an die Gäste. Mir fiel es zu, den Wasserstand im Dampfkessel des Bootes zu überwachen. Dazu gibt es ein Panzerglasrohr, das außen am Kessel angebracht ist. Der Bekannte zeigte mir, wo sich dieses wichtige Messinstrument in dem Gewirr aus Kupfer- und Messingrohren, Skalen, Manometern und Thermometern verbarg. Er erklärte mir, bis zu welchem Stand das Wasser höchstens absinken dürfe.
Wir waren bester Dinge, als wir die Havel hinunterdampften, und das Bierfässchen, das einer der Gäste mit an Bord gebracht hatte, leerte sich schnell. Ich muss zu meiner Schande gestehen, dass ich daran auch meinen Anteil hatte. Als die Pfaueninsel in Sicht kam, hatte Professor Heimersheimer die Idee, den Fregattenschuppen zu besu-

chen und die darin befindliche königliche Lustjacht anzuschauen. „Wenn es bald keine Segelschiffe mehr auf den Meeren zu sehen gibt, dann sollten wir diese letzte Gelegenheit nutzen", sagte er mit einem zynischen Unterton in der Stimme. Unser Bekannter legte entsprechend das Steuer, sodass wir nun am Kälberwerder vorbei in den zum Düppeler Forst hin gelegenen Arm der Havel einfuhren. Gleichzeitig hielt er uns einen Vortrag über die Vorteile dieses Dampfbootes, das – obwohl es den Wind gegen sich und nur einen schmalen Flussarm vor sich hatte – ohne Probleme hier entlangfahren konnte. Mit einem Segelboot hätten wir gegen die leichte Brise ankreuzen müssen, was uns bei der Menge an Ausflugsbooten auf dem Wasser und den Untiefen des Havelarmes vor erhebliche Probleme gestellt hätte. Ich kannte alle diese Argumente schon, und so hörte ich nicht zu, sondern ließ mich gemütlich von der Sonne bescheinen, trank mein kühles Bier und betrachtete das Treiben um uns herum.

Plötzlich fiel mir ein, dass ich eine Aufgabe hatte! So schnell es ging, stand ich von der Bank auf und setzte mich gleich wieder hin. Ich habe noch nie viel Alkohol vertragen! Etwas langsamer schaffte ich es dann, mich bis zu dem Messröhrchen vorzutasten und holte schon Luft, um den Besitzer des Bootes zu rufen, da explodierte der Kessel!

Es war fürchterlich! Zum Glück riss der Kessel auf der Seite auf, an der sich gerade niemand befand, die Nieten flogen davon wie Geschosse und der kochende Dampf entwich mit einem Geräusch, das geradewegs aus der Hölle zu kommen schien! Unser Bekannter brüllte: „Alle ins Wasser! Da kommt noch was!" Ohne nachzudenken gehorchte ich ihm und sprang über Bord.

Jetzt explodierte der Kessel zum zweiten Mal!

Das komplette Teil wurde aus seiner Verankerung gerissen, flog davon und versank in einiger Entfernung zischend im Wasser. Hilflos musste ich zusehen, wie unser führerloses Boot ein großes Ruderboot mit einer Ausflugsgesellschaft rammte und unter Wasser drückte. Ich hörte die Schreie der Verletzten und sah, wie andere Boote zur Unglücksstelle ruderten und versuchten zu retten, was zu retten war. Professor Heimersheimer wurde von der Besatzung einer Jacht aus dem Wasser geborgen und auch mich zogen hilfreiche Hände auf die

Planken eines Bootes. Die restlichen Mitglieder unserer Gesellschaft wurden ebenfalls, durchnässt und zu Tode erschrocken, gerettet.
Später erfuhr ich, dass nicht alle der an dem Unfall Beteiligten so viel Glück gehabt hatten. Von den völlig unschuldigen Insassen des Ausflugsbootes war eine Frau ertrunken und ein zehnjähriges Mädchen, das zwischen die beiden Boote geraten war, schwer verletzt worden.

Franziska ließ das Blatt sinken, die Buchstaben verschwammen vor ihren Augen. Undeutlich erinnerte sie sich an die beiden schnell aufeinanderfolgenden Explosionen, an das Boot, das plötzlich auf sie zuraste, und an die Schreie. Danach gab es nur noch Finsternis und Schmerzen.

Zwar ist es unserem Bekannten dank seiner Beziehungen gelungen, das ganze Unglück als einen Materialfehler und eine tragische Verkettung von unglücklichen Umständen darzustellen, aber das spricht mich vor mir selbst nicht frei.

Der Brief endete abrupt, so, als hätte Ferdinand nicht die Kraft aufgebracht, von diesen Ereignissen weiter zu erzählen. Franziska blätterte fieberhaft. Das Antwortschreiben von Rieke fehlte natürlich, aber aus dem, was Ferdinand in seinem nächsten Brief schrieb, konnte sie auf dessen Inhalt schließen.

Es ist lieb von dir, dass du mich in Schutz nehmen willst und behauptest, ich hätte niemandem schaden wollen. Aber manchmal reicht das nicht. Ich hatte eine Verpflichtung übernommen – und habe diese Aufgabe vernachlässigt!
Ursprünglich hatte ich die Absicht, mich bei den Behörden zu melden und meine Strafe auf mich zu nehmen. Das redete mir Professor Heimersheimer aus mit dem Hinweis, dass ich damit auch unseren Bekannten in Schwierigkeiten bringen würde. Deshalb habe ich letztlich geschwiegen, auch wenn ich nicht stolz darauf bin. In der Berliner Presse wird schon genug auf den ,schwimmenden Bomben' und den ,lebensgefährlichen Dampfkesseln' herumgehackt. Da brauche ich den Skandal nicht noch zu vergrößern.

Ich habe mich diskret nach den Opfern des Unfalles erkundigt. Stell dir nur vor: Die ertrunkene Frau war Witwe und Mutter des Mädchens, das so schwer verletzt wurde, dass die Ärzte bezweifeln, ob es überlebt. Wenn ich auf irgendeine Weise Wiedergutmachung leisten soll, dann dadurch, dass ich für dieses Kind etwas tue.

Franziska runzelte die Stirn. Als sie Ferdinand von dem Unfall erzählt hatte, da benahm er sich, als hätte er nie davon gehört. Hatte er nicht sogar behauptet, dass er zu diesem Zeitpunkt in Südamerika gewesen sei?
Im nächsten Brief war der Unfall noch immer das Hauptthema.

Ich habe erfahren, dass das Mädchen auf dem Wege der Genesung ist, und dass es von einer wohlhabenden Tante betreut wird. Also dürfte es in gesicherten Verhältnissen aufwachsen. Was allerdings die Zukunft bringt, das steht in den Sternen. Die betreffende Tante hat, wie ich herausgefunden habe, selbst eine Tochter.
Mein Plan geht dahin, alles zu tun, um dem Mädchen beziehungsweise der Frau, zu der es heranwachsen wird, ein Dasein als bedürftige Verwandte zu ersparen. Allein auf dieses Ziel wird mein Leben nun gerichtet sein!

Rieke hatte in ihrem Antwortbrief wohl deutlich gemacht, was sie von diesem Plan hielt.

Du wirst mich nicht umstimmen! Natürlich hast du prinzipiell recht, wenn du sagst, dass die Interessen und das Wohlergehen der eigenen Blutsverwandten über allen anderen Verpflichtungen zu stehen hätten, aber in diesem Fall habe ich durch mein eigenes Verhalten eine Schuld auf mich geladen, die noch schwerer wiegt. Mein Entschluss steht fest: Ich werde meinen Berufsweg mit dem größtmöglichen Eifer vorantreiben und darauf hinarbeiten, mich möglichst bald in den Verhältnissen zu befinden, die es mir erlauben, eine Frau zu finanzieren. Ein Detektiv wird mich über das weitere Schicksal des Mädchens auf dem Laufenden halten, sodass ich informiert sein werde, wenn sich etwas an seinen Verhältnissen ändert. Spätestens in seinem 23. Jahr werde ich jedoch in Erscheinung treten und, falls es sich bis dahin noch nicht verehelicht hat, dafür sorgen, dass seine Zukunft gesichert ist.

Das war der letzte Brief.

Franziska fühlte sich wie vor den Kopf geschlagen. So genau hatte Ferdinand also die Zukunft und ihre Heirat geplant! Die Liebe, von der er gesprochen hatte, war nur eine Lüge! Ihre Ehe stellte das Opfer dar, das er gebracht hatte, um für seine Unachtsamkeit zu büßen!

Ein leises Klopfen an der Bibliothekstür schreckte sie auf.

Luise und Tante Regina schauten herein. „Du bist nun schon seit Stunden hier drinnen", sagte die Baronin.

„Und ganz blass bist du auch!", fügte Luise hinzu.

Müde erhob sich Franziska von ihrem Stuhl. Sie hatte gar nicht wahrgenommen, dass sich Rücken und Beine durch das lange Sitzen verkrampft hatten und nun entsprechend schmerzten.

„Bitte lest die Briefe selbst. Ich brauche unbedingt frische Luft." Sie humpelte zur Tür. Luise wollte ihr folgen, aber Franziska schüttelte den Kopf.

Der Wind und der Duft nach frisch gemähtem Gras taten Franziska gut. Sie setzte sich auf eine der Bänke im Garten und bemühte sich, an gar nichts mehr zu denken. Sie hatte das Gefühl, ihr würde sonst der Kopf platzen. Auf der Obstwiese, die an den Rosengarten grenzte, war der alte Gärtner dabei, die Äste der jungen Apfel- und Birnbäume herunterzubiegen. Franziska wusste, dass das gemacht wurde, um die Bäume dazu zu bringen, waagrecht wachsende Äste auszubilden, die für einen höheren Obstertrag sorgen sollten. Ein Verwandter Tante Reginas, der im Berliner Umland einen Obstgarten besaß, hatte ihr diesen Zusammenhang einmal erklärt. Allerdings hatte dessen Gärtner kurze Holzlatten zwischen Stamm und Äste geklemmt. Luises Gärtner schien hingegen Gewichte an die Äste zu hängen. Der alte Mann sah, dass die Cousine seiner Herrin ihn beobachtete, und er rief ihr etwas zu, das sie nicht verstand. Franziska erhob sich von der Bank und humpelte langsam dorthin, wo der Mann arbeitete.

„Das bekommen Sie in der Hauptstadt nicht zu sehen, Frau Franziska", sagte er und zeigte ihr einen Weidenkorb, in dem sich faustgroße Feuersteine befanden, die alle ein oder mehrere Löcher aufwiesen, durch die eine Schnur gezogen war.

„So machen wir das hier auf der Insel." Er hob einen der Steine an der Schnur aus dem Korb und ließ ihn vor Franziskas Nase baumeln. Dann befestigte er ihn an einem Apfelbaumast.

„Hühnergötter", sagte Franziska, der wieder einfiel, dass ihr Gustav am Strand einen solchen Stein gezeigt hatte. „Die sollen Glück bringen, aber ich wusste nicht, dass man sie auch zu diesem Zweck verwenden kann."

Der Gärtner grinste. „Angeblich legen die Hühner mehr Eier, wenn man solche Steine in ihren Nestern deponiert. Das ist Aberglaube." Er nahm den nächsten Stein aus dem Korb und knotete die Schnur an einen Baumast. „Aber die Hühnergötter sind gut für Obstbäume zu gebrauchen und Fischernetze und Reusen kann man auch damit beschweren."

Franziska nickte ungeduldig. Sie hatte jetzt genug gehört. Angesichts dessen, was in Ferdinands Briefen stand, verblasste alles andere zur Bedeutungslosigkeit. Sie wandte sich zum Gehen, aber der alte Gärtner war ins Plaudern gekommen und hatte nicht vor, so schnell damit aufzuhören.

„Die besten Hühnergötter gibt es an der Steilküste zwischen Glowe und Bisdamitz. Die suche ich da selber, wenn ich freihabe. Gibt ja kein Gesetz dagegen, trotzdem was Nützliches zu machen. Und ich bin gerne allein mit dem Meer." Er kicherte. „Außer mir treibt sich da normalerweise niemand herum." Er hängte noch einen Stein auf. Franziska wollte endlich fort, aber er erzählte weiter. „Heutzutage wird es immer schwieriger, irgendwo allein zu sein. Gestern oder vielleicht war es auch vorgestern – da bekommt man in meinem Alter schon einmal Probleme – war ich wieder Steine sammeln, und da treffe ich doch glatt den Kammerdiener vom Doktor, diesen weißhaarigen Schlacks."

„Was hat der denn da gemacht?" Wenn es um den Doktor oder seine Bediensteten ging, wurde Franziska trotz ihres Kummers hellhörig.

„Sehen Sie, Frau Franziska, das hat mich auch interessiert! Der Doktor hat ja gar keine Obstbäume und fischen geht er nicht." Der Alte schaute sie mit schlauer Miene an. „Ich habe mich also hinter einen der großen Findlinge gesetzt und ganz gemütlich gewartet, was der Schlacks macht." Er legte eine Pause ein, um seine Geschichte spannender zu machen, und fingerte nach dem nächsten Stein in seinem Korb. „Eines kann ich Ihnen sagen, Frau Franziska. Hühnergötter hat der nicht gesucht! Der hat sich die Steilküste angeguckt, als ob er sie zum ersten Mal sieht, und dann hat er wieder auf dem Boden herumgesucht, als ob er irgendwelche Fußspuren finden wollte." Der Gärtner schüttelte den Kopf. „Nach einer Weile war es mir zu dumm, ihm zuzuschauen, da bin ich aufgestanden und habe ihn gefragt, was das soll. Da hat er mich angeschaut wie ein Kalb, dem gerade ein Apfel auf den Kopf gefallen ist."

Aus dem nächsten Stein war die Schnur herausgerutscht und der Alte machte sich daran, sie wieder einzufädeln. Weil er sich dabei konzentrieren musste, schwieg er kurz. Franziska nutzte die Pause und machte sich davon.

34. Kapitel

Am nächsten Tag tauchte Leander vor der Küche auf und schnarrte Frau Haase leise an, als sie herauskam, um ihn zu verscheuchen.

„Ich habe zuerst gedacht, er wäre krank, da er sich komplett anders anhörte als sonst, aber dann watschelte er ein Stückchen weg und flatterte ganz fidel mit den Flügeln", erzählte die Mamsell später Franziska. „Ich bin ihm ein paar Schritte nachgegangen, weil ich nicht wollte, dass er die neuen Hühner in ihrem Gehege beunruhigt, und da habe ich das Mädchen gefunden."

Frau Haase hatte die Besucherin, die völlig entkräftet auf der schmalen Holzbank vor dem Dienstboteneingang hockte, in die Küche geschleppt, auf die Sitzbank bugsiert und ihr einen Schnaps verabreicht. Dann ließ sie die Gutsherrin und deren Cousine benachrichtigen, weil die Fremde immer wieder nach Franziska fragte.

Als die beiden Frauen in der Küche eintrafen, hatten Gretes Wangen schon wieder etwas Farbe bekommen; das Küchenmädchen Jule war gerade damit fertig geworden, ihr die Zöpfe neu zu flechten und die Köchin kühlte das blaue Auge mit einem großen Silberlöffel.

„Ach du liebes bisschen!", entfuhr es Luise, als sie die lädierte Besucherin sah und Franziska musste vor Schreck am Türrahmen Halt suchen. Grete brach in Tränen aus. „Ich weiß nicht, wo ich hin soll", schluchzte sie.

„Das ist überhaupt keine Frage", sagte Luise impulsiv, da sie Grete nach den Beschreibungen ihrer Cousine sofort erkannte, „du bleibst hier!"

Franziska schob sich neben das Mädchen auf die Küchenbank. „Was ist passiert?", fragte sie und reichte Grete ihr spitzenverziertes Taschentuch.

Grete betrachtete das feine Tüchlein misstrauisch und zog die Nase hoch. „Mutter hat mich rausgeworfen!"

„Deine Mutter hat dich so geschlagen?", Luise war entsetzt. „Wie kann sie das tun?"

„Sie hat das mit den Briefen herausbekommen. Sie war so wütend." Gretes Stimme wurde immer leiser und Franziska legte ihr den Arm um die Schultern. „Wir kümmern uns um dich!"

Frau Haase stellte einen Becher Tee auf den Tisch. „Melisse und Kamille. Das wird dir guttun."

„Heute ist mein freier Tag beim Doktor." Grete nahm vorsichtig einen Schluck. „Deshalb bin ich nach Hause gegangen. Mutter hat mich bereits erwartet. Sie fing sofort an zu schreien und mich zu schlagen. Zum Schluss hat sie gesagt, ich bräuchte nicht mehr zurückzukommen." Sie wurde von ihrem Schmerz überwältigt und schluchzte wieder.

„Du bist von Sagard nach Sassnitz gelaufen und dann wieder hierher nach Polkvitz?", fragte Franziska ungläubig. Grete nickte.

„Kein Wunder, dass sie am Zusammenklappen ist", befand die Mamsell.

Nahezu alle Dienstboten hatten sich inzwischen in der Küche eingefunden. Luise wandte sich an Agathe: Geh bitte nachschauen, ob das grüne Zimmer in Ordnung ist, decke das Bett auf und hole eines von meinen Nachthemden. Das Mädchen braucht zuerst einmal Ruhe!"

Als Grete ins Bett verfrachtet war, trafen sich die Damen im Salon. Auch Regina von Oberbach war inzwischen über die

Ankunft von Franziskas Nichte informiert worden. „Das arme Kind", sagte sie erschüttert, „sie hat wirklich genug durchgemacht."

„Tatsache ist aber, dass wir sie nicht so einfach hierbehalten können", sagte Luise, „sie ist minderjährig und das heißt, ihre Mutter hat alle Rechte über sie."
Tante Regina schnaubte vernehmlich.

„Vielleicht kann uns Pfarrer Dölström in dieser Frage weiterhelfen", meinte Franziska widerwillig. Sie war nicht begeistert davon, den Geistlichen und damit auch dieses unausstehliche Fräulein von Liesegang hinzuzuziehen, aber wahrscheinlich war ein solches Vorgehen das Sicherste. Luise nickte grimmig und Tante Regina meinte: „Das Kind kommt mir jedenfalls nicht mehr aus dem Haus."

Am Nachmittag traf der Pfarrer nebst seiner Ehefrau und Fräulein von Liesegang ein. Pummi hatten sie diesmal zu Hause gelassen. Asta Dölström wollte ihn wohl nicht den Angriffen der gefährlichen Tiere auf Polkvitz aussetzen.

Frau Haase stellte persönlich einen Streuselkuchen mit Johannisbeeren auf den Kaffeetisch.

„Die ersten frischen Beeren dieses Jahres", sagte Luise und schnitt ein Stück für Dölström ab, während Agathe Kaffee ausschenkte.

„Wo ist das Mädchen?", wollte Fräulein von Liesegang wissen.

„Sie ruht sich aus." Luise hielt es für besser, wenn sie sich in Gretes Abwesenheit unterhielten.

„Selbstverständlich müssen wir die Mutter benachrichtigen, wo sie abgeblieben ist", sagte Fräulein von Liesegang. „Ich habe die Adresse eines Hauses in Sassnitz, wo ledige Frauen unterkommen können. Am besten, wir quartieren Grete dort ein."
Asta Dölström nickte. „Wahrscheinlich wird sich Rieke bald beruhigen. Wenn Grete ihr Geld nicht mehr nach Hause bringt,

dann dürfte sie den Rauswurf bedauern und ihre Tochter wieder aufnehmen. So etwas kommt bei diesen Leuten dauernd vor."

„Das können Sie nicht machen!" Franziska konnte kaum glauben, was sie da gehört hatte. „Sie dürfen Grete doch nicht in so ein Heim stecken."

„Vielleicht könnte sie auch fest bei dem Doktor wohnen. Dort ist sie doch ohnehin die meiste Zeit", sagte Pfarrer Dölström zwischen zwei Kuchenbissen.

„Nein", sagte Tante Regina mit fester Stimme, „sie bleibt hier!" Luise nickte.

„Sie ist meine Nichte", fügte Franziska hinzu. „Es wird Zeit, dass sich jemand um sie kümmert."

„Wir kümmern uns bereits um sie", betonte Fräulein von Liesegang scharf, „und das nicht nur, wenn es uns gerade einfällt. Wir sorgen schon seit Jahren dafür, dass sie ein Dach über dem Kopf und genug zu essen hat."

„Und ihren eigenen Lebensunterhalt ebenso wie den ihrer Mutter verdient", fügte die Pfarrersgattin hinzu, „schließlich ist es das Beste für diese Leute, wenn sie auf eigenen Füßen stehen können. Ich habe mich damals persönlich beim Doktor für sie verwendet." Asta Dölström richtete sich in ihrem Sessel auf.

„Das ist wahr, meine Liebe", sagte der Pfarrer, „und das ist dir auch hoch anzurechnen." Er schlürfte einen Schluck Kaffee.

„Ich geh nicht mehr zum Doktor zurück", Gretes Stimme klang zittrig, aber entschlossen. Sie hatte sich eine gestrickte Decke über die Schultern gehängt und stand im Nachthemd und mit bloßen Füßen im Türrahmen. Franziska sah, dass ihre Zehen und Knöchel von Blasen und Abschürfungen bedeckt waren.

Fräulein von Liesegang betrachtete Grete von oben bis unten durch ihr Lorgnon und sagte dann zu Luise. „In dem Heim für ledige Frauen wird sie natürlich auch dann aufgenommen, wenn sie keine Arbeit hat. Sie beschäftigen die Insassinnen mit Näh- und Stickarbeiten."

„Das ist sehr nützlich", bekräftigte Asta Dölström.

Grete schien sich förmlich unter der Decke zu verkriechen. Franziska stand auf und ging zu ihr hinüber. „Du solltest dich noch etwas ausruhen." Sie nahm Grete beim Arm und führte sie ein Stück weit den Gang hinunter. Dann drehte sie sich zu ihr herum und ergriff ihre beiden Hände. „Ich werde nicht zulassen, dass du irgendwo hingeschickt wirst, wohin du nicht willst."

Grete schaute sie ungläubig an.

„Geh wieder ins Bett. Wir reden später." Damit kehrte Franziska in den Salon zu den anderen zurück.

„Sie missverstehen uns", sagte Luise gerade, „wir haben keineswegs die Absicht, Grete wieder fortzuschicken. Wir benötigen lediglich Ihren Rat, wie mit den Ansprüchen ihrer Mutter zu verfahren ist. Schließlich ist Grete noch nicht einundzwanzig."

Fräulein von Liesegang zog die Augenbrauen hoch. „Nun, wenn sie hier arbeitet und ein Teil ihres Lohnes an ihre Mutter …"

„Sie wird hier nicht arbeiten", unterbrach sie Luise. „Sie gehört zur Familie."

„Oha", der Pfarrersgattin rutschte das Kuchenstück von der Gabel. „Haben Sie sich das auch gut überlegt?"

„Was gibt es da zu überlegen?" Franziska wurde wütend. „Grete ist meine Nichte!"

„Angeheiratet", sagte der Pfarrer. „Und bedenken Sie, meine gute Frau Meistersinger, Ihr Mann wollte mit seiner Schwester nichts zu tun haben. Wenn Sie Ihr Verwandtschaftsverhältnis zu dieser Schwester und ihrer Familie leugnen, dann kann man Ihnen keinen Vorwurf daraus machen. Schließlich handeln Sie im Sinne Ihres verstorbenen Gatten."

„Der Grund, warum sich Ferdinand und Rieke überworfen haben, hat nichts mit meiner Nichte zu tun und es wäre wahrhaftig ungerecht, wenn ich sie darunter leiden ließe", sagte Franziska.

Fräulein von Liesegang schob ihren Teller zurück. Sie hatte das Stück Kuchen, das ihr Luise gereicht hatte, nicht einmal angerührt. „Das Mädchen sollte beizeiten lernen, wohin es gehört. Es wäre unverantwortlich, wenn Sie ihm da irgendwelche Flausen in den Kopf setzten."

Luise legte Franziska beruhigend die Hand auf den Arm. „Sie haben uns Ihre Einschätzung mitgeteilt und uns damit sehr geholfen. Wir werden das alles sorgfältig durchdenken und natürlich meinen Ehemann zu Rate ziehen."

„Tun Sie das, Frau von Veldhain", sagte das Fräulein von Liesegang.

Der Pfarrer ließ sich von Agathe eine zweite Tasse Kaffee einschenken. „Vielleicht wäre es besser, wenn Grete weiterhin für den Doktor arbeitet. Sie kann ja trotzdem auf Polkvitz wohnen."

Franziska hatte schon Luft geholt, um Dölström zu sagen, was sie davon hielt, dass ihre Nichte weiterhin als Küchenmagd schuften und schutzlos den Avancen eines Kammerdieners ausgesetzt sein sollte, da erhob sich Luise und bedankte sich noch einmal wortreich bei den Besuchern für ihr Kommen.

„Ich helfe, wo ich kann", sagte Fräulein von Liesegang hoheitsvoll und stand ebenfalls auf, „das ist mein Wahlspruch."

Auch das Pfarrersehepaar machte sich zum Aufbruch bereit. „Was soll ich denn nun dem Doktor sagen?", klagte Asta. „Der steht jetzt ohne Küchenmädchen da."

„Ich werde selbst mit ihm reden", erklärte Franziska. „Morgen wollte ich ihm ohnehin einen Besuch abstatten."

„Natürlich", die Pfarrersgattin lächelte wissend. „Sie besuchen ihn oft in letzter Zeit. Aber Sie sind ja auch Witwe und Doktor Schönborn ist keine schlechte Partie!"

„Ich würde mich sehr freuen, Sie beide in meiner Kirche zu sehen", sagte Dölström und zwinkerte Franziska zu, „nicht nur sonntags zum Gottesdienst."

Der Cousine der Gutsherrin fehlten immer noch die Worte, während der Besuch die Treppe hinunterstieg und in die Pfarrerskutsche kletterte.

„Kommt nicht infrage!" Rieke warf eine Rübe in den Kochtopf, dass das Wasser nur so spritzte. In der niedrigen Küche drängten sich Franziska, Regina von Oberbach sowie ihre beiden Kammermädchen. Durch die geöffnete Hintertür drang Möwen- und Kindergeschrei herein. „Grete ist meine Tochter, die können Sie mir doch nicht einfach so wegnehmen. Wer soll denn für mich sorgen?"

„Das hätten Sie sich überlegen sollen, bevor Sie sie aus dem Haus gejagt haben", sagte Franziska.

Rieke sah ihre Schwägerin an, als wollte sie sie erwürgen. „Sie sind am besten ganz still! Da Sie wohl inzwischen Ferdinands Briefe gelesen haben, wissen Sie ja, warum er Sie geheiratet hat. Aus Mitleid." Das Einzige, was sie davon abzuhalten schien, vor Verachtung auszuspucken, war die Tatsache, dass sie sich in ihrer eigenen Küche befand.

Franziska spürte, wie sie bleich wurde.

„Ich möchte Grete anstellen", sagte Regina von Oberbach. „Dafür brauche ich Ihre Erlaubnis."

Rieke sah aus, als ob sie am liebsten abgelehnt hätte, aber dann gewann ihr Geschäftssinn die Oberhand. „Was wollen Sie ihr zahlen?"

Tante Regina nannte eine Summe, die dem Durchschnittslohn eines Hausmädchens in Berlin entsprach. Es musste wesentlich mehr sein, als Rieke erwartet hatte, denn sie atmete scharf ein und ihr „Einverstanden" kam verdächtig schnell. „Aber ich erwarte, dass Sie sie mindestens ein Jahr lang behalten", fügte sie schnell hinzu, „auch wenn sie nicht besonders flink ist."

Regina von Oberbach zuckte mit den Schultern. „Gesagt ist gesagt. Ich behalte sie mindestens ein Jahr."

„In Ordnung!" Rieke wischte ihre rechte Hand an der Schürze ab und streckte sie der Baronin hin. „Sie bekommen sie!"

Tante Regina verzog keine Miene und schlug ein. Dann schaute sie sich um. „Wo sind ihre Sachen?"

Rieke war anzusehen, dass sie überlegte, die beiden Frauen ohne Gretes private Besitztümer wegzuschicken, aber sie wollte die gewinnbringende Vereinbarung nicht durch einen Streit gefährden. Sie verschwand im angrenzenden Zimmer und tauchte kurz darauf mit einem sehr kleinen Bündel wieder auf.

„Grete wird eine Nachricht schicken, wenn ihr noch etwas fehlt", sagte Tante Regina hoheitsvoll und wandte sich zum Gehen. In der Tür drehte sie sich noch einmal um. „Spätestens im Herbst werde ich nach Berlin zurückkehren, da kommt sie natürlich mit. Ihren Anteil am Lohn werde ich dann zum Jahresende schicken."

Als die Tür hinter ihnen zufiel, hoffte Franziska, dass sie dieses Haus nie wieder betreten müsste.

Auf der Straße trafen sie Thies, der mit einer Gans unter dem Arm an der Gartenpforte der Nachbarn stand. Der junge Mann deutete auf das Tier. „Die büxt immer aus und lässt sich nur von mir einfangen." Er reichte den Vogel der Nachbarin. Dann wandte er sich an Franziska. „Bleibt Grete jetzt auf Polkvitz?"

Als sie bejahte, meinte er: „Wird sicher das Beste sein!"

„Sie können sie jederzeit besuchen", sagte Tante Regina. „Grete würde sich freuen und wir uns auch."

Sein Lächeln ließ Thies noch mehr wie Ferdinand aussehen. „Das werde ich tun. Am Sonntag muss ich nicht im Kreidebruch arbeiten."

Franziska reichte ihm die Hand: „Sie gehören zur Familie!"

35. Kapitel

Als Gustav das nächste Mal den Landauer nach Sagard kutschierte, saßen Franziska und Frau Haase darin. Die Mamsell hatte sich bereiterklärt, die Kündigung von Gretes Dienstverhältnis zu übernehmen. „Obwohl sich natürlich nicht wegdiskutieren lässt, dass das Mädchen einfach fortgerannt ist. Wenn sich der Doktor weigert, ihr den ausstehenden Lohn zu zahlen, dann können wir nichts daran ändern."

Entgegen dieser düsteren Erwartungen zeigte sich Schönborn kulant. „Ehrlich gesagt, ich wusste von Anfang an nicht, wozu ich sie brauchen soll. Mittags und abends esse ich im Gasthaus – meist bin ich ja noch unterwegs, um Patienten zu behandeln – und das Frühstück kann mir auch mein Kammerdiener zubereiten."

Er verließ kurz das Empfangszimmer, um das Geld zu holen, und die Mamsell nutzte die Gelegenheit, um Franziska zuzuflüstern: „Er sieht aus, als ob er schon recht lange nichts Vernünftiges mehr zwischen die Zähne bekommen hätte."

Dem konnte Franziska nur zustimmen. Die Wangen des Doktors waren eingefallen und seine Augen lagen so tief in den Höhlen, dass er ihr fast wie ein Greis erschien.

Als Schönborn zurückkehrte, händigte er Frau Haase einige Münzen aus. „Asta Dölström hat mich damals überredet, Grete anzustellen."

Er wandte sich an Franziska. „Solange die Mamsell Gretes Sachen in der Kammer zusammensucht, würde ich Ihnen gerne etwas zeigen. Ich habe einen neuen Fund zu vermelden."

Franziska folgte dem Doktor in das erste Stockwerk. „Ich muss das Stück noch reinigen und polieren, deshalb ist es bisher nicht in der Vitrine." Er geleitete seine Besucherin in den Arbeitsraum. Auf dem Tisch lagen jetzt nicht mehr die griechischen Münzen, sondern die Arbeitsfläche nahm etwas Rundes ein, das aussah wie ein überdimensionaler Ring, der an einer Stelle offen war. Die Enden des gebogenen Metalls liefen in runden Knäufen aus. Es gab keine Verzierungen, aber der Reif beeindruckte gerade durch seine Schlichtheit und die ausgewogenen Formen. Das Metall war zwar matt und etwas angelaufen, aber es schimmerte golden und es schien massiv zu sein.

„Was ist das?", fragte Franziska.

„Ein Halsreif." Schönborn nahm das Stück mit beiden Händen auf. „Fühlen Sie nur einmal, wie schwer der ist. Wahrscheinlich gehörte er einem sehr mächtigen Fürsten." Er reichte den Reif Franziska.

„Wie ist der wohl in den Schatz des Tempels gelangt?"

„Da gibt es verschiedene Möglichkeiten. Er könnte die Bezahlung für eine ganze Schiffsladung von Waren gewesen sein, die jemand den Priestern abkaufte: Pferde, Waffen, Getreide, Met oder Ähnliches. Aber ich stelle mir lieber vor, dass er eine Gegengabe für ein Orakel war."

„Eine wertvolle Gabe", meinte Franziska, die immer noch den goldenen Halsreif in den Händen hielt. Sie glaubte, noch nie ein so schweres Schmuckstück gesehen zu haben.

„Die Orakel waren von größter Wichtigkeit." Schönborn nahm Franziska den Ring wieder ab. „Sie entschieden darüber, ob ein Kriegszug stattfand, ein Bündnis geschlossen oder eine Reise angetreten wurde. Bei solchen Angelegenheiten konnte es für einen Stammesherrscher um alles oder nichts gehen. Da sollte das Geschenk an die Gottheit schon entsprechend wertvoll sein."

Beeindruckt nickte Franziska. „Die Stücke, die Sie bisher gefunden haben, müssen wirklich zu den kostbarsten Schätzen des Tempels gehört haben."

„Das vermute ich auch." Versonnen betrachtete Schönborn den goldenen Halsring. „Wenn man bedenkt, dass der fast siebenhundert Jahre lang unter der Erde lag."

„Aber Sie haben ihn gefunden, dank Ihrer Privattheorie über die Findigkeit der slawischen Priester. Wollen Sie in Ihrer Veröffentlichung auch beschreiben, wie Sie dahintergekommen sind, wo der Schatz versteckt wurde?"

„Leider kann ich, wenn ich ehrlich sein soll, diesen Ruhm gar nicht in Anspruch nehmen." Schönborn legte den goldenen Halsreif wieder auf seinen Arbeitstisch. „Dass ich den Eingang zu der Höhle gefunden habe, war reines Glück. Erst als ich entdeckt hatte, was sich darin befand, erkannte ich die Zusammenhänge." Sein Blick streifte die große Landkarte, die an der einzigen Wand des Arbeitsraumes hing, die nicht von Regalen eingenommen wurde.

Es war die ‚Special Charte der Insel Rügen', die Friedrich von Hagenow anno 1829 veröffentlicht und dem preußischen König Friedrich Wilhelm III gewidmet hatte. Diese Karte galt als genaueste Darstellung der Topographie der Insel, die verfügbar war. Franziska erinnerte sich, dass ein Exemplar auch in der Bibliothek des Gutshauses in Polkvitz hing. Als sie genauer hinsah, bemerkte sie, dass in der Karte des Doktors Nadeln steckten. Schönborn hatte Orte markiert, die für ihn aus irgendwelchen Gründen von Interesse waren. Die oberste der Nadeln steckte bei Arkona, aber als Franziska mit den Augen dem Bogen der Küste folgte, die wie ein schräges C die Tromper Wiek einrahmte, sah sie an der Nordküste der Halbinsel Jasmund noch mindestens zwei weitere Nadeln.

Doktor Schönborn stand bereits in der Türöffnung des Raumes und hielt die Portiere zur Seite. „Wollen wir noch einmal das goldene Trinkhorn ansehen? Ich habe mich gestern darangesetzt und es ein bisschen poliert."

Es war Franziska zwar schleierhaft, was der Doktor noch zu polieren gefunden hatte, aber das Stück war so faszinierend und schön, dass sie einwilligte und Schönborn in den angrenzenden Raum zu der hohen Vitrine folgte. Das Horn sah genauso aus, wie Franziska es in Erinnerung hatte: glattes, satt schimmerndes Gold mit reich verzierten silbernen Bändern.

Schönborn zog seine Taschenuhr hervor. An der Uhrkette hingen mehrere Schlüssel. Einen davon wählte er aus, um die Vitrine aufzuschließen. Dann griff er nach dem Horn. Das Stück war so schwer, dass er es gerade schaffte, es mit beiden Armen festzuhalten. „Schauen Sie! Ich habe die Innenseite bearbeitet!" Er kippte es so weit, dass man hineinsehen konnte.

Franziska blickte in eine goldene Höhle, die sich immer weiter verengte. Das leuchtende Metall hatte etwas Hypnotisches an sich, das die Blicke hineinzog und sie zwang, der leichten Biegung zu folgen.

„Ich sehe einen dunklen Gegenstand, der scheint nicht zum Horn zu gehören."

Sie hörte Schönborns leises Lachen. „Holen Sie ihn heraus!"

Franziska streifte die spitzenverzierte Manschette ihres Kleides über den Arm hinauf und schob die Hand zögernd in die Öffnung.

„Nur Mut", sagte der Doktor.

Als sie das kleine Objekt ertastet hatte und den Arm zurückzog, wuchtete Schönborn das Horn wieder in die Vitrine zurück.

„Das ist ein Ring!", rief Franziska aus, als sie das Ding auf ihrer Handfläche betrachtete. Das leicht durchscheinende, grünlich schimmernde Schmuckstück war aus einem Material, das sie nicht gleich zuordnen konnte.

„Gefällt er Ihnen?", fragte Schönborn mit einem fast drängenden Unterton in der Stimme.

„Er ist wunderschön."

„Der Ring ist aus Glas, das war damals, als er angefertigt wurde, so wertvoll wie Gold", erklärte Schönborn.

„Aber wie kommt er in das Horn?"

„Erraten Sie das nicht? Ich fand es so passend."

Franziska erstarrte. Langsam beschlich sie die Erkenntnis dessen, was Schönborn ihr sagen wollte.

„Ich habe ihn selbst dort hineingetan, damit Sie ihn finden, und ich möchte, dass Sie ihn behalten!"

Fassungslos blickte Franziska den Doktor an. „Aber das geht doch nicht!"

„Warum nicht?", rief Schönborn aus. „Sie lieben die Wissenschaft und die Altertumsforschung, können zeichnen und sind nicht abergläubisch. Außerdem sind Sie Witwe."

Franziska konnte nichts tun, als den Doktor weiterhin anzustarren. Ein Heiratsantrag. Das war das Letzte, womit sie gerechnet hatte! Sie musste sich an der Wand abstützen. In der Hand hielt sie immer noch den slawischen Glasring.

Schönborn sah, dass er sie völlig überrumpelt hatte. Er brachte einen Schemel herbei. „Es tut mir leid, dass ich Sie damit so überfallen habe – aber ich glaubte, Ihre Wünsche würden sich in einer ähnlichen Richtung bewegen. Immerhin kommt solch ein Zusammenklang der Seelen doch selten genug vor." Erst jetzt schien er wahrzunehmen, dass ihm Franziska immer noch den Ring entgegenstreckte. „Bitte behalten Sie ihn, während Sie über Ihre Entscheidung nachdenken."

Ein Ruf der Mamsell aus den Dienstbotenkammern im Stockwerk über ihnen ließ ihn verstummen. Sie hatte eine Frage an den Kammerdiener gerichtet, der nicht sofort antwortete. In der folgenden Stille hörten sie, wie schnelle Schritte die Stiege hinaufpolterten. Sie nahmen ihren Ausgang am Treppenabsatz vor diesem Zimmer. Jemand hatte an der Tür gelauscht. Als Doktor Schönborn die Tür vollends aufstieß, sahen sie gerade noch die schwarzen Schuhe des Kammerdieners im oberen Stockwerk verschwinden.

Nach einem kurzen Wortwechsel kletterte Frau Haase mit einem Bündel in der Hand die steilen Stufen herunter.

„Haben Sie alles gefunden?" Franziska bereute sofort, dass sie etwas gesagt hatte, denn ihre Stimme klang so zittrig, dass die Mamsell ihr einen durchdringenden Blick zuwarf.

„Ja, Frau Franziska. Laut der Aussage dieses Herrn", ihr Blick wanderte zum oberen Ende der Treppe, „sind das sämtliche Besitztümer von Grete." Ihrer Stimme war anzuhören, dass sie das bezweifelte.

Franziska wollte nur noch weg. Während der Wagen Richtung Polkvitz rollte, warf die Mamsell ihr forschende Blicke zu, aber sie brachte es nicht über sich, vom Antrag des Doktors zu erzählen. Den Ring hatte sich Franziska über den Finger gestreift, als sie die Handschuhe angezogen hatte, aber sie bereute, dass sie es getan hatte. Es fühlte sich an, als hätte sie damit bereits in etwas eingewilligt, das sie keineswegs vorhatte.

Als die beiden Frauen vor dem Gutshaus aus dem Landauer stiegen, trafen sie auf Luise, ihre Mutter und Grete, die auf der Freitreppe standen, plauderten und Leander mit Brotkrumen fütterten. In Gretes Aussehen erinnerte nichts mehr an das zerzauste Mädchen, das vorgestern beim Dienstboteneingang zusammengebrochen war. Statt der Zöpfe trug sie jetzt eine schlichte Hochsteckfrisur und das gut geschnittene Kleid, das bis zum Boden reichte, wie es sich für eine Dame gehörte, stammte aus Luises unerschöpflichen Vorräten. Ihre Gewohnheiten ließen sich allerdings nicht so schnell verändern wie ihr Äußeres. Als die Mamsell Grete das Geld des Doktors gab, knickste das Mädchen vor Frau Haase, die höflicherweise keine Miene verzog.

Sie waren übereingekommen, Grete offiziell als Regina von Oberbachs Gesellschafterin zu behandeln. Auf diese Weise konnte die Baronin dem Mädchen die Erziehung und Bildung zukommen lassen, die ihm bisher verwehrt geblieben war. Was sich weiter ergab, musste man abwarten.

Luise reichte Grete einen trockenen Brotkanten und Grete brach ein Stück ab, das sie Leander hinwarf. Das Klappern der Pferdehufe und die Räder des Landauers, die dicht neben ihm vorbeirollten, schienen den Schwan nicht weiter zu beeindrucken. Er schnappte sich das Stück Brot und schlang es eilig hinunter.

„Du siehst aus, als ob dir etwas Unerfreuliches widerfahren wäre." Luise hob die Hand und fuhr scherzhaft mit dem Zeigefinger über Franziskas gerunzelte Stirn.

„Lasst uns hineingehen." Tante Regina begann die Treppe hinaufzusteigen. „Im Salon kann uns Franziska erzählen, was es bei Schönborn gab. Ich habe Lust auf eine Tasse Tee."

Die übrigen Frauen folgten ihr, wobei Franziska auffiel, dass Grete auf der Treppe fast über ihren Rocksaum stolperte. Aber sie war nicht die Richtige, das zu bekritteln, dachte sie dann, denn schließlich bewegte sie sich auch nicht gerade elegant. Das Sitzen in der Kutsche hatte wieder einmal bewirkt, dass sich ihr Bein verkrampfte und nun noch steifer war als sonst.

„Was hat er getan?" Luise riss die Augen auf.
Grete war entsetzt. „Wie soll sie sich denn in solch einem Falle verhalten?"

„Einen höflichen, aber bestimmten Brief schreiben und den Ring zurückschicken", sagte Tante Regina und stellte ihre Teetasse mit einer eleganten Bewegung ab. Es gab für jedes Problem eine angemessene Lösung und eine Dame musste sie kennen.

„Das wird das Beste sein." Franziska zog den Ring vom Finger und legte ihn vor sich auf die Tischplatte.
Luise griff neugierig danach. „Du musst zugeben, es war ein romantischer Einfall, dich den Ring aus dem Trinkhorn fischen zu lassen." Sie hielt das Schmuckstück gegen das Licht und bewunderte das grüne, halb durchsichtige Glas.

„Einen ähnlichen hat mir Hans einmal gezeigt", sagte Grete plötzlich, „er wollte ihn mir geben, wenn …" Sie brach ab und wurde rot.

„Hans? Ist das nicht der Kammerdiener des Doktors?" Franziska konnte sich nicht vorstellen, dass Schönborn seinen Angestellten mit solchen Ringen beschenkte.

„Er hat immer wieder auf mich eingeredet", sagte Grete, „und einmal behauptete er, der Ring sei erst der Anfang."

Luise runzelte die Stirn. „Was meinte er damit?"

„Wahrscheinlich hat er den Ring entwendet", sagte Tante Regina. „Und er plant, noch mehr zu stehlen."

„Ich glaube, Hans wollte die anderen Sachen nicht aus dem Haus des Doktors holen." Grete umfasste ihre Tasse mit beiden Händen, so als wollte sie sich an dem heißen Tee wärmen. „Er sagte, er wolle das Nest finden, das der Doktor ausnahm, und sich dort seinen Anteil abzweigen."

Tante Regina nickte langsam. „Dann könnte ihn niemand des Diebstahls bezichtigen."

„Deshalb hat er uns belauscht!" Franziska erzählte, was sie beim Doktor erlebt hatte. „Wahrscheinlich hoffte er, dass mir Schönborn erzählt, wo er die Funde gemacht hat."

„Hat er das?" Luises Augen funkelten. „Auf einem Gut kann man immer Geld brauchen. Was glaubt ihr, was Karl-Friedrich sagen würde, wenn ich ihm eine ganze Herde Jersey-Kühe schenken könnte?"

„Luise!", sagte Tante Regina in einem vorwurfsvollen Tonfall, aber ihre Lippen zuckten verdächtig.

Franziska trank einen Schluck Tee. „Schönborn machte nur geheimnisvolle Andeutungen, aber Luises Gärtner hat mir neulich erzählt, er habe diesen Hans an der Steilküste gesehen, wo er sich benahm, als ob er etwas suchte."

„Als ich Schönborn fragte, wo er seinen Fund gemacht hätte, da erklärte er, es sei nicht auf unserem Land oder dem Privatbesitz irgendeines anderen. Das würde auf den Uferbereich des Meeres zutreffen." Luise war so aufgeregt, dass sie ihre Teetasse auf dem Unterteller hin- und herschubste.

„Auf der Karte in seinem Arbeitsraum ist an der Küste bei Ruschvitz etwas mit einer Nadel markiert", erinnerte sich Franziska.

Tante Regina nickte bestätigend. „Diese Karte ist mir auch aufgefallen!"

„Es ist die gleiche, die bei euch in der Bibliothek hängt", sagte Franziska zu Luise. Ihre Cousine wuchtete sich sofort vom Sofa hoch. Schwangerschaft hin oder her – Luise würde wohl nie ihr Temperament zügeln. „Dann gehen wir sie uns anschauen. Vielleicht erinnerst du dich, wo die Nadel genau steckte!"

Wenige Minuten später standen die vier Frauen vor der ‚Special Charte der Insel Rügen', die sorgfältig eingerahmt und hinter Glas an der Bibliothekswand hing. Franziska sah das nach hinten geneigte C der Tromper Wiek und die Küste Jasmunds, die genau von West nach Ost verlief.

„Ungefähr hier", sie beschrieb mit dem Zeigefinger einen kleinen Kreis, der ihrer Meinung nach den Bereich einschloss, in dem die Nadel steckte. Luise berührte mit der Nase fast das Glas, als sie versuchte, die kleine Schrift auf der Karte zu entziffern. „Das steht ‚Svantekahs'."

Tante Regina runzelte die Stirn. „Was soll das denn sein?"

„Ein Felsen, der ein paar Fuß vom Ufer entfernt im Meer liegt", erläuterte Franziska, „Gustav hat ihn mir auf dem Ausritt gezeigt."

„Das ist altslawisch und heißt ‚heiliger Stein'", sagte Grete leise.

Alle schauten sie überrascht an und das Mädchen wurde rot. „Vor ein paar Monaten hatte Doktor Schönborn einige Herren aus Stralsund zu Gast. Ich musste den Wein einschenken und Schnittchen servieren und da bekam ich mit, wie Schönborn das jemandem erklärte. Ich habe mir das Wort gemerkt, weil ich früher immer dachte, der Svantekahs hätte was mit Käse zu tun." Das Rot auf ihren Wangen vertiefte sich. „Als Kind hatte ich oft Hunger", fügte sie hinzu.

Tante Regina klopfte aufgeregt mit ihrem Zeigefinger gegen das Glas auf der Landkarte. „Schönborn sagte doch, der Gott Swantovit hätte praktisch ein Türschild."

„Dann ist der Schatz dort!", rief Luise.

„Aber der Felsen liegt im Meer." Franziska bremste nur ungern die Begeisterung ihrer Cousine. „Und zu mir sagte Schönborn etwas von einer Höhle."

„Ein Türschild muss nicht unbedingt direkt am Eingang hängen", meinte Tante Regina, „manchmal ist es auch an der Gartenpforte oder an der Auffahrt befestigt."

„Schönborn erzählte, dass die Priester den Schatz per Boot brachten." Franziska zeigte auf die vorspringende Landspitze von Kap Arkona. Dann fuhr sie mit dem Finger in gerader Linie über die offene Seite des C bis zum Svantekahs. „Wahrscheinlich liegt die Höhle irgendwo in der Steilküste hinter dem Findling."

„Ich lasse den Landauer anspannen!" Luise griff nach der Klingelschnur.

„Luise Viktoria von Veldhain!", Tante Regina hatte die Stimme kaum erhoben, dennoch erstarrten alle. „Bist du von allen guten Geistern verlassen? Was denkst du eigentlich, wer oder was du bist? Eine Gutsherrin kann sich nicht einfach auf die Schatzsuche begeben wie ein halbwüchsiger Bengel. Noch dazu in deinem Zustand!"

„Aber Mutter."

Regina von Oberbach war noch nicht fertig: „Ich fand das Spielchen auch recht amüsant, aber jetzt die Kutsche zu bestellen, das hieße eindeutig, die Sache zu weit zu treiben! Ihr seid Damen, also benehmt euch entsprechend!". Sie maß alle Anwesenden mit einem scharfen Blick und Luise senkte den Kopf. Dann drehte sich Tante Regina auf dem Absatz herum. „Grete, komm mit!"

Als Grete die Tür vorsichtig von außen geschlossen hatte, seufzte Luise und betrachtete bedauernd die Karte. „Ich bin sicher, du hast recht mit dem Schatz."

„Deine Mutter hat auch recht."

Luise legte die Hand auf ihren Bauch. „Ich werde mich jetzt besser etwas ausruhen." Ihre Wangen waren verdächtig blass geworden.

36. Kapitel

Am nächsten Morgen ergab sich für Franziska eine unverhoffte Gelegenheit, doch noch auf Schatzsuche zu gehen. Die anderen Damen waren nach dem Frühstück beschäftigt: Luise hielt mit der Mamsell ihre übliche Vormittagsbesprechung ab und Tante Regina unterrichtete Grete im Sticken. Franziska machte sich auf den Weg in die Bibliothek, um etwas zum Lesen zu suchen. In der Halle begegnete sie Karl-Friedrich, der mit seinen Hunden von draußen hereinkam.

„Jetzt habe ich es endlich geschafft, Delbrück zu seiner Schwester nach Bergen zu schicken. Hier liegt heute kaum etwas an und der alten Dame geht es nicht besonders gut. Deshalb habe ich ihm befohlen, den Landauer samt Gustav zu nehmen, dann kann er mit ihr im Sonnenschein spazieren fahren." Der Gutsherr grinste so nichtsnutzig, dass sich Franziska schmerzlich an seinen Bruder erinnert fühlte. „Jetzt bin ich also für den Rest des Tages ohne meinen Verwalter und das Wetter ist einfach zu schön, um im Büro zu sitzen. Ich habe beschlossen, auf die Jagd zu gehen. Der Gärtner beklagt sich bitterlich darüber, dass ihm die Rehe die Johannisbeeren samt den Büschen wegfressen. Dann dürfte es nur gerecht sein, wenn bei uns ein leckerer Rehbraten auf den Tisch kommt."
Franziska überlegte blitzschnell. Wenn sie Karl-Friedrich überreden konnte, sich die Gegend um den Svantekahs anzu-

schauen ... „Ich hatte mir überlegt, einen Ausritt zu machen", schwindelte sie, „aber da Gustav nicht zur Verfügung steht, werde ich das wohl verschieben müssen."

„Kommen Sie doch einfach mit mir", sagte der Gutsherr und zauste Scott das Fell, „dann können wir beide den schönen Tag draußen genießen und wenn ich kein Jagdglück habe, dann kann ich meiner Begleitung die Schuld geben."

Als Franziska sich umgezogen hatte, wartete Karl-Friedrich bereits mit seinem großen Dunkelbraunen und Herzbube vor der Freitreppe. Er hatte ein Jagdgewehr quer über den Rücken gehängt und seine beiden Hunde schnüffelten zwischen den Büschen des Rondells herum.

„Ich werde Ihnen jetzt etwas völlig Verrücktes erzählen", sagte Franziska, während sie vom Hof ritten. Sie setzte dem Gutsherrn die Geschichte von dem Slawenschatz und der Theorie des Doktors auseinander, samt den Überlegungen der Damen zu diesem Thema.

„Das ist meine Luise! Ich wette, sie wollte sofort nachschauen, ob die alten Priester tatsächlich ihren Schatz beim Svantekahs versteckt haben!"

„Allerdings!"

Der Gutsherr hielt sein Pferd an. „Die Rehe können warten."

Er blinzelte Franziska zu. „Diese Idee ist einfach zauberhaft. Lassen Sie uns hinreiten und den Schatz suchen! Ich bin schon auf Luises Gesichtsausdruck gespannt, wenn wir ihr wirklich ein paar Goldmünzen bringen können." Ohne Franziskas Antwort abzuwarten, wendete er seinen Dunkelbraunen und bog in den Reitweg nach Glowe ein. Herzbube trabte mit bedächtigen Bewegungen hinterdrein.

„Mit den Pferden können wir leider nicht den kürzesten Weg nehmen", erklärte Karl-Friedrich, „das wäre die Treppe, die hinter Ruschvitz die Steilküste hinabführt, aber ich möchte die Tiere dort nicht unbeaufsichtigt stehen lassen."

Aus diesem Grund wählten sie den Weg, den Franziska bereits kannte und der kurz vor Glowe an den Strand führte. Einige eingeschlagene Pflöcke markierten die Stelle, an der die

Soldaten nach Justos Körper gegraben, aber nichts gefunden hatten. Karl-Friedrich nahm seinen Hut ab und senkte den Kopf, als er hier vorüberritt. Franziska spürte gar nichts. Sie war sich immer sicherer, dass es sich bei diesem Unfall um einen Schwindel handelte.

Sie ritten über den Strand ostwärts, am Meeresufer entlang. Der Kies wurde gröber und ging langsam in faustgroße Feuersteinknollen über. Die Reiter waren gezwungen, hintereinander auf dem schmalen Pfad zu bleiben, auf dem der Boden feiner und durch viele Füße und Hufe festgetreten war. Gordon und Scott sprangen fröhlich herum, schnüffelten und folgten interessanten Geruchsfährten.

Franziska fand es immer wieder faszinierend zu beobachten, wie sich die Küste veränderte. Senkrecht abgebrochene Wände aus Lehm und Kreide wechselten ab mit Hängen, die bis zum steinigen Ufer hinab mit Buschwerk bewachsen waren.

„Da ist der Svantekahs", Karl-Friedrich zeigte auf den fast ovalen Granitfindling. Noch während Franziska hinschaute, bewegte sich plötzlich das Häufchen auf der abgeplatteten Oberseite des Felsens, das sie aus der Entfernung für eine Ansammlung von Tang gehalten hatte. Sie konnte einen langen Hals und einen schnabelbewehrten Kopf erkennen. Der Schwan, der auf dem Felsen saß, blickte wachsam zu den beiden Reitern herüber.

Die Küste bildeten hier steile Klippen, an deren Fuß Schutt, große Steine und Treibholz durcheinanderlagen. Franziska erkannte den Ort wieder. Hier hatte Justo damals die Felsen untersucht.

Der Gutsherr stieg ab und half seiner Begleiterin von Herzbube herunter. „Wenn da wirklich so etwas wie eine Höhle ist, dann müsste sie sich zwischen diesen großen Felsen dort befinden." Er deutete auf eine Stelle, an der mehrere Findlinge beieinanderlagen, die aussahen, als ob sie von weiter oben heruntergebrochen wären und zwischen denen sich Treibholz und Wurzelgewirr verfangen hatten.

„Ich werde mir das näher anschauen." Karl-Friedrich hängte das Jagdgewehr an den Sattel seines Dunkelbraunen und schlang die Zügel der Pferde um einen großen Treibholzast. Dann trat er an die Klippen heran. Franziska folgte ihm langsamer.

„Hier ist wirklich etwas!", Karl-Friedrich war zwischen den Findlingen verschwunden und seine Stimme klang gepresst, als ob er dabei wäre, schwere Steine beiseitezuwuchten.

Franziska humpelte neugierig dorthin, wo sie den Herrn von Veldhain rumoren hörte. Zwischen den großen Granitblöcken und dem eigentlichen Fuß der Steilküste gab es einen Zwischenraum.

„Schauen Sie sich das an!" Karl-Friedrich wischte sich den Schweiß von der Stirn. Er hatte einige kleinere Gesteinsbrocken beiseitegeschafft und das Treibholz weggeräumt, das dazwischen klemmte. Dahinter war der Eingang zu einer Höhle zum Vorschein gekommen. Die schmale Öffnung wurde gestützt durch einen riesigen Granitbrocken, der sich zur Hälfte innerhalb der Kreidewand befand.

Karl-Friedrich trat näher an den Gang heran, der sich in der Finsternis verlor. „Wir bräuchten dringend eine Lampe", murmelte er. Neugierig tastete er sich an der Wand entlang. „Da ist ein gemauertes Gewölbe. Ich hätte mir nie träumen lassen, dass es so etwas hier gibt!" Die Dunkelheit hatte ihn fast verschluckt, trotzdem ging er weiter.

„Hallo, ist da wer?", rief er plötzlich. Dann hörte Franziska aus dem Inneren der Höhle ein Gepolter.

„Karl-Friedrich, geht es Ihnen gut?"

Keine Antwort.

Verzweifelt überlegte sie, was sie tun sollte. In die Höhle gehen? Hilfe holen?

Da tauchte der Gutsherr wieder auf. Ohne Hut und mit Schmutzflecken auf Hose und Jacke. Er rieb sich die Stirn. Als er Franziska sah, lächelte er schief. „Schauen Sie nicht so besorgt, ich bin im Dunkeln gegen eine Wand gelaufen."

Als er die Hand von seiner Stirn herunternahm sah Franziska, dass sich da eine dicke Beule entwickelte.

„Ein pommerscher Dickschädel kann das ab", meinte Karl-Friedrich. Dann sackte er im Höhleneingang plötzlich zusammen. Hinter ihm erschien eine Gestalt, die einen zerborstenen Keramikkrug in der Hand hielt.

Es war Hans, der gespenstische Kammerdiener des Doktors. Als er Franziska sah, erschrak er und hob die Reste des Kruges, mit dem er den Gutsherrn niedergeschlagen hatte, auf. „Rühren Sie sich nicht von der Stelle, dann passiert Ihnen nichts!"

Franziska war vor Schreck so erstarrt, dass sie sich ohnehin nicht hätte bewegen können.

Hans stieg über den reglosen Körper des Gutsherrn, der den Höhleneingang versperrte. Die Taschen seiner Jacke waren ausgebeult.

Der Kies hinter Franziska knirschte. Zwei Schatten sprangen auf den Diener los und rissen ihn zu Boden. Gordon und Scott kamen zwar zu spät, um ihren Herrn zu verteidigen, aber letztlich hatten sie den Schuldigen erwischt. Da Hans klug genug war, sich nicht zu wehren, ließen die Hunde von ihm ab, beobachteten ihn aber scharf, bereit, sich bei der ersten Bewegung wieder auf ihn zu stürzen. „Bitte, gnädige Frau, rufen Sie die Tiere zurück!"

Franziska lehnte sich mit dem Rücken gegen einen der Findlinge, da ihr die Knie weich wurden. Die Kälte des Steines brachte ihr zumindest die Sprache zurück.

„Was machen Sie hier?"

„Ich wollte mir die Schatzkammer des Doktors ansehen." Hans versuchte den Kopf wenigstens so weit zu heben, dass er sprechen konnte, ohne Sand in den Mund zu bekommen. „Aber die wertvollsten Sachen hat er sich schon geholt."

„Sie haben den Herrn von Veldhain niedergeschlagen. Dafür kommen Sie ins Gefängnis."

Hans ächzte. „Ich war überrascht. Immerhin hatte ich den Höhleneingang hinter mir wieder sorgfältig verschlossen. Bitte sagen Sie dem Doktor nicht, dass Sie mich hier gesehen haben."

Schönborn gehörte zu den letzten Leuten, die Franziska im Moment interessierten.

Hans dachte kurz nach und sagte dann: „Bitte, gnädige Frau, wenn Sie mich gehen lassen, dann erzähle ich Ihnen etwas, das auch den Herrn von Veldhain interessieren würde!"

„Ich kann mir nicht vorstellen, was das sein könnte."

„Natürlich, weil Sie den jungen Herrn für tot halten. Das tun alle. Aber dem ist nicht so."

Franziska spürte, wie ihr das Blut aus dem Gesicht wich. „Dem ist nicht so?", wiederholte sie fassungslos.

Mit langsamen Bewegungen setzte Hans sich auf. Gordon knurrte, rührte sich aber nicht von der Stelle. „Er ist beim Doktor", stieß der Kammerdiener hervor. „Der hält ihn gefangen."

„Wo?"

„Rufen Sie die Hunde zurück!"

„Scott." Der Hund blickte in Franziskas Richtung. „Komm her!" Er war gut erzogen, deshalb trottete er zu der Frau, die ihn rief, seine Aufmerksamkeit blieb aber auf Hans gerichtet. Franziska tastete nach Scotts Halsband und schloss die Hand darum. „Wo ist der junge Herr?"

„Was ist mit dem zweiten Hund?", Hans schaute Gordon an, der seinen Blick ungerührt erwiderte.

„Sie wollten mir etwas erzählen!"

Der Kammerdiener seufzte. „Der junge Herr ist in dem gepanzerten Zimmer, das der Doktor hat einbauen lassen, um seine wertvollen Funde einzuschließen."

„Neben dem Ausstellungsraum?" Franziska hatte nie auch nur das kleinste Geräusch aus dem Inneren des Zimmers gehört.

„Er schläft die ganze Zeit", sagte Hans, „der Doktor verabreicht ihm Opium. So kann er nicht auf die Idee kommen zu flüchten, weil er nie lange genug wach ist, um einen klaren Gedanken zu fassen."

Franziska konnte kaum glauben, was sie da hörte. Sie wollte Gordon schon zurückrufen, aber sie zögerte noch. „Wie konnte der Doktor den Herrn überhaupt in dieses Zimmer bekommen?"

Hans warf einen furchtsamen Blick auf Karl-Friedrich. „Der wacht gleich auf, so fest habe ich nicht zugeschlagen."

Franziska antwortete nicht und der Diener redete weiter. „Der junge Herr war verletzt. Der Doktor brachte ihn nachts in seinem Wagen und ich musste helfen, ihn nach oben zu tragen. Er sah ziemlich verbeult aus." Er zuckte mit den Schultern und Gordon, dem es nicht gefiel, dass der Mann sich bewegte, knurrte wieder. Hans redete schneller: „Später ist der Doktor mit der Jacke des jungen Herrn noch mal weggegangen. Er füllte vorher etwas Schwarzpulver in eine Papröhre und steckte es ein. Als ich ihn fragte, was er vorhätte, murmelte er etwas von falsche Spuren legen." Hans warf wieder einen misstrauischen Blick auf den bewusstlosen Gutsherrn. „Jetzt habe ich Ihnen alles gesagt, was ich weiß!"

Franziska rief Gordon zu sich und hielt ihn ebenfalls am Halsband fest. Hans sprang auf. Zwischen den Felsen hindurch sah Franziska, wie der Mann kurz innehielt, als er das Jagdgewehr des Gutsherrn am Sattel seines Pferdes sah. Er riss die Waffe an sich und rannte dann den Strand entlang davon.

Karl-Friedrich stöhnte. Franziska ging zu ihm und half ihm, sich aufzusetzen. Dann humpelte sie ans Meer, um ihr Taschentuch nass zu machen. Das tropfende Tuch reichte sie dem Herrn von Veldhain, der es sich auf den Hinterkopf drückte. „Was um Himmels willen ist passiert?" Er saß im Sand vor dem Höhleneingang und schaute benommen um sich.

„Sie wurden niedergeschlagen", sagte Franziska und deutete auf die Keramikscherben. „Ein Mann kam hinter Ihnen aus der Höhle. Als Sie am Boden lagen, rannte er davon."

„Sie haben ihn nicht zufällig erkannt?"

Franziska schüttelte den Kopf. „Es ging alles so schnell!"

„Wir müssen die Gendarmen benachrichtigen." Karl-Friedrich zog sich am Felsen hoch, bis er schwankend wieder auf den Füßen stand. „Wenn Sie vielleicht meinen Dunkelbraunen holen könnten?"

Franziska sah, wie schwer dem Gutsherrn diese Bitte fiel. Er musste schon kräftig angeschlagen sein, wenn er einer Dame zumutete, ihm das Pferd zu bringen.

Als sie das Tier zwischen die Felsen führte, lief Herzbube hinter ihnen her.

Karl-Friedrich betrachtete den alten Wallach mit einem gequälten Blick. „Hören Sie", sagte der Gutsherr mit schwacher Stimme. „Ich weiß selbst kaum, wie ich aufs Pferd kommen soll. Würden Sie es über sich bringen, hier zu warten, bis ich Hilfe geholt habe?"

Franziska hielt sein Pferd fest, während der Herr von Veldhain schwerfällig erst auf einen Granitbrocken und dann in den Sattel kletterte. Nachdem er den Hunden befohlen hatte, bei Franziska zu bleiben, galoppierte er an und war in kürzester Zeit hinter der nächsten Steilklippe verschwunden.

Sie sah sich um. Gordon und Scott hatten wieder ihre spielerischen Verfolgungsjagden und ihr Herumschnüffeln zwischen den Felsen aufgenommen und Herzbube stand ruhig neben ihr, nachdem sie ihn zunächst am Zügel festgehalten hatte, damit er nicht seinem Stallkollegen folgte. „Wir müssen uns jetzt gedulden, bis wir abgeholt werden", sagte sie zu dem Pferd; Herzbube schnaubte und schüttelte die Mähne.

Franziska hatte nun genügend Zeit, über das nachzudenken, was sie von Hans erfahren hatte – konnte das wirklich die Wahrheit sein? Zu fantastisch erschien ihr der Gedanke, dass Justo noch lebte. Aber die Sache mit der Jacke ergab einen Sinn, denn sie hatten genau den Schluss gezogen, den der Doktor beabsichtigt hatte: Justo musste einem Unfall zum Opfer gefallen sein. Dass jemand mit einer Sprengung den Küstenabbruch absichtlich ausgelöst hatte, würde niemand vermuten.

Plötzlich krachte ein Schuss und Franziska spürte mehr als dass sie es hörte, wie eine Kugel dicht neben ihrem Kopf vorbeizischte. Ohne darüber nachzudenken, warf sie sich zu Boden und drückte sich so eng wie möglich in den Schatten des Findlings, an dem sie gerade noch gelehnt hatte. Herzbube war in Panik ein Stück davongaloppiert, hatte sich jedoch schnell beruhigt und stand nun etwas ratlos am Meeresufer.

Dann hörte sie den Schrei. Zwar ein ganzes Stück entfernt, aber immer noch nahe genug, um zu erkennen, dass es ein Mensch gewesen war, der da in Todesangst geschrien hatte. Danach war es wieder still, bis auf das unaufhörliche Klatschen der Wellen und das gelegentliche Geschrei streitender Möwen. Franziska drückte sich noch enger an den Felsen. Inzwischen war ihr eiskalt. Die Sonne verschwand hinter dem Klippenrand und es wurde dämmrig am Strand, obwohl die Mittagszeit kaum vorüber war. Der Höhleneingang hinter ihr wirkte wie ein Tor zur Unterwelt. Sie legte den Kopf in den Nacken und sah die Umrisse eines großen Vogels, der parallel zur Steilküste fortflog. Franziska spähte hinüber zum Svantekahs. Der Schwan war weg.

War es Hans gewesen, der auf sie geschossen hatte? Sehr wahrscheinlich, denn er hatte immerhin zu befürchten, dass sie weitererzählte, was geschehen war. Franziska blieb hinter dem Felsen sitzen. Sie hatte nicht die Kraft aufzustehen. Ihre Beine spürte sie nicht mehr.

So fand sie Karl-Friedrich, als er wenig später mit vier berittenen Gendarmen zurückkehrte. Der Gutsherr half ihr unter Dutzenden von Entschuldigungen auf und hielt sie, während das Blut schmerzhaft in ihre eingeschlafenen Beine zurückströmte. Stockend erzählte sie von dem Schuss und dem Schrei. Der Gutsherr erbleichte. Er hatte das Fehlen seines Gewehrs noch gar nicht bemerkt. Zwei der Gendarmen galoppierten sofort in die von Franziska angegebene Richtung davon.

37. Kapitel

Am Abend saßen Luise und ihre Cousine zusammen. Franziska hatte es nicht mehr im Bett ausgehalten und auch die Beruhigungstees der Mamsell schienen diesmal nicht zu wirken. Sie musste unbedingt mit Luise über das, was sie von Hans erfahren hatte, reden.

„Du glaubst ihm?", fragte die Gutsherrin

„Ich halte es zumindest für möglich, dass es stimmt." Franziska stand von dem zierlichen Stuhl auf und schaute aus dem Fenster, ohne etwas zu sehen. Luises Privatsalon lag neben dem Schlafzimmer der Gutsherrin, war winzig klein und wurde kaum genutzt. Niemand würde sie hier stören. „Ich weiß nicht, was ich jetzt tun soll, vielleicht wäre es das Beste, Karl-Friedrich die Wahrheit zu sagen. Dann könnte er mit den Gendarmen gleich zum Haus des Doktors reiten."

Luise schüttelte den Kopf. „Was das für einen Skandal geben würde! Außerdem hast du keine Beweise – weder für das, was Hans dir gesagt hat, noch dafür, dass du überhaupt mit ihm geredet hast – und jetzt ist er tot!"

Die Gendarmen hatten den Kammerdiener zusammen mit dem Gewehr des Gutsherren am Fuße der Klippen gefunden. Aus ungeklärten Gründen war er abgestürzt und hatte sich den Hals gebrochen.

„Aber wenn Justo im Haus des Doktors ist …" Franziska konnte den Gedanken kaum ertragen, dass er noch lebte, sie ihm aber nicht helfen konnte.

„Fränzchen, bitte reiß dich zusammen!", Luises Stimme klang angespannt.

Franziska stellte schuldbewusst fest, dass die Cousine im Moment aussah, als sei sie um zehn Jahre gealtert. Und dabei sollte es doch ihre Aufgabe sein, Luise zu unterstützen und zu entlasten. Momentan tat sie eher das Gegenteil.

„Wir müssen genau überlegen, wie wir vorgehen", sagte Luise. „Es ist weder sinnvoll, den Doktor überstürzt zu brüskieren, noch irgendwelche Behauptungen in die Welt zu setzen, die wir nicht beweisen können."

Sie klingelte nach Agathe. „Such Grete und schicke sie hierher. Sag ihr, dass ich noch einen Hut gefunden hätte, den ich ihr gerne geben würde."

Die Gutsherrin ging hinüber in ihr Ankleidezimmer und kam kurz darauf mit einer cremefarbenen Schute zurück. „Diese Hutform kommt ohnehin gerade aus der Mode", meinte Luise mit einem kleinen Lächeln und legte den Hut auf den Beistelltisch, „da kann ich ruhig meinen Kleiderschrank plündern."

Wie sie schnell herausfanden, hatte Grete keine Ahnung davon, ob sich jemand in dem gesicherten Raum des Doktors aufhielt.

„Tagsüber habe ich nie etwas aus diesem Zimmer gehört und nachts …"

„Was war nachts?", fragte Luise gespannt.

Grete drehte nervös die Schleife der Schute um ihre Finger. „Nachts habe ich die Decke über die Ohren gezogen und meine Kammer nicht verlassen. Wenn ich was gehört habe, dann hatte ich viel zu viel Angst, um nachzuschauen. Ich wusste ja, dass sich Hans auf den Gängen herumtreibt!"

„Aber manchmal hast du was aus dem ersten Stockwerk gehört?" Da die Dienstbotenkammern unter dem Dach lagen, konnten sie davon ausgehen, dass in der Stille der Nacht jedes Geräusch von unten dort gehört werden konnte.

„Der Doktor kann nicht gut schlafen, deshalb arbeitet er nachts an seinen Fundstücken oder geht hin und her."

„Damit wären wir genauso weit wie vorhin", sagte Franziska, als das Mädchen gegangen war.

„Das würde ich so nicht sagen, denn inzwischen habe ich eine Idee, wie wir es machen." Luise lächelte trotzig. „Wir schauen einfach nach."

„Ohne Skandal und Aufsehen?"

„Für das Aufsehen wäre ich zuständig und den Skandal würdest du machen, wenn du falsch liegst und Justo doch nicht in dem Zimmer ist", sie zögerte. „In diesem Fall müssten wir dich dann ganz schnell nach Berlin zurückschicken!" Sie schaute ihre Cousine fragend an. „Möchtest du das riskieren?"
Franziska stützte das Gesicht in die Hände und rieb sich die Schläfen. In letzter Zeit hatte sie so viele Ränke schmieden, lügen und Entscheidungen treffen müssen, sie war es so müde. Aber sie war überzeugt davon, dass Hans die Wahrheit gesagt hatte. Justo lebte. „Ich mache es."
Luise gab ihr einen Kuss. Dann erklärte sie ihrer Cousine, was ihr vorschwebte.

38. Kapitel

Der erste Gedanke, der Franziska am nächsten Morgen beim Aufwachen in den Sinn kam, handelte davon, dass Justo jetzt seit fast zwei Wochen verschwunden war. Aber zum ersten Mal gab es so etwas wie eine Hoffnung, ihn lebend wiederzusehen.

Tante Regina reagierte skeptisch, als sie erfuhr, dass ihre Nichte den Doktor besuchen wollte, um ihm ihre Antwort auf seinen Antrag persönlich mitzuteilen. Luise wollte sie dabei begleiten.

„Meinst du nicht, dass es besser wäre, ihm einen Brief zu schreiben?"

„Hier auf dem Land wird manches anders gehandhabt als in Berlin", erklärte die Gutsherrin, „immerhin ist der Doktor eine Art Freund der Familie."

Im Grunde hätte es Franziska freundschaftlicher gefunden, Schönborn den Ring mit einem erklärenden Brief zurückzuschicken. Aber der Plan, den Luise entwickelt hatte, sah vor, dass sie den Doktor gemeinsam aufsuchten. Mit dem Heiratsantrag hatte er dafür den idealen Vorwand geliefert.

„Vielleicht sollte ich euch begleiten", meinte Tante Regina. „Es wäre weniger peinlich für ihn, wenn Franziska ihm unter vier Augen erklärt, dass sie seinen Antrag ablehnt. Ich kann mich dann solange mit Luise unterhalten."

Franziskas verzweifelter Blick wurde von Luise nur mit einem leichten Achselzucken quittiert. Wenn Regina von Oberbach mitkommen wollte, dann konnten sie sie nicht daran hindern.

Später erschien ein zwar eingeladener, aber trotzdem unerwarteter Besucher auf Gut Polkvitz.

„Schauen Sie nur, wer da gekommen ist!" Grete lächelte den Damen glücklich entgegen, als sie auf die Freitreppe hinauskamen. Ein junger Mann stand neben dem Mädchen. Es war Thies.

„Herzlich willkommen", Franziska ging ihm entgegen und streckte beide Hände aus.

„Grete wirkt so glücklich", sagte Thies zu ihr, nachdem ihn auch die anderen Frauen begrüßt hatten. „Sie sieht aus wie eine richtige Dame."

Franziska versuchte, Grete mit seinen Augen zu betrachten, und sie musste zugeben, dass sich das Mädchen tatsächlich verändert hatte. Inzwischen handelte es sich auch nicht mehr nur um eine äußerliche Verwandlung. Sie verhielt sich zwar immer noch scheu und zurückhaltend, war aber nicht mehr so verschreckt wie am Anfang, als sie auf Franziska den Eindruck eines Kaninchens gemacht hatte, das sich in eine Ackerfurche duckt, weil es stets mit dem Herabstoßen eines Bussards rechnet.

„Wir sind froh, dass es ihr bei uns gefällt."
Thies wollte etwas erwidern, wurde aber unterbrochen durch laute Rufe und zorniges Wiehern, die aus der Richtung des Wirtschaftshofes kamen. „Haltet ihn doch fest, ihr Trottel!" Franziska erkannte die Stimme des Verwalters Delbrück. Gefolgt wurde dieser Ausruf von einem Schmerzensschrei und deftigen Flüchen. Dann näherte sich Hufgetrappel und ein riesiger brauner Kaltblutwallach mit wehender blonder Mähne galoppierte entschlossen die Auffahrt hinauf. Die Damen brachten sich auf den oberen Stufen in Sicherheit. Nur Thies blieb am

Fuße der Treppe stehen und blickte dem Pferd entgegen. „Ruhig, mein Schöner!" Er streckte die Hand aus. Das Tier blieb stehen, riss den Kopf in die Höhe und betrachtete den Mann misstrauisch von oben herab. Der große, kräftige Thies wirkte neben dem massigen Kaltblut erstaunlich zierlich.

„Ich hoffe, er weiß, was er tut", murmelte Luise. „Paul ist eigentlich eine Seele von Pferd, aber wenn er zum Hufschmied muss, dann ist er wie ausgewechselt."

Thies war neben den Vierbeiner getreten, streichelte ihm sanft über die Flanke und fasste wie beiläufig nach dem herabhängenden Halfterstrick. Ein Knecht kam herangekeucht und wirkte sehr erleichtert, als er sah, dass Paul bereits eingefangen war. „Jetzt müssen wir ihn wieder in die Schmiede bugsieren", meinte er mit wenig Begeisterung in der Stimme.

„Wenn du mir den Weg zeigst, dann helfe ich dir", sagte Thies und die beiden Männer zogen mit dem Pferd ab.

„Das war ein kurzer Besuch", meinte Regina von Oberbach.

„Ich hoffe nicht, dass Sie jetzt einen schlechten Eindruck von ihm haben", sagte Grete nervös, „aber er liebt nun einmal Tiere, und Pferde ganz besonders."

„Die Leute in der Schmiede werden dankbar sein, wenn er ihnen seine gesunden Knochen zur Verfügung stellt", meinte Luise. „An den Tagen, an denen Paul beschlagen wird, hört man sogar den ruhigen Delbrück ausgiebig fluchen."

Unwillkürlich spitzten die Damen die Ohren, um zu hören, welche Geräusche nun aus der Schmiede herüberklangen, aber bis auf das geschäftige Hämmern, mit dem der Schmied das Hufeisen auf dem Amboss zurechtformte, war nichts mehr zu hören. Kurz darauf sahen sie, wie der Gutsherr auf seinem Braunen auf der Straße von Sagard herantrabte. Er war zu einem ausgiebigen Frühschoppen auf Gut Dubnitz zu Gast gewesen und winkte den vier Frauen auf der Treppe fröhlich zu.

„Du hast gerade etwas verpasst", sagte Luise zu ihrem Mann, „Paul hat seinen Meister gefunden!"

„Ist der etwa gerade beim Schmied?", Karl-Friedrich legte eine Hand hinter das Ohr, „nicht möglich, ich höre gar nichts."

„Gretes Bruder hat offenbar ein Händchen für Pferde."

„Den Wunderknaben muss ich mir ansehen!" Der Herr von Veldhain wandte seinen Braunen Richtung Schmiede.

Am Nachmittag machten sich Luise, Franziska und Tante Regina bereit für ihren Besuch bei Doktor Schönborn. Thies hatte sich nicht mehr im Gutshaus blicken lassen und auch Karl-Friedrich blieb verschwunden. Die Gutsherrin schickte Wilhelm aus, damit er ihrem Mann Bescheid sagte, dass sie mit dem Landauer ausfahren würden. Der Kammerdiener berichtete, dass Karl-Friedrich und Thies zusammen mit Delbrück in den Ställen unterwegs seien und sich anscheinend prächtig verstünden.

Wenig später stiegen die drei Damen in den Wagen, der sie in Sagard vor dem Hause des Doktors absetzte. Da es in der Sonne sehr warm war, fuhr der Kutscher langsam zur gegenüberliegenden Seite des Apollonienmarktes, wo die Viehtränke im Schatten der Kastanien stand.

Asta Dölström öffnete, als Franziska an Schönborns Haustür klopfte. „Kommen Sie nur herein", sagte die Pfarrersgattin. „Ich versuche, den tragischen Verlust für den Doktor etwas erträglicher zu gestalten, indem ich ihm helfe. Immerhin hat er jetzt innerhalb weniger Tage gleich zwei Dienstboten verloren." Sie musterte die Besucherinnen anklagend. Pummi erschien, kläffte die Damen an und versteckte sich dann hinter den Röcken seiner Herrin.

Im Empfangszimmer trafen sie neben dem Doktor auch den Pfarrer an, der sich hocherfreut über den Besuch aus Polkvitz zeigte. „Dies ist wieder einmal ein leuchtendes Beispiel für den Zusammenhalt in unserem kleinen Gemeinwesen", tönte er, „niemand steht mit seinen Verlusten allein."

„Wir möchten Ihnen unser Beileid aussprechen", sagte Franziska zum Doktor. Natürlich war es völlig unmöglich, in Gegenwart der Dölströms über den Heiratsantrag zu reden.

Ein Seitenblick auf Luise belehrte sie, dass die Cousine ihren Plan gerade entsprechend umstellte. Sie legte eine Hand auf ihren dicken Bauch und setzte sich unaufgefordert aufs Sofa. „Dieser Sonnenschein heute! Das ist nicht auszuhalten!"

„In der Tat", sagte der Pfarrer sofort und seine Frau fügte hinzu: „Sieht so aus, als ob wir einen trockenen Sommer bekommen."

Schönborn bat Franziska und Tante Regina, Platz zu nehmen und Asta Dölström verschwand eilfertig in der Küche, um neuen Kaffee zu bereiten.

„Wir könnten Ihnen einen unserer Burschen von Polkvitz ausleihen, bis Sie einen neuen Kammerdiener gefunden haben", sagte Luise.

Schönborn schüttelte abwehrend den Kopf. „Das wird wohl nicht nötig sein. Herr Dölström hat mich freundlicherweise eingeladen, das Frühstück in Zukunft im Pfarrhaus einzunehmen und ansonsten benötige ich wenig Hilfe." Er lächelte bitter. „Vermutlich bin ich jetzt um so viel zu misstrauisch, wie ich früher zu vertrauensselig war. Jedenfalls möchte ich vorerst keinen neuen Diener anstellen." Er schaute zu Franziska hinüber. „Möglicherweise ändern sich in Zukunft meine privaten Verhältnisse, sodass man dann ohnehin mit dem Personal anders disponieren müsste."

„Ich kann Ihr Misstrauen gegenüber Dienstboten voll und ganz verstehen", sagte Tante Regina. „Vor Jahren hatte ich einmal eine Zofe, die sich in meiner Abwesenheit über den Schmuck hermachte. Es dauerte sehr lange, bis ich nach diesem Erlebnis wieder den Schlüssel zur Schatulle aus der Hand geben konnte."

Die Pfarrersgattin kam mit der Kaffeekanne herein. „Wer keine irdischen Güter besitzt, der kennt auch manche Probleme nicht."

„Wobei es keineswegs so ist, dass sich kriminelle Elemente ihre Opfer nach moralischen Kriterien aussuchen", sagte der Pfarrer. „Stellen Sie sich nur vor, als ich neulich eines meiner Schäfchen im Gefängnis in Stralsund besuchte, da versuchte doch tatsächlich ein Mithäftling, meine Taschenuhr zu stehlen. Glücklicherweise war der Wärter aufmerksam."

Schönborn lächelte schwach. „Wenigstens das kann mir nicht passieren. Meine Uhr besitzt eine Sicherheitskette." Er zog sie aus der Tasche.

Franziska sah nur die Schlüssel, die an der Uhrkette hingen. Den für die Vitrine mit dem goldenen Trinkhorn erkannte sie sofort. Ein weiterer verschnörkelter Schlüssel gehörte wahrscheinlich zu einem Schreibtisch, ein besonders kleiner zu einer Geldkassette. Die beiden verbleibenden Schlüssel waren schlichter geformt und schienen für Sicherheitsschlösser gemacht zu sein. Glücklicherweise schauten alle Anwesenden gebannt auf die Uhr des Doktors, sodass Franziskas Interesse nicht weiter auffiel.

„Das sieht doch aus wie eine ganz normale Uhrkette", sagte der Pfarrer.

„Im Moment schon, aber wie gehen Diebe meist vor, wenn sie eine Uhr stehlen wollen?" Der Doktor blickte in die Runde und beantwortete seine Frage selbst: „Sie ziehen die Uhr an der Kette aus der Tasche!"

Der Pfarrer nickte eifrig.

„Dann stellen Sie sich einmal vor, die Uhr befände sich jetzt in meiner Westentasche und ziehen Sie an der Kette!"

Dölström beugte sich vor, griff nach der Kette und zog vorsichtig daran. Aus der kleinen Kugel zwischen dem Ende der Kette und dem Haken, an dem die Uhr befestigt war, fuhren plötzlich drei oder vier spitze Dornen heraus.

„Oha", sagte der Pfarrer und ließ die Kette wieder los. Im selben Augenblick verschwanden die Spitzen wieder. „Wie geht das denn?"

„Im Inneren der Kugel befindet sich ein Federmechanismus. Wenn die Uhr an der Kette gezogen wird, dann erscheinen diese Dornen, die sich im Futter der Uhrtasche verhaken und es so unmöglich machen, die Uhr unbemerkt herauszuziehen."

„Was für eine sinnreiche Erfindung!", rief Luise begeistert. „Solch eine Kette werde ich bei der nächsten Gelegenheit Karl-

Friedrich schenken. Der hat eine schöne goldene Uhr, da mache ich mir immer Sorgen, dass sie gestohlen wird." Interessiert musterte sie die Uhr, die immer noch in Schönborns Hand lag. „Dürfte ich mir die Kette genauer ansehen?"

Der Doktor machte den Verschluss los, mit dem die Uhrkette an seiner Weste befestigt war, und reichte die Uhr samt Kette und Schlüsseln der Gutsherrin.

„Wie unglaublich raffiniert", Luise schien völlig fasziniert von dem Mechanismus zu sein. „Wo haben Sie sie denn gekauft?"

„Ein Bekannter aus Berlin hat sie mir mitgebracht", sagte Schönborn. „Hier in der Provinz könnte es schwierig sein, so etwas zu bekommen."

„Wie schade", Luise spielte immer noch mit der Kette. Dann verzog sie plötzlich das Gesicht, stieß einen spitzen Schrei aus, ließ die Uhr fallen und fuhr mit beiden Händen zu ihrem Bauch.

39. Kapitel

Luise krümmte sich. „Was ist das für ein stechender Schmerz!" Sie schnappte nach Luft und schrie abermals. Ihre Mutter wurde leichenblass und der Doktor sprang aus seinem Sessel. „Versuchen Sie, gleichmäßig zu atmen." Er stolperte über den Mops.

Luise schien ihn gar nicht zu hören, sie jammerte lautstark weiter und Pummi jaulte aus voller Lunge dazu. Asta Dölström war so verwirrt, dass sie den Kaffee statt in die Tasse, die ihr Ehemann ihr hinhielt, daneben schüttete. Der Pfarrer brüllte auf, als das heiße Getränk seine Hand verbrühte, und ließ die Tasse fallen, was das allgemeine Chaos noch vergrößerte.

Regina von Oberbach schrie den Doktor an: „Tun Sie endlich etwas!", und dieser rempelte mit den Schienbeinen kräftig den Kaffeetisch an, während er versuchte, sich zu der stöhnenden Luise durchzudrängen.

Franziska bückte sich und tastete auf dem Teppich nach der Taschenuhr. Pummi war sofort zur Stelle, da er glaubte, es gäbe dort etwas Fressbares. Sie schubste den Mops im letzten Moment beiseite, bevor er sich auf die Uhr setzen konnte. Schnell steckte sie die Taschenuhr samt Kette und allem, was daran hing, in den Schaft ihres Schnürstiefels. Indem sie so tat, als wollte sie dem Doktor Platz machen, rückte sie bis zum Ende des Sofas und stand schließlich auf.

Der Doktor fühlte den Puls der sich windenden Luise und ihre Mutter fächelte ihr Luft zu. Asta Dölström sammelte die Scherben der heruntergefallenen Tasse ein. Der Pfarrer hielt stöhnend seine Hand. Franziska schob sich vorsichtig zur Tür hinaus und hastete so schnell sie konnte die Treppe empor. Sie erinnerte sich, dass die Tür des gesicherten Raumes vom Treppenabsatz des ersten Stockwerks abging. Das Metall des Türblatts hatte man weiß gestrichen, um den Zugang unauffälliger erscheinen zu lassen. Wer es nicht besser wusste, würde annehmen, dass die Tür zu einer Besenkammer gehörte.

Franziska bückte sich, zog die Uhr samt Kette aus dem Stiefel und durchsuchte mit zitternden Fingern die Schlüssel. Den ersten, den sie ausprobierte, bekam sie gar nicht ins Schloss. Fast hätte sie alles fallen lassen. Sie griff nach dem nächsten Schlüssel.

„Was machen Sie da?"

Franziska fuhr zusammen. Asta Dölström war unbemerkt hinter ihr die Treppe hinaufgeschlichen. „Ich habe gleich geahnt, dass Sie etwas vorhaben. Wollen Sie etwas stehlen?"

„Nein, natürlich nicht!" Franziska hatte keine Ahnung, wie sie der Pfarrersfrau in aller Eile verständlich machen sollte, warum sie unbedingt diesen Raum öffnen musste. Sie steckte den Schlüssel ins Schloss. Gottlob, er passte.

Aus dem Erdgeschoss drang immer noch aufgeregtes Stimmengewirr herauf, untermalt mit Luises Stöhnen und gelegentlichen Schreien.

Asta Dölström griff nach Franziskas Arm. „Verlassen Sie nicht den Pfad der Tugend!"

„Darum geht es doch gar nicht", Franziska schob die Hand der Pfarrersgattin beiseite. Diese zog sie nun am Ärmel und rief gleichzeitig lauthals um Hilfe. Franziska wusste, dass sie beide Hände frei bekommen musste, um den Schlüssel umzudrehen, und schubste Asta. Jetzt tauchte auch noch der Pfarrer hinter der Biegung der Treppe auf. „Liebling, was hat dieser Lärm zu bedeuten?"

„Sie ist eine Diebin, sie will die Wertsachen des Doktors stehlen!" Frau Dölström umfasste Franziskas Taille und versuchte, sie von der Tür wegzuziehen.

„Machen Sie sich nicht unglücklich", rief der geistliche Herr, „unrecht Gut gedeihet nicht!" Er drängte sich an seiner Gattin vorbei und wollte sich vor die Tür stellen, um sie mit seinem Körper zu verteidigen. „Sie müssen das nicht tun, es gibt sicher auch für Ihre Probleme eine andere Lösung!"

Glücklicherweise ging die Tür nach innen auf. Als es Franziska endlich gelungen war aufzusperren, taumelte der Geistliche rückwärts in den Raum. Franziska konnte sich gerade noch am Türrahmen festhalten und Asta Dölström fiel mit einem protestierenden Quieken auf ihr Hinterteil.

Das Zimmer war kleiner, als Franziska erwartet hatte. Dichter, eigentümlich riechender Nebel hing in der Luft und setzte sich beim Einatmen in der Kehle fest. Durch das vergitterte Fenster fiel schwaches Tageslicht. Auf einer Krankenbahre lag eine reglose Gestalt. Ansonsten war der Raum vollkommen leer. Bis auf ein kleines Tischchen, das dicht neben das Kopfende der Bahre gerückt war und auf dem eine Apparatur stand, die aussah wie aus dem Fuß einer Petroleumlampe und einer Metalldose zusammengebaut. Sie schien die Quelle der Dampfschwaden zu sein.

„Justo!", Franziska wurde von der Befürchtung überwältigt, sie könne zu spät gekommen sein. War er etwa schon tot? Sie stürzte zu der Bahre. Der Mann, der da lag, hatte die Augen geschlossen und rührte sich nicht. Nur wenn man ganz genau hinsah, konnte man erkennen, dass sich sein Brustkorb hob und senkte. Die Kratzer und Prellungen auf seinem eingefallenen Gesicht waren am Verheilen. Eine Platzwunde an seiner Schläfe hatte man genäht. Das zerzauste Haar war immer noch von Blut verklebt und der stoppelige Bart verlieh ihm vollends das Aussehen eines Landstreichers. Eines unglaublich abgemagerten Landstreichers.

Inzwischen war auch der Pfarrer nähergetreten und betrachtete misstrauisch den Bewusstlosen. Asta Dölström rappelte sich vom Fußboden auf und kreischte aus der Ferne: „Wer ist das?"

„Der junge Herr von Veldhain!", rief der Pfarrer erstaunt und wedelte den Dampf vor seinem Gesicht fort, so als sei dieser schuld an dem, was er sah. „Wie ist das möglich?"

„Der ist doch tot!", widersprach seine Gattin vom Treppenabsatz aus.

Franziska rüttelte verzweifelt an Justos Schulter und entlockte ihm damit ein unwilliges Stöhnen.

„Der Allmächtige sei gepriesen!", Dölström richtete den Blick zur Zimmerdecke, „er lebt!"

Der Lärm im Empfangssalon war inzwischen verstummt. Als Franziska den Blick von Justos Gesicht löste, sah sie den Doktor auf der Treppe stehen. Regungslos starrte er sie an. In seinem Gesicht lagen eine solche Wut und Enttäuschung, dass es Franziska den Atem verschlug.

„Herr Schönborn. Was soll das alles heißen? Was macht der Herr von Veldhain hier und was ist das für ein Qualm?" Asta Dölström trat auf den Doktor zu. Dieser erwachte plötzlich aus seiner Erstarrung und rannte die Stufen wieder hinunter, als hätte er den Leibhaftigen hinter sich.

Franziska war es in diesem Augenblick vollkommen gleichgültig, was aus dem Doktor wurde, denn Justo schlug die Augen auf. Er murmelte etwas Unverständliches und seine Lider klappten wieder herunter.

Vor dem Haus ertönten Schreie, Platschen von Wasser, Peitschenknallen, das unregelmäßige Hufeklappern eines Gespanns durchgehender Pferde und das Rattern eines Wagens, das sich schnell entfernte.

Luise kam die Treppe heraufgepoltert. „Hast du ihn gefunden?" Ihre Haare waren zerzaust, die Wangen gerötet und die obersten Knöpfe ihres Kleides standen offen. Regina von Oberbach eilte hinter ihr her. „Warum benimmst du dich so unmöglich?" Die überraschende Heilung ihrer Tochter war ihr ein Rätsel und auch der plötzliche Abgang des Doktors ergab für sie keinen Sinn. „Wie riecht es denn hier?" Sie sah die Dampfschwaden, die aus der geöffneten Tür des Gefängnisses drangen, und schnüffelte. „Opium", stieß sie hervor. „Franziska, komm sofort dort heraus."

„Justo ist hier, aber er wacht nicht auf", rief Franziska verzweifelt und hielt sich an der Bahre fest. Der Nebel raubte ihr die Orientierung und das Gleichgewicht.

„Stehen Sie nicht untätig herum, wir müssen den Herrn von Veldhain aus diesem Zimmer holen!", rief Regina von Oberbach dem Pfarrer zu. Ohne auf ihn zu warten, stürzte sie in den Raum, löschte die qualmende Lampe und riss so schnell es ging das kleine Fenster auf. Dann versuchte sie, den Bewusstlosen von der Bahre zu zerren. Franziska riss sich zusammen und half ihr. Gemeinsam schafften sie es, Justo bis zum Treppenabsatz zu schleppen. „Er darf nicht weiter diesen Rauch einatmen", stieß Tante Regina hervor, als sie seinen Körper zu Boden gleiten ließen. Sie gab der Metalltür einen Schubs, sodass sie mit einem scheppernden Geräusch ins Schloss fiel.

„Was war das?", fragte Franziska und hielt sich am Treppengeländer fest. Sie hatte das Gefühl, noch unsicherer auf den Beinen zu sein als sonst. Vorsichtig setzte sie sich auf den Boden.

„Das ist Opiumdampf. Wenn man ihn längere Zeit einatmet, wird man bewusstlos und träumt wirre Dinge."

„Wir brauchen einen Arzt." Franziska war den Tränen nahe. Justo war nicht einmal aufgewacht, als sie ihn so unsanft aus dem Zimmer befördert hatten. Er lag jetzt auf dem Holzboden des Treppenabsatzes und schlief einfach weiter.

„Der Doktor ist doch gerade weggelaufen", sagte Asta Dölström verständnislos.

Luise lief zum Fenster. „Gustav!"

Franziska hörte, wie ihre Cousine den Kutscher beauftragte, den Arzt aus Sassnitz zu holen. Regina von Oberbach legte tröstend die Hand auf die Schulter ihrer Nichte. „Das wird wieder. Es dauert eine Weile, bis er aufwacht, und wahrscheinlich wird er sich danach noch eine Zeit lang ganz scheußlich fühlen, aber er überlebt es sicher."

Luise lehnte am Türrahmen. Das ganze Hin und Her hatte sie erschöpft, aber mit dem Ergebnis war sie sehr zufrieden. „Ich habe auch einen Jungen losgeschickt, damit er Karl-Friedrich Bescheid sagt und ein Wagen angespannt wird, um Justo endlich nach Hause zu bringen.

40. Kapitel

Schönborn ist unterwegs ins Stralsunder Gefängnis", berichtete Karl-Friedrich, als sie sich am Abend im Salon auf Polkvitz versammelten. Er hatte erst den Transport seines Bruders aufs Gut überwacht und dann mit den Gendarmen gesprochen, die die Verfolgung des Doktors leiteten.

Schönborn war auf seiner Flucht nicht weit gekommen. Seine Häscher hatten ihn und den Veldhain'schen Landauer aus einem sumpfigen Teich an der Straße nach Sassnitz gefischt.

Karl-Friedrich grinste. „Die hiesigen Bauern sind wirklich noch sehr dem alten Aberglauben verbunden. Da machte derjenige, der den Unfall beobachtet hatte, keine Ausnahme! Und die Gendarmen sind auch nicht viel besser: Sie wurden alle zusammen richtig feierlich, als sie mir erzählten, wie plötzlich ein Schwan aufgetaucht sei, der im Tiefflug über das Gespann hinwegsauste und die Pferde in Panik versetzte. Daraufhin rasten sie direkt in diesen Teich. Dort kippte der Wagen um und der Doktor wurde hinausgeschleudert. Der Vogel war zu diesem Zeitpunkt natürlich schon längst verschwunden – ohne sich als Zeuge zur Verfügung zu stellen."

„Das war sicher Leander", sagte Grete und wurde rot. „Der konnte den Doktor noch nie leiden. Ich hörte einmal, wie er seinem Kammerdiener erzählte, ein Schwan habe ihn auf dem

Pfad an der Steilküste attackiert und fast zum Absturz gebracht."

Franziska erinnerte sich an ihr Erlebnis bei der Schatzhöhle am Meer, an den Schrei, den Hans beim Fall von den Klippen ausgestoßen hatte, und den Schwan, der fortflog. Wahrscheinlich hat Grete recht, dachte sie bei sich und fröstelte.

Agathe reichte ein Tablett mit gefüllten Sektgläsern herum.

„Lasst uns darauf trinken, dass wir Justo wiederhaben!", sagte Luise. „Bald wird er den Sekt wieder mit uns teilen!"

Der Arzt aus Sassnitz hatte empfohlen, den jungen Herrn einfach schlafen zu lassen. Wenn die Wirkung des Opiums nachließ, würde er von selbst aufwachen.

Ihre Mutter nahm Luise das Sektglas aus der Hand. „Du bekommst einen Kräutertee", sagte sie, „denk an das Kleine, bald ist es so weit."

„Woher hast du eigentlich gewusst, dass sich in der Lampe neben Justos Bahre Opium befand?", wollte Luise wissen.

Die Baronin tätschelte die Wange ihrer Tochter. „Es gibt in Berliner Salons Nebenzimmer, da geschehen Dinge, von denen eine wohlerzogene junge Dame nicht unbedingt etwas wissen muss."

„Glücklicherweise ist den Pferden nichts passiert", sagte Karl-Friedrich in der plötzlichen Stille und trank einen Schluck Sekt. „Natürlich sind sie erschrocken und der Landauer braucht einen neuen Anstrich, aber das ist zu verschmerzen. Gustav macht sich Vorwürfe, weil er sich den Wagen so einfach hat wegnehmen lassen, aber ich habe ihm gesagt, dass das jedem hätte passieren können. Nach dem, was der Pfarrer erzählt hat, führte sich der Doktor ja geradezu wie ein Berserker auf. Er hat Gustav niedergeschlagen und den Jungen, der den Pferden gerade die Futtersäcke umhängen wollte, in die Tränke geschubst."

„Ich gönne ihm jedenfalls alles, was jetzt passiert." Luise richtete sich in ihrem Sessel auf. „Dafür dass er Justo entführt und gefangen gehalten hat, würde ich Schönborn am liebsten selbst erschießen."

„Eine Dame sollte nicht rachsüchtig sein", sagte Tante Regina mit mildem Tadel. „Aber ich verstehe nicht, warum er das gemacht hat. Justo hat ihm doch nie etwas getan."

„Ich glaube, er stand kurz davor, die Schatzhöhle des Doktors zu entdecken", sagte Franziska. „Als wir den Doktor am Strand trafen, bekam er mit, dass Justo die Felsen an der bewussten Stelle genauer untersuchen wollte."

„Aber wie konnte er meinen Bruder so zurichten?", fragte Karl-Friedrich, „das ist unverzeihlich, egal wie besorgt er um seine Altertümer war!"

Luise und Franziska sahen sich an. Die Gefahr, dass der Gutsherr Bernhard von Detziw zum Duell forderte, wenn er von der Prügelei erfuhr, war immer noch nicht gebannt. Luise zuckte mit den Schultern. „Das wird er uns selbst erzählen müssen."

Vor dem Zubettgehen machte Franziska einen kurzen Besuch in Justos Zimmer. Der Kammerbursche Fritz, der vor Freude darüber, seinen Herrn wiederbekommen zu haben, grinste wie ein Honigkuchenpferd, verließ solange den Raum.

Justo war immer noch grau im Gesicht und lag reglos auf dem Rücken. Neben seinem Bett stand ein Sessel. Franziska setzte sich und ergriff eine seiner Hände, die auf der Bettdecke lagen. Sie sah die blau und gelb unterlaufenen Fingerknöchel und die Abschürfungen auf dem Handrücken. Vorsichtig strich sie mit einem Finger darüber und nach einem kurzen Blick auf Justos immer noch geschlossene Augen beugte sie sich vor und hauchte einen zarten Kuss auf die Hand. Sie dachte an die nächtliche Überfahrt auf dem Jasmunder Bodden.

Als sie hörte, wie jemand die Zimmertür öffnete, richtete sie sich schnell wieder auf.

Die Mamsell kam herein. Sie hatte eine Wolldecke unter dem Arm und ihren Handarbeitskorb bei sich. „Ich habe Fritz zu Bett geschickt. Die nächsten Stunden werde ich beim Herrn von Veldhain wachen."

„Das kann ich doch machen", wandte Franziska ein.

„Kommt nicht infrage. Sie haben heute schon genug getan!"
Die Mamsell platzierte ihren Handarbeitskorb auf dem Beistell-
tischchen. „Sie haben Ihre Nachtruhe verdient, nach dem, was
Sie im Hause von Doktor Schönborn geleistet haben."

„Aber wenn Justo aufwacht …"

„Wenn er aufwacht, bekommt er einen von mir gebrauten
Kräutertee, der entgiftend und belebend wirkt." Frau Haase
tätschelte Franziskas Rücken. „Wir bringen ihn wieder auf die
Beine. Machen Sie sich keine Sorgen!"

41. Kapitel

Am nächsten Morgen brachte ein übermüdet aussehender Gendarm Karl-Friedrich die Nachricht, dass sich Schönborn wieder auf freiem Fuß befand. Während des Transportes nach Stralsund war es ihm gelungen, die Tür des Gefängniswagens aufzubrechen und in einem Waldstück zu verschwinden. Noch in der Nacht war er dann in sein eigenes Haus zurückgekehrt und hatte einige der wertvollsten Fundstücke mitgenommen. Unter anderem das goldene Trinkhorn und den Halsreif. Seitdem fehlte jede Spur von ihm.

Franziska hatte keinen Appetit mehr, als der Gutsherr beim Frühstück von dieser neuen Entwicklung berichtete. „Was mag er nur vorhaben?"

„Das, was er vor seiner Verhaftung tun wollte", Tante Regina nippte an ihrer Kaffeetasse, „ein Schiff suchen, mit dem er fliehen kann. Jetzt hat er auch das nötige Kapital dafür."

„Ich hoffe, sie erwischen ihn schnell", sagte Luise. „Es ist kein schöner Gedanke, dass er da draußen frei herumläuft."
Karl-Friedrich ließ sein Leberwurstbrot sinken und blickte alarmiert in die Runde. „Es wäre wohl besser, wenn Sie alle fürs Erste im Haus bleiben. Ich werde Delbrück sagen, dass er die Bediensteten zur Aufmerksamkeit ermahnen soll. Wenn sie etwas Verdächtiges bemerken, dann soll das sofort gemeldet werden."

„Er wird doch hoffentlich nicht nach Polkvitz kommen", sagte Grete mit schwacher Stimme.

„Das ist eine reine Vorsichtsmaßnahme", beruhigte sie der Gutsherr. Dann schüttete er schnell den letzten Schluck Kaffee hinunter und verließ das Zimmer. Luise schaute ihm nach. „Ich bin überzeugt davon, dass er sich Sorgen macht." Sie legte den Löffel, mit dem sie in ihrer Tasse herumgerührt hatte, auf den Unterteller. „Trotz alledem muss ich mich jetzt meinen gutsfraulichen Pflichten widmen. Frau Haase wartet sicher schon ungeduldig." Sie stemmte sich aus ihrem Stuhl hoch und marschierte zur Tür.

Tante Regina legte ihre Serviette zusammen und blickte die beiden verbliebenen Damen an. „Grete, es ist Zeit für unsere Klavierstunde. Könntest du schon einmal voraus in die Bibliothek gehen und die Tonleitern üben, die ich dir gestern gezeigt habe?" Gehorsam stand Grete auf und verließ das Zimmer.

Die Baronin nickte Franziska zu. „Kommst du mit in den Salon? Dort können wir ungestört reden."

Mit dunklen Vorahnungen folgte Franziska ihrer Tante, die sich im Nebenzimmer auf eines der Sofas setzte und auf den Platz neben sich klopfte. „Komm her, Fränzchen, und zieh nicht so ein tragisches Gesicht." Franziska hatte das Gefühl, sie sei auf einen Schlag zehn Jahre jünger geworden. So hatte ihre Tante immer mit ihr geredet, wenn sie mit ihrem Humpeln haderte, sich von einem Lehrer ungerecht behandelt fühlte oder auf eine ihrer Freundinnen böse war. Aber wo sollte das heute hinführen? Franziska glaubte nicht, dass sie sich gerade in irgendeiner Sache bockig oder unverständig verhielt.

„Kindchen, was ist das mit dem jungen Herrn von Veldhain?"

„Er ist der Bruder von Luises Ehemann."

„Das ist mir bekannt", die Tante lehnte sich zurück. „Aber jeder, der Augen im Kopf hat, sieht, dass du für ihn noch ein bisschen mehr empfindest als verwandtschaftliche Zuneigung." Franziska errötete. „Das scheint nur so."

Regina von Oberbach schüttelte lächelnd den Kopf. „Wem willst du etwas vormachen?"

„Tante, ich weiß wirklich nicht, was du meinst!" Franziska hoffte, dass man ihrer Stimme nicht die Panik anhörte.

„Du hast immerhin deinen guten Ruf riskiert, um ihn aus diesem Zimmer zu befreien. Luise hat mir mittlerweile gestanden, was ihr für ein Spiel getrieben habt. Ich billige das nicht, aber ich sehe ein, dass ihr nicht anders handeln konntet."

Franziska schaute zu Boden. „Ich möchte nicht darüber reden."

„Kindchen", wiederholte Tante Regina kopfschüttelnd, „ich bin davon überzeugt, dass du ihm alles andere als gleichgültig bist. Das war schon vor zwei Jahren so und wenn damals nicht alles so unglücklich verlaufen wäre …"

„Nein", sagte Franziska und hoffte, dass ihre Stimme entschlossen genug klang. „Ich passe nicht zu ihm. Punktum." Sie stand auf. „Wir sollten dieses Gespräch jetzt beenden." Ohne Tante Regina noch einmal anzuschauen, eilte sie aus dem Raum.

Auf dem Flur stolperte sie fast über Fritz. „Der junge Herr ist kurz aufgewacht und hat einen von Frau Haases Tees getrunken! Es geht aufwärts mit ihm."

Franziska erwiderte sein Lachen aus ganzem Herzen. Den Rest des Vormittags brachte sie damit zu, allen aus dem Weg zu gehen.

Beim Mittagessen wusste Karl-Friedrich lediglich mitzuteilen, dass es über den Verbleib des Doktors keine neuen Nachrichten gab – auch wenn jeder Gendarm zwischen Altenkirchen und Stralsund auf den Beinen war und ihn suchte.

„Dann dürfte es nur eine Frage der Zeit sein, bis sie ihn fangen", sagte Tante Regina zwischen zwei Löffeln Suppe.

Luise wiegte den Kopf. „Ich wette, dass er durch seine Forschungen Ecken und Schlupfwinkel kennt, von denen die Ordnungshüter keine Ahnung haben."

„Wenn er die Insel verlassen will, muss er irgendwann ans Licht kommen", sagte Karl-Friedrich mit Überzeugung. Dann wechselte er das Thema: „Ich habe Thies übrigens angestellt - als Hilfe für Delbrück. Der Junge hat eine annehmbare Schulbildung und kann ungewöhnlich gut mit Tieren umgehen. In ein paar Jahren, wenn Delbrück in Pension geht, wird er einen tüchtigen Verwalter abgeben."

„Das ist doch wenigstens eine gute Nachricht", meinte Luise. Da die Damen das Haus nicht verlassen wollten, zog sich der Nachmittag zähflüssig dahin. Der Arzt aus Sassnitz kam, untersuchte Justo und erklärte aufs Neue, dass im Grunde alles in Ordnung sei.

Das Rasseln eines Fuhrwerks auf der Auffahrt versprach eine willkommene Abwechslung.

„Erwartest du Besuch?", fragte Regina von Oberbach ihre Tochter.

Franziska trat ans Fenster des Salons und sah hinaus. „Ida Sunesun ist gekommen."

„Wie hat sie das nur gewusst?", murmelte Luise und legte die Hand auf den Bauch.

Nach der Begrüßung zogen sich die Gutsherrin und die Hebamme in Luises Schlafzimmer zurück.

Da ihre Tochter zum Abendessen nicht in Erscheinung trat, ging Regina von Oberbach nach oben, um sich nach ihrem Verbleib zu erkundigen.

„Es geht los!", verkündete sie mit Tränen in den Augen, als sie zurückkehrte. „Sie hat die ersten Wehen."

Karl-Friedrich sprang von seinem Stuhl auf und stürmte nach oben, Tante Regina folgte ihm. Franziska und Grete blieben allein am Tisch zurück.

„Glauben Sie, alles geht gut?" Grete knüllte nervös ihre Serviette zusammen.

„Wir können nur hoffen", sagte Franziska, „und warten." Dann klingelte sie nach dem Hausmädchen, damit es abräumte.

Auch bei den Dienstboten hatte sich das bevorstehende Ereignis schon herumgesprochen. Agathe stellte die Teller so vorsichtig zusammen, als läge ein Schwerkranker im Nebenzimmer, der keinesfalls durch das Geschirrklappern gestört werden dürfte.

Franziska ging hinauf und traf auf dem Flur Ida Sunesun und die Mamsell in angeregter Diskussion darüber an, welche Kräuter für Gebärende am zuträglichsten seien.

„Darf ich hinein?", sie zeigte auf die Tür.

„Wenn Sie den Auflauf noch vergrößern möchten", sagte die Hebamme grimmig.

Die beiden Seiten von Luises Bett wurden eingenommen von Regina von Oberbach und dem Gutsherrn, die darin wetteiferten, Luise heißen Tee oder kaltes Wasser zu reichen, ihr die Stirn abzutupfen oder die Füße zu massieren. Franziska konnte am Gesicht ihrer Cousine ablesen, dass ihr die Besucher mittlerweile gehörig auf die Nerven gingen. Sie ertrug sie nur, weil sie beide liebte. Franziska lächelte ihr zu, dann wandte sie sich an Karl-Friedrich. „Ich habe vorhin Delbrück getroffen, er scheint Sie dringend zu suchen, er war auf dem Weg zu den Ställen."

Der Gutsherr brummte: „Das dürfte alles nicht so wichtig sein", und machte keine Anstalten, seinen Platz zu räumen.

„Liebling", sagte Luise, „du darfst das Gut nicht vernachlässigen, das hier kann wahrhaftig noch eine Weile dauern."

Widerstrebend stand Karl-Friedrich auf.

Als er das Zimmer verlassen hatte, erhob sich auch Tante Regina von der Bettkante und nickte Franziska zu. „Ich erspare es dir, noch eine Schwindelei zu erzählen, damit Luise ihre Ruhe hat."

Sie gab ihrer Tochter einen Kuss auf die Stirn. „Du kannst mich jederzeit rufen lassen."

Luise stieß einen erleichterten Seufzer aus, der sich jedoch in ein Stöhnen verwandelte, als die nächste Wehe kam. Glücklicherweise trat in diesem Augenblick die Hebamme ins Zimmer und Franziska zog sich zurück.

Vor der Tür traf sie die Mamsell, die auf einem Tischchen saubere Laken bereitlegte.

„Wie gut, dass Frau Sunesun heute Abend schon gekommen ist", bemerkte Franziska.

„Oh ja", Frau Haase verzog keine Miene, „sie sagt, sie habe heute Morgen einen Schwan gesehen, der in Richtung Polkvitz flog, und da sei es für sie an der Zeit gewesen, ihre Tasche zu packen."

„Glauben Sie, dass das stimmt?"

Frau Haase zuckte mit den Schultern. „Jedenfalls war sie da, als die Herrin sie brauchte."

Franziska stellte fest, dass der Salon verwaist war. Tante Regina hatte sich in ihr Zimmer zurückgezogen und Grete war auch verschwunden. Sie ging nach nebenan in die Bibliothek und las sich dort an einer Erzählung über die dänische Eroberung Rügens fest.

Als sie das Buch zur Seite legte, war es bereits spät geworden. Franziska fühlte sich aber noch nicht müde. Auch das Gutshaus schlief noch nicht. Auf den Gängen hörte man Schritte und aus der Küche drangen Stimmen. Sie löschte die Lampe und verließ die Bibliothek. Im gegenüber gelegenen Gartenzimmer öffnete sie eine der hohen Fenstertüren und trat hinaus auf die Terrasse. Den ganzen Tag über war es warm gewesen und nun fühlte sich die Luft schwer und feucht an. Franziska ging bis zu der steinernen Brüstung und stützte sich darauf. Sie konnte die Vielzahl der Pflanzendüfte, die aus dem Garten aufstiegen, nicht zuordnen, aber sie atmete tief ein. So viel war in den letzten Tagen und Stunden geschehen, sie hatte den Eindruck, dass ihre Gefühle nicht Schritt halten konnten. Luise bekam ihr Kind. Darüber freute sie sich, auf der anderen Seite war sie natürlich auch besorgt, ob alles gut ablaufen würde. Aber alle sagten, dass die Cousine den besten Beistand hätte, den es gäbe. Flüchtig überlegte sie, ob an Ida Sunesuns Geschichte von dem Schwan etwas dran sein könnte. Als ob es nicht anders ginge, landeten ihre Gedanken dann wieder bei jener Nacht auf dem Bodden. Der Kuss. Sie schloss die Augen, fast konnte sie Justos Lippen spüren. Ihre Reaktion, als sie Justo für tot halten musste, hatte ihr selbst gezeigt, wie viel er ihr bedeutete. Aber wie wahrscheinlich war es denn, dass der Mann diese Gefühle wirklich erwiderte? Bei Ferdinand hatte sie schließlich auch geglaubt, er würde sie lieben. Es wäre wirklich besser, wenn sie sich in Zukunft darauf beschränkte, ihrer Cousine eine gute Freundin und deren Kindern eine aufopferungsvolle Tante zu sein.

Unterhalb der Brüstung raschelte es. Wahrscheinlich irgendein Tier, das ebenso wenig Schlaf fand wie sie selbst. Ein aufgestörter Vogel schimpfte in der Dunkelheit. Ein zweites Rascheln ertönte, dann sprang die weiße Katze aus dem Garten herauf auf die Terrasse. Franziska nahm sie auf den Arm und streichelte sie – dankbar für die Ablenkung.

42. Kapitel

Unruhig wandte die Katze immer wieder den Kopf zum Garten. Schließlich setzte Franziska sie auf den Boden. „Wenn da so viele Mäuse sind, dann geh jagen." Den Geräuschen nach zu urteilen, musste sich eine ganze Familie der Nager zwischen den Büschen herumtreiben. Die Katze sprang jedoch nicht hinunter, sondern lief zur Fenstertür, die ins Haus führte. Franziska drehte sich wieder um und blickte über die schwarzen Umrisse von Büschen und Bäumen. Das Rascheln war inzwischen verstummt. Die Rasenfläche wirkte wie ein dunkler See. Eine schmale Mondsichel hatte sich hinter den Wolken hervorgewagt und sorgte für diffuses Licht. Es wurde kühl und ein leichter Wind kam auf. Franziska wusste, dass sie endlich schlafen gehen sollte.

Die Tür zum Gartenzimmer stand halb offen. Franziska erinnerte sich genau, dass sie sie angelehnt hatte, als sie hinausgegangen war. Das konnte nicht die Katze gewesen sein, denn die leicht verzogene Fenstertür klemmte etwas. Franziska gähnte. Vielleicht gab es irgendwo im Haus Durchzug und der Wind hatte die Tür aufgedrückt. Sie achtete darauf, sie sorgfältig hinter sich zu verschließen.

Aus dem kleinen Dienstbotenzimmer am Fuß der Treppe fiel ein Lichtschein quer über den Boden. Als Franziska näher kam, streckte eine Gestalt den Kopf heraus. Sie erkannte eines der Küchenmädchen.

„Gibt es etwas Neues?"

„Nein, Jule, wir müssen abwarten", Franziska wollte weitergehen.

Jetzt tauchte Johanna hinter dem Mädchen auf. „Frau Franziska, ich komme mit Ihnen." Sofort bekam Franziska Gewissensbisse. Sie hätte Johanna beizeiten sagen sollen, dass sie sie heute Abend nicht brauchte. Schließlich war sie die letzten Jahre hindurch auch ohne die Beteiligung eines Dienstboten ins Bett gegangen. Ihre Schuldgefühle schienen ihr am Gesicht abzulesen zu sein, denn Johanna meinte: „Ich war mit Näharbeiten beschäftigt und alleine bin ich auch nicht." Als sie sich umwandte, um ihren Handarbeitskorb zu holen, erblickte Franziska Luises Mädchen und Tante Reginas Kammerzofe, die am Tisch saßen und im Licht einer hellen Petroleumlampe nähten. Jule und Frauke hockten auf der Bank an der Wand und legten Handtücher zusammen. Der Kammerdiener Wilhelm saß ebenfalls bei der Lampe und las aus einem Buch vor. Als er Franziska erblickte, verstummte er und legte den Finger zwischen die Seiten.

Johanna zündete die Kerze eines Handleuchters an und ging voraus in den ersten Stock. Am Ende der Treppe blieb Franziska stehen und schaute den Flur hinunter, dorthin, wo das Schlafzimmer ihrer Cousine lag. Niemand war zu sehen, das Tischchen mit den frischen Laken stand noch genauso vor der Tür wie vor einigen Stunden. Franziska überlegte kurz, ob sie hinübergehen und nach Luise sehen sollte, aber sie wusste, dass die Hebamme und die Mamsell nicht von ihrer Seite wichen. Sie würde da nur stören.

In Franziskas Zimmer angekommen, stellte Johanna den Leuchter auf den Nachttisch und deckte das Bett auf. Die Vorhänge waren bereits geschlossen. Franziska knöpfte ihr Oberteil auf, ließ sich von Johanna aus dem Kleid helfen und stieg aus dem steifen Unterrock. Dann setzte sie sich aufs Bett und zog die Strümpfe aus.

„Ich freue mich so, dass der junge Herr wieder da ist", Johanna zupfte das schwarze Seidenkleid in Form, damit es sich gut aushängen konnte. „Es war großartig von Ihnen, wie Sie ihn befreit haben."

Offenbar hatten sich die Einzelheiten von Justos Wiederauftauchen schon bei den Dienstboten herumgesprochen. Franziska sagte nichts dazu, allerdings konnte sie nicht verhindern, dass sie leicht errötete. Johanna schüttelte den Unterrock aus und hängte ihn über einen Stuhl. „Der Doktor war mir ja schon immer unheimlich. Besonders nachdem Sie herausgefunden hatten, dass er das Gespenst war – nur gut, dass er jetzt weg ist."

Als das Mädchen zu Franziska trat, stand sie auf und ließ sich von ihr das Korsett aufknöpfen. Dankbar nahm sie ein paar tiefe Atemzüge und bat Johanna, die Schnürung in Zukunft etwas weiter einzustellen. „Die Folgen des guten Essens."

Johanna grinste.

Nachdem das Kammermädchen ihr eine gute Nacht gewünscht hatte und verschwunden war, setzte sich Franziska im Nachthemd an den Frisiertisch und begann, ihre fast hüftlangen Haare auszubürsten. Das machte sie abends gerne selbst. Im Spiegel konnte sie sehen, dass das gehaltvolle Essen auf Gut Polkvitz nicht nur Folgen für ihre Taille gehabt hatte. Auch ihr Gesicht war runder geworden. Es stand ihr gut. Einen Moment sah sie statt ihrer eigenen dunkelbraunen Augen ein Paar eisblaue vor sich. Erstaunlich, dass es einem bei dem Gedanken an Eis so warm werden konnte …

Als sie wieder in den Spiegel blickte, bemerkte sie eine Bewegung des Vorhanges hinter sich. Mit einem Schrei fuhr sie herum.

„Halten Sie den Mund!" Eine dunkle Gestalt löste sich aus den Falten. Ein Mann. Er trat näher und Franziska fühlte sich wie erstarrt. Im Lichte der flackernden Kerze erkannte sie Doktor Schönborn. Seine Kleider waren schmutzig und zerrissen, die runde Gelehrtenbrille schien verbogen zu sein. Franziska konnte nur noch daran denken, dass er schon die ganze Zeit dort am Fenster gestanden, ihr Gespräch mit Johanna belauscht, ihr beim Ausziehen zugesehen und darauf gewartet hatte, dass sie alleine war. Sie wurde erst rot und dann blass. „Was wollen Sie hier?", ihre Lippen fühlten sich taub an.

„Ich wusste nicht, dass das Ihr Zimmer ist. Aber inzwischen betrachte ich es als glückliche Fügung." Schönborn grinste und machte eine Bewegung, als wollte er nach ihrer Hand greifen. Franziska zuckte zurück.

„Keine Angst, ich bin kein Verbrecher", beteuerte er, „dem jungen Herrn von Veldhain konnte ich auch nichts antun. Aber ich musste ihn verschwinden lassen, weil er sonst meine Schatzhöhle entdeckt hätte."
Franziska schaute ihn entsetzt an.

„Sie schulden mir noch immer eine Antwort", sagte Schönborn und sein Blick streifte den antiken gläsernen Ring, der auf der Platte des Frisiertisches lag.
Franziska schwieg.

„Ich wollte Sie heiraten", Schönborn rückte näher, „mit meinen Entdeckungen hätte ich berühmt werden können. Wir wären reich gewesen!"

„Bitte gehen Sie." Franziska schaffte es aufzustehen und den Stuhl zwischen sie beide zu manövrieren.

„Wir hätten gut zusammengepasst." Schönborn stieß den Stuhl zur Seite und Franziska stolperte rückwärts, bis sie gegen den Bettpfosten stieß. „Sie haben getan, als würde ich Ihnen etwas bedeuten. Warum sind Sie mir so in den Rücken gefallen?"

„Halt! Lassen Sie die Dame in Ruhe!" Eine bleiche Gestalt hatte sich ins Zimmer geschoben und hielt sich nun am Türrahmen fest. Justo. Er war barfuß und wirkte in seinem Flanellnachthemd, das ihm bis zu den Knien reichte, nicht sehr würdevoll. So wie es aussah, hatte er Schwierigkeiten, sich überhaupt auf den Beinen zu halten. „Sie haben nichts in diesem Zimmer zu suchen!"

Doktor Schönborn musterte Justo mit professionellem Interesse. „Hut ab vor Ihrer Konstitution, Herr von Veldhain. Ich hätte nicht gedacht, Sie so bald schon wieder herumlaufen zu sehen! Obwohl ich annehme, dass Sie sich miserabel fühlen."

Er wandte sich wieder zu Franziska. „Ich warte immer noch auf Ihre Antwort."

„Gehen Sie!", stieß sie verzweifelt hervor.

„Sie haben die Dame gehört." Justo versuchte, sich aufzurichten, aber in seinem momentanen Zustand konnte er niemandem Respekt einflößen.

„Erst wenn sie mir sagt, warum sie mir vorgespielt hat, dass ihr etwas an mir liegen würde."

„Das habe ich nicht!" Franziska war inzwischen mehr wütend als verängstigt. „Das haben Sie sich eingebildet. Über Ihren Antrag war ich zu entsetzt, als dass ich ihn gleich ablehnen konnte."

Justo tat einen schwankenden Schritt ins Zimmer hinein. „Sie haben ihr einen Antrag gemacht? Sie haben es gewagt ..."

Schönborn schien ein Licht aufzugehen. Er sah von ihr zu ihm. „So ist das also. Dann habe ich im Revier des Herrn von Veldhain gewildert!"

„Unterstehen Sie sich!" Justo hatte in seiner Wut noch einen Schritt vorwärts gemacht und hielt sich nun an einem zierlichen Schränkchen fest, das auf seinen geschwungenen Füßen stark schwankte.

„Dort liegt Ihr Ring", sagte Franziska, „Sie können ihn wieder an sich nehmen und gehen."

„Der Ring sollte ein Symbol dafür sein, was wir gemeinsam haben", erwiderte Schönborn. „Sie dürfen ihn gern behalten, damit er Sie immer daran erinnert, was Sie ausgeschlagen haben."

„Jetzt reicht es", Justos Stimme war anzuhören, wie sehr ihn diese Szene anstrengte, „verschwinden Sie endlich!"
Schönborn betrachtete ihn, vom gelblich-bleichen Gesicht bis zu den zitternden Beinen. „Sie können mir gar nichts befehlen."

Plötzlich wurde Franziska klar, dass Justo an dem Schränkchen lehnte, auf dem sie sein Geschenk abgelegt hatte. Seine Hand berührte fast den Griff des Schirmes mit dem Degen im

Inneren. Aber er konnte ihn nicht sehen, da die Waffe immer noch von dem grauen Wollschal bedeckt war, den sie darübergelegt hatte, als sie glaubte, sie würde Justo niemals wiedersehen.

„Wenn Sie jetzt gehen, dann wird Sie niemand verfolgen", sagte Franziska zu Schönborn, „im Schutze der Nacht kommen Sie sicherlich von der Insel herunter."

„Keine Sorge, ich weiß, wo ich in Sassnitz ein Boot bekommen kann, das mich nach Sankt Petersburg bringt", sagte Schönborn. „Dort werden meine Forschungen wenigstens wertgeschätzt. Vor allem angesichts dessen, was ich mitbringe." Es zog seinen Hemdkragen ein Stückchen nach unten und Franziska sah Gold aufblitzen. Er hatte den massiven Halsring angelegt. „Alles andere ist gut versteckt, das werde ich später holen." Dann zögerte er und griff in seine Jackentasche. Langsam zog er ein schimmerndes Objekt hervor. Der edelsteinbesetzte Dolch, den Tante Regina so bewundert hatte.

„Mein Eid und mein Selbstverständnis als Arzt verbieten es mir, jemanden zu töten." Schönborn betrachtete bewundernd die Waffe in seiner Hand. „Aber ein kleines Andenken werde ich Ihnen trotzdem hinterlassen. Ein paar Narben im Gesicht einer Dame, die den Narben entsprechen, die sie im Herzen eines Herrn zurückgelassen hat."

Er wandte sich abrupt zu Franziska und hielt ihr den Dolch unter die Nase. Ein Poltern ließ ihn wieder herumfahren. Justo hatten die Kräfte so weit verlassen, dass er in dem Versuch, sich festzuhalten, das Schränkchen umgerissen hatte und selbst auf die Knie gefallen war. Der Schirm lag jetzt fast genau vor ihm und der Pferdekopf aus Ebenholz schaute unter dem Schal hervor.

„Ihr Ritter ist müde, wie es aussieht." Schönborn packte Franziska am Hals und drückte sie gegen die Wand. Als er den Dolch an ihre Wange legte, stieß er plötzlich einen Schrei aus, der in einem Röcheln endete. Dann fiel er schwer auf Franziska. Diese konnte sich nirgends festhalten und ging ebenfalls zu Boden.

Franziska brauchte eine Weile, um zu begreifen, dass sich der Körper, der auf ihr lag, nicht mehr rührte.

„Frau Meistersinger, Franziska, sind Sie in Ordnung?" Justos Stimme klang geradezu panisch. Franziska schob sich unter dem regungslosen Doktor hervor. Dabei fiel ihr Blick auf einen Pferdekopf. Der Griff des Schirmdegens ragte aus Schönborns Rücken.

„Ein Glück! Ihnen ist nichts passiert!" Justo nahm sie in die Arme. Er saß neben ihr auf dem Fußboden und Franziska spürte, wie sein Körper von den letzten Anstrengungen zitterte. Dann wandte er sich abrupt ab und würgte. „Verdammtes Opium."

Plötzlich ertönten Stimmengemurmel und eilige Schritte auf dem Flur. Türen klappten, der Gutsherr rief etwas, Leute liefen hin und her, und dann, ganz leise, aber unverkennbar, erklang der erste Schrei eines Neugeborenen.

43. Kapitel

Die nächsten Stunden erschienen Franziska in der Rückschau als vollständiges Chaos. Auf der einen Seite der Schrecken über Schönborns Auftauchen und Ende, auf der anderen die Freude über den neuen Erdenbürger. Irgendwo dazwischen gab es – halb verdrängt – auch noch das Wissen über das, was Justo für sie getan hatte.

Karl-Friedrich musste von der Seite seiner Frau und seiner neugeborenen Tochter förmlich losgerissen werden, damit er seine gutsherrlichen Pflichten erfüllte und Boten ausschickte, die das Gericht in Stralsund und die Gendarmen in Bergen davon in Kenntnis setzten, dass Schönborn in Polkvitz eingebrochen und zu Tode gekommen war.

Luise erfuhr erst einmal nichts von alledem, sie schlief und wurde überwacht und betreut durch Ida Sunesun und ihre Mutter. Die Mamsell eilte mit Kräutertees zwischen den Schlafzimmern von Justo und Franziska hin und her. Wenig später bekam sie noch eine zusätzliche Patientin in Gestalt von Johanna, die – nachdem sie gehört hatte, dass der Doktor in Franziskas Zimmer gewesen war – einen hysterischen Anfall bekam.

Gegen Abend hielt es Franziska nicht mehr im Bett aus. Sie zog sich an und schlich in den Garten hinaus. Ihr Ziel war die weiße Laube auf dem hintersten Rasenplatz, aber als sie sie erreichte, stellte sie fest, dass ihr jemand zuvorgekommen war.

Justo saß hier und betrachtete müde die Papiere, die vor ihm auf dem Tisch lagen. Nachdem ihn sein Bursche heute Morgen rasiert hatte, sah man erst richtig, wie eingefallen seine Wangen waren. Als er Franziskas zögernde Schritte hörte, blickte er auf und deutete auf die Briefe. „Einer der Nachteile, wenn man nicht mehr tot ist: die Post, die man erledigen muss." Dann rückte er beiseite, damit sich Franziska neben ihn auf die Bank setzen konnte. „Wie zum Teufel soll ich diese Kondolenzschreiben beantworten? ‚Danke für Ihr Mitgefühl, es kommt nur leider zu früh, da ich größtenteils noch am Leben bin. Abgesehen von den Kopfschmerzen' …"

Franziska musste kichern, bis ihr auffiel, dass Justo ernst geblieben war.

„Es ist eine groteske Situation, aber andererseits weitaus besser, als tatsächlich tot zu sein." Er zögerte. „Dabei fällt mir ein, dass ich mich noch gar nicht bei Ihnen bedankt habe."

„Wofür?"

„Luise hat mir erzählt, dass Sie bei Schönborn gekämpft haben wie eine Löwin, um mich zu befreien."

„Es ließ sich nicht vermeiden."

Justo schaute sie prüfend an. „Außerdem habe ich den Eindruck, dass Sie zu den wenigen Menschen gehören, die nie an mein Ableben geglaubt haben."

„Ich muss mich ebenfalls bedanken", sagte Franziska. „Wenn Sie heute Nacht meinen Schrei nicht gehört hätten …"

Justos Hand lag auf den Briefbögen und Franziska sah, wie er sie zur Faust ballte. „Das hätte ich mir nie verziehen", sagte er mit gepresster Stimme.

Franziska schluckte. „Dann haben wir uns gegenseitig gerettet." Sie bemühte sich um den leichten, unverbindlichen Tonfall, den Tante Regina so gut beherrschte. „Man könnte sagen, dass wir quitt sind und uns nichts schulden."

„Ist Ihnen das so wichtig?"

Franziska schwieg.

„Hören Sie… ", begann Justo. Sein eingefallenes Gesicht erinnerte an einen Totenkopf, aber die eisblauen Augen funkelten angriffslustig. „Ich muss zugeben, dass ich gerade keineswegs in dem Zustand bin, in dem sich ein Mann präsentieren sollte, der einen Heiratsantrag macht. Aber ich will nicht mehr länger um dieses Thema herumschleichen. In den letzten Tagen hatte ich Zeit genug nachzudenken, und dabei ist mir klar geworden, dass alles, was geschehen ist – so schmerzhaft es auch war", er verzog das Gesicht, „mir zumindest eine zweite Chance eingebracht hat."

Er hielt sich an einem Pfosten der Laube fest und zog sich von der Bank empor, dann ließ er sich schwerfällig vor Franziska auf ein Knie nieder. „Ich bitte Sie, mich endlich zu heiraten."

Epilog

Pfarrer Dölström schwebte im siebenten Himmel.

Erst eine Taufe auf Gut Polkvitz und wenige Wochen darauf eine Hochzeit.

Zwei Amtshandlungen, bei denen er erst seinem gottgegebenen Rednertalent freien Lauf lassen und danach auf einem Ehrenplatz dem wohlverdienten Festmahl zusprechen konnte.

Seine Ehefrau Asta behauptete zwar, die Abfolge von erst Taufe und dann Hochzeit habe etwas zutiefst Lästerliches, aber mit solchen Spitzfindigkeiten wollte er sich den Appetit nicht verderben. Schließlich waren die betroffenen Personen zwar verwandt, aber keineswegs identisch.

Das Töchterchen von Luise und Karl-Friedrich von Veldhain entwickelte sich allerliebst. Die kleine Auguste Regina hatte bei der Zeremonie nicht mehr geschrien, als statthaft war. Und Franziska, verwitwete Meistersinger, gab bei der Hochzeit mit Justus-Otto von Veldhain eine wirklich beachtenswerte Braut ab, trotz ihres Humpelns.

Asta merkte ihrem Ignatius gegenüber allerdings an, dass man die traditionelle Trauerzeit von einem Jahr in diesem Falle nicht ab dem Tod des ersten Ehemannes, sondern ab dem Zeitpunkt berechnen müsste, als er der Witwe zur Kenntnis gebracht wurde. Was eine Differenz von fast drei Monaten ausgemacht hätte, die noch nicht abgelaufen waren.

Dölström hatte darauf verzichtet, sich Astas Meinung anzuschließen, weil er keinen Ärger mit dem zukünftigen Ehemann bekommen wollte. Dieser hatte nach seiner Genesung immerhin eine sehr humane Gesinnung bewiesen, indem er darauf verzichtete, die Untaten des Bernhard von Detziw zur Anzeige zu bringen. Der junge Mann war ohnehin nicht greifbar. Er hatte sich jedem Versuch, ihn zur Verantwortung zu ziehen, durch eine Flucht mit unbekanntem Ziel entzogen.

Nach allem, was der Pfarrer den Gerüchten entnahm, die aus Berlin zu ihm drangen, war das Hafenprojekt, das so viel Wirbel und Aufregung verursacht hatte, im Begriff, sang- und klanglos unterzugehen. Der Bau des Kriegshafens an der Jade, welcher der Nordseeflotte eine Heimat bieten sollte, verschlang solche gigantischen Summen, dass es immer unwahrscheinlicher wurde, dass der preußische Landtag die Gelder für ein ähnliches Projekt an der Ostsee genehmigen würde.

An dieser Stelle seines Gedankenganges musste Dölström immer seufzen, denn nun fiel ihm ein, dass das wunderbare goldene Trinkhorn, das der schurkische Doktor Schönborn aus seinem eigenen Haus entwendet hatte, nie wieder aufgetaucht war. Wenn der Pfarrer die bröckelnden Backsteine seiner Kirche oder den immer weiter verwildernden Park neben seinem Haus betrachtete, dann streifte ihn die Idee, ob er nicht selbst einmal auf Schatzsuche gehen sollte. Aber wenn er diesen Einfall weiterverfolgte, dann stellte er sich vor, was Asta dazu sagen würde. An diesem Punkt verabschiedete er sich lieber von diesem wirklich verrückten Gedanken.

Spätestens am nächsten ruhigen Sommerabend, wenn Dölström mit seiner Frau zum Bodden hinunterwanderte, um zu angeln, waren solche Spinnereien ohnehin vergessen. Wenn er auf das glitzernde Wasser schaute und dem Rascheln des Schilfs zuhörte, während Asta in einem erbaulichen Buch las und ihm in angemessenen Abständen den Kaffee und die belegten Brote herüberreichte, dann war er mit der Welt und ihrer Beschaffenheit – insbesondere auf Rügen – vollkommen zufrieden.

Historischer Hintergrund

Das Projekt eines riesigen Stützpunktes für die preußische Flotte auf Rügen hat es im 19. Jahrhundert tatsächlich gegeben. Man wollte, so wie mit Wilhelmshaven an der Nordsee, einen Militärhafen bauen, um den herum eine neue Stadt entstehen sollte.

Auch die Planung durch den Oberbaurat Gotthilf Hagen und die Schirmherrschaft des Prinzen Adalbert von Preußen sind historische Tatsachen.

Erst nach dem Deutsch-Dänischen Krieg (1864) wurde Kiel als zentraler Hafen für die Ostseeflotte ausgebaut. Damit war das Projekt Rügenhafen vorerst vom Tisch.

Geschichtlich verbürgt beziehungsweise immer noch zu besichtigen sind Fürst Malte von Putbus und seine Residenzstadt, ebenso wie das Jagdschloss in der Granitz. Für die Verwandten, die ich dem Fürsten angehängt habe, bin ich allerdings allein verantwortlich!

Viele der Örtlichkeiten und Güter, die ich beschrieben habe, existieren noch. Gut Polkvitz ist heute leider eine Ruine.

Der Straßendamm über den Jasmunder Bodden bei Lietzow wurde auch ohne das Hafenprojekt gebaut, und das Kurbad in Sagard hat Ende des 18. Jahrhunderts für kurze Zeit geblüht.

Der Schatz der Arkona-Priester ist reine Fiktion (aber nicht völlig unmöglich). Die Eroberung und Plünderung der Tempelburg haben 1168 stattgefunden.

Kristina Ruprecht

Sauerwasser und Jungfernpalme

Historischer Roman

Als Print- und E-Book
erhältlich

ISBN: 9783744821766

Gift im Kurbad,
Intrigen statt Entspannung

Langenschwalbach im Mai 1650.
Der Landgraf trifft samt Gefolge in dem beschaulichen
Kurort ein.
Eine Hofdame stirbt kurz darauf an einer Vergiftung.
War das ein fehlgeschlagener Abtreibungsversuch oder
Mord?
Simon Prätorius, der Arzt, der keine schweren Krankheiten
mehr behandeln will und Rosalie Mette, die als Gastwirtin
endlich im bürgerlichen Leben angekommen ist, geraten auf
die Spur einer Intrige, die nicht nur das Leben des Landes-
herrn und seiner Familie bedroht.